Luis Vélez de Guevara

LOS SUCESOS EN ORÁN POR
EL MARQUÉS DE ARDALES

Edición crítica y anotada
de
William R. Manson y C. George Peale

Estudios introductorios
de
Melveena McKendrick
y
Javier J. González

Juan de la Cuesta
Newark, Delaware

No part of this book may be reproduced, stored in a retrieval system, or transmitted in any form or by any means, electronic, mechanical, photocopying, recording or otherwise, without the prior written permission of the Copyright owner.

Queda prohibida la reproducción total o parcial de este libro, su inclusión en un sistema informático, su transmisión en cualquier forma o por cualquier medio ya sea electrónico, mecánico, por fotocopia, registro u otros métodos, sin el permiso previo y por escrito del titular del Copyright.

Copyright © 2007 by C. George Peale
Copyright © 2007 by Melveena McKendrick
Copyright © 2007 by Javier J. González
All rights reserved.

Juan de la Cuesta—Hispanic Monographs
270 Indian Road
Newark, Delaware 19711-5204
(302) 453-8695
Fax: (302) 453-8601
www.JuandelaCuesta.com

MANUFACTURED IN THE UNITED STATES OF AMERICA

ISBN 10: 1-58871-117-X
ISBN 13: 978-1-58871-117-5

LOS SUCESOS EN ORÁN POR
EL MARQUÉS DE ARDALES

Juan de la Cuesta—Hispanic Monographs

Series: *Ediciones críticas* Nº 37

FOUNDING EDITOR
Tom Lathrop
University of Delaware

EDITOR
Alexander R. Selimov
University of Delaware

EDITORIAL BOARD
Samuel G. Armistead
University of California, Davis

Annette G. Cash
Georgia State University

Alan Deyermond
Queen Mary, University of London

Daniel Eisenberg
Cervantes Society of America

John E. Keller
University of Kentucky

Steven D. Kirby
Eastern Michigan University

Joel Rini
University of Virginia

Donna M. Rogers
Middlebury College

Russell P. Sebold
*University of Pennsylvania, Emeritus
Corresponding Member, Real Academia Española*

Noël Valis
Yale University

Amy Williamsen
University of Arizona

NOTA PRELIMINAR

Nos es grato dejar constancia de nuestro agradecimiento a los siguientes organismos cuyo generoso apoyo material, institucional y técnico ha facilitado la preparación de la presente edición:

>The National Endowment for the Humanities
>
>The Ahmanson Foundation
>
>El Comité Conjunto Hispano-Norteamericano
>para Asuntos Educativos y Culturales
>
>The L. J. Skaggs and Mary C. Skaggs Foundation
>
>The CSU Fullerton Auxiliary Services Corporation
>
>Prime Computer, Inc.
>
>Apple Computer, Inc.
>
>The State University of New York, College at Cortland
>
>The University of California, Riverside
>
>The California State University, Fullerton
>
>La Biblioteca Nacional, Madrid
>
>The British Library
>
>La Biblioteca Palatina, Parma
>
>Archivo General de Simancas

También quedamos muy agradecidos a Isabel Aguirre, Ángel Moreno Prieto y Barry Taylor, que durante la elaboración de este proyecto nos proporcionaron valiosas directrices archivísticas y bibliográficas.

ÍNDICE

Nota preliminar 7

Índice 9

Abreviaturas 11

Estudio poético de Melveena McKendrick 13

    Los sucesos en Orán *como comedia de moros y cristianos* 15

    Los sucesos en Orán *como comedia de mujeres y hombres* 21

    Observaciones generales.. 30

Estudio histórico de Javier J. González 33

    La historicidad de los personajes 37

    Unas jornadas de propaganda en la corte 40

    Descripción de la fuente utilizada por Luis Vélez 43

    La relación que sirvió de fuente a Luis Vélez 46

Estudio textual de C. George Peale 51

    Los sucesos en Orán por el marqués de Ardales,
    textos, criterios y procedimientos editoriales............................ 51

    Versificación 57

Bibliografía 61

Los sucesos en Orán por el marqués de Ardales de Luis Vélez de Guevara 67

    Acto Primero 69

    Acto Segundo 113

    Acto Tercero 157

Notas 209

Índice de voces comentadas 239

ABREVIATURAS

Ac.N.	*Obras de Lope de Vega, publicadas por la Real Academia Española (nueva edición)*
AGS, CMC, EP3	Archivo General de Simancas, Sección Contaduría Mayor de Cuentas, Tercera Época
AGS, GA	Archivo General de Simancas, Sección Guerra Antigua
AHN	Archivo Histórico Nacional
Aut	Real Academia Española, *Diccionario de Autoridades*
BAE	Biblioteca de Autores Españoles
BBMP	*Boletín de la Biblioteca de Menéndez Pelayo*
BRAE	*Boletín de la Real Academia Española*
Cervantes	*Bulletin of the Cervantes Society of America*
Cotarelo	Emilio Cotarelo y Mori, «Luis Vélez de Guevara y sus obras dramáticas», *BRAE* 3 (1916): 621–52; 4 (1917): 137–71, 269–308, 414–44
Cov	Sebastián de Covarrubias, *Tesoro de la lengua castellana o española*, ed. Ignacio Arellano y Rafael Zafra
C.S.I.C.	Consejo Superior de Investigaciones Científicas
CTC	*Cuadernos de Teatro Clásico*
EDC	*El Diablo Cojuelo*, ed. Ramón Valdés
Hisp	*Hispania*
HR	*Hispanic Review*
Keniston	Hayward Keniston, *The Syntax of Castilian Prose: The Sixteenth Century*

La Barrera	Cayetano Alberto de la Barrera y Leirado, *Catálogo bibliográfico y biográfico del teatro antiguo español desde sus orígenes hasta mediados del siglo XVIII*
Marginalismo	José Luis Alonso Hernández, *Léxico del marginalismo del Siglo de Oro*
Medel	Francisco Medel del Castillo, *Índice general alfabético de todos los títulos de comedias que se han escrito por varios autores, antiguos y modernos...*, ed. J. M. Hill, en *RHi* 75 (1929): 144–369
MLR	*Modern Language Review*
MSI	*Miscellanea di Studi Ispanici*
RFE	*Revista de Filología Española*
Sbarbi	José María Sbarbi, *Gran diccionario de refranes de la lengua española*, ed. Manuel J. García
Spencer y Schevill	Forrest Eugene Spencer y Rudolph Schevill, *The Dramatic Works of Luis Vélez de Guevara: Their Plots, Sources, and Bibliography*
Urzáiz Tortajada	Héctor Urzáiz Tortajada, *Catálogo de autores teatrales del siglo XVII*
Wade	Gerald E. Wade, «The Orthoëpy of the Holographic *Comedias* of Vélez de Guevara», *HR* 9 (1941): 459–81

Los sucesos en Orán por el marqués de Ardales es una de las comedias menos conocidas de Vélez, siendo la presente la única edición de la obra desde el siglo XVII, en la *Parte veinte y siete de comedias varias nunca impresas compuestas por los mejores ingenios de España* (Madrid, 1667). Efectivamente, el único comentario sobre ella es la ficha de Spencer y Schevill, quienes no tenían una opinión muy favorable de la pieza. La describen como «mediocre and occasionally dull and wearisome». Ciertamente no es una de las mejores comedias de Vélez, pero aquellos investigadores le hacen poca justicia, porque aunque no sea una obra de primera categoría, tiene mucho interés dramático para el estudio de Vélez de Guevara y del teatro áureo en general, desde el punto de vista formal, temático y psicológico. Es indudablemente una obra formada por los intereses y expectativas de la sociedad a la que estaba dirigida. El problema para el lector moderno —y he aquí lo que a mí me parece de interés para nuestra comprensión del teatro del Siglo de Oro en su dimensión cultural e ideológica— es cómo identificar de manera fiable aquellos intereses y expectativas, porque, como veremos, *Los sucesos en Orán* tiene una cualidad elusiva que hace muy difícil concretar el tono de ciertas escenas y determinar si el dramaturgo escribe en plan serio o irónico.

El foco de esta ambigüedad es el protagonista y razón de ser de la obra, el marqués de Ardales. No hay duda de que con dicho personaje la intención de Vélez fue lisonjear al Conde-Duque de Olivares, privado de Felipe IV y mecenas del poeta. Cuando Olivares fue nombrado primer ministro del joven rey en 1621, Vélez escribió *Más pesa el Rey que la sangre* para glorificar al privado por medio de su famoso antepasado Guzmán el Bueno. Desafortunadamente, que yo sepa, no hay nada en la relación Ardales-Guzmán-Olivares que nos permita asignar una fecha a *Los sucesos en Orán,* que debió de escribirse después de 1621, y conjeturar que el propósito del autor fue el de reforzar la posición de su mecenas asociando la idea de una España victoriosa con los Guzmanes y entalizando las deudas pendientes que tenía con ellos. Además, conociendo la posición de dependencia que Vélez tenía en la Corte, es poco probable que hubiera querido ofrecer con el retrato del Marqués un modelo para los privados. Estas dos posibilidades sugieren tal vez una fecha de composición que correspondiese a los años medios o posteriores de la carrera de Olivares. Las crónicas de las campañas de Orán tampoco rinden pistas con que precisar ninguna fecha de composición. Los acontecimientos militares narrados en la obra son indudablemente ficticios y por tanto la acción, a pesar del Ardales histórico, se realiza en un período indeterminado. A partir del año 1624, cuando Pedro López del Reino, contador del Consejo de Indias, mandó al Rey un memorial titulado *Discursos político-cristianos para el bien destos Reinos,* había muchos que creían como él que a España le convendría volver las espaldas a Europa, y sobre todo evitar las hostilidades con Francia, para concentrar sus esfuerzos militares en el norte de África.[1] Por tanto es concebible que Vélez, queriendo intervenir en el debate, escribiese su obra, en parte, para llamar la atención a las victorias que se podrían ganar por allá. En este caso el hecho de que Francia declarase la guerra a España en el 19 de mayo de 1635 podría sugerir una fecha tope para la obra, aunque es solo una conjetura. De modo semejante, el triunfalismo de la obra tiene un claro sabor propagandístico; para animar a los españoles en una época de baja moral. (Si la comedia hubiera sido escrita para celebrar alguna victoria verdadera, Vélez no habría tenido que recurrir a hechos imaginarios. Usando este concepto como base, es imposible referirla, ya que en dicha época el país estaba sufriendo contratiempos económicos y militares, que se acentuaron durante los años treinta por lo que parece indicar dicha década.)

Don Juan Ramírez de Guzmán, segundo Marqués de Ardales, tercer Conde de Teba, y gobernador de Orán desde el 6 de diciembre de 1604 al 4 de julio de 1607, pertenecía a una rama menor de los Guzmanes,[2] uno de los linajes más ilustres y antiguos de España. Vélez nunca pierde la oportunidad de elogiar ni al Marqués ni a su familia. En la primera escena subraya la gloria de la casa de Guzmán tres veces en el corto espacio de quince versos, y en el acto segundo, antes de iniciar la batalla con los moros de Brahén, despliega un guión de notable importancia iconográfica por cuanto tiene *«pintadas las armas reales, y las de los Guzmanes».* Esta asociación escenográfica de las armas de Olivares con las del Rey es un detalle descaradamente interesado. El énfasis en el parentesco entre el Marqués y el privado sugiere que Vélez escribía suponiendo que el Conde-Duque estuviera en el auditorio para oír las alabanzas de su casa, o bien, que por lo menos la Corte apreciara la explícita relación Rey-Olivares. Esto, junto con otras consideraciones de las que se hablará más adelante, hace pensar que la obra estaba destinada para representarse como espectáculo en el Palacio. Si es así, tal vez fuera la presencia de una audiencia sofisticada lo que animó a Vélez a introducir en la caracterización de su protagonista un leve elemento satírico, no suficientemente acusado como para subvertir el retrato de un líder de cualidades superiores, pero lo bastante para divertir a los oyentes y a la vez hacer más accesible y humano al héroe que, de otra manera, hubiera corrido riesgo de parecer solo un símbolo acartonado de España y de la fe cristiana.

El retrato del Marqués es la creación de un autor de notorio temperamento satírico que poseía al mismo tiempo un agudo sentido de lo dramático. Las buenas

---

[1] Véanse R. Menéndez Pidal, *Historia de España, XXV: la España de Felipe IV,* 722–25; J. M.ª Jover Zamora, *1635—Historia de una polémica y semblanza de una generación.*

[2] Véase Alberto y Arturo García Carraffa, *Enciclopedia heráldica y genealógica,* 40: 168. La madre del segundo Marqués de Ardales fue doña Ana de Toledo, hermana del Duque de Alba, así que, al encarecer al Marqués, Vélez simultáneamente lisonjeaba otra casa poderosa.

cualidades personales, morales y psicológicas del Marqués se pintan de manera tan exagerada, que su caracterización a veces parece balancearse al borde de la caricatura cómica. Son inconfundibles los dejos de parodia en su impaciencia casi infantil por la acción y gloria militares, en su insistencia en encargarse personalmente de los preparativos prácticos de sus campañas militares, en hacer la ronda de noche con sus guardias, y en su afición a ensartar órdenes con una rapidez que alguna vez provoca una respuesta al parecer irónica (vv. 1439–40, por ejemplo). Desde luego, tales rasgos en un jefe militar tienen su aspecto admirable aunque no cuadren del todo con la dignidad y distancia normalmente asociadas con los generales, y tenemos que admitir la posibilidad de que en todo esto se asome la sombra del mismo Conde-Duque, quien a pesar de sus faltas indudablemente deseaba el bien de su país y se lanzó con entusiasmo al gobierno del estado, trabajando día y noche para conseguirlo.[3] Los hechos y el carácter del Marqués histórico no se apuntan en las crónicas contemporáneas, y en la comedia los combates que tiene con los moros son relativamente insignificantes y seguramente ficticios. El foco de la obra es la figura del Marqués, su personalidad, sus atributos y su identidad como símbolo nacional. Dado el relativo anonimato del auténtico Marqués de Ardales, el relieve que adquiere aquí se explica sólo en términos del contexto inmediato de la obra en su propio momento histórico.

Los elementos satíricos que se descubren en su caracterización se prestarían fácilmente a una maliciosa representación paródica. El retrato contiene suficiente matización para que su valor y entusiasmo se presenten como vanidad y jactancia, su modestia como presunción, su generosidad como autobombo. Pero probablemente sería más acertado interpretarlos como alusiones discretas y hasta afectuosamente divertidas. En el mundo cerrado y exclusivista de la Corte, por supuesto, estas alusiones hubieran sido interpretadas con más o menos malicia según el oyente, pero en efecto no hay nada en la obra por lo cual el Conde-Duque pudiera ofenderse sin admitir la semejanza.

Los sucesos en Orán *como comedia de moros y cristianos*

Sería más apropiado en esta dramatización hablar del conocido tema de moros y cristianos, porque aquí el dominio de los cristianos españoles es tan completo, que a veces raya en lo absurdo. No falta el motivo del moro noble ni el del moro sentimental. El líder de los moros de Tanira, Brahén ben Boraz, es un hombre de marcadas cualidades caballerescas, cuya dignidad y categoría son reconocidas por el Marqués en su modo de tratarle y en las condiciones de su rescate. Noble también es el joven Ambrán. Sus primeros pensamientos al ser prendido por los cristianos se dirigen a su querida Filayla, por la que tiene tanto amor, que prefiere sufrir la esclavitud con su amada que vivir libre sin ella. Su palabra de honor es

---

[3]Véase J. H. Elliott, *The Count-Duke of Olivares*, 278–95.

sagrada, y su insistencia en pagar un rescate por la libertad de ambos en vez de aceptarla como un regalo del Marqués es señal de su admirable orgullo. Es decir, los retratos de ben Boraz y Ambrán corresponden a una trillada convención literaria, y carecen de la matización psicológica que encontramos, por ejemplo, en *El remedio en la desdicha* de Lope de Vega. La razón es que Lope se interesa sobre todo por los elementos amorosos; utiliza el motivo militar principalmente como pretexto narrativo, de modo que los partidos moro y cristiano tienen, en términos dramáticos, igual relieve. Vélez, en cambio, destaca las actividades y la superioridad de los españoles. Los amores de Filayla y Ambrán y los celos de Macor sirven de mecanismo estructural para motivar la lucha por Tanira. La nobleza de los moros principales asegura que los españoles tengan un enemigo que sea digno de ellos, y que la derrota de este enemigo ponga de relieve por consiguiente los triunfos cristianos. La ferocidad y fama del corsario, Morato, dos veces malo en cuanto moro y renegado, tiene el mismo propósito. En Vélez la nobleza se halla por todas partes, aun entre los enemigos tradicionales de España, pero no cabe duda de que aquí su caracterización de los moros sirve abiertamente para fines nacionales y religiosos.

La nota triunfalista, como ya queda dicho, es uno de los rasgos más notables de la obra. A pesar de las abrumadoras fuerzas del enemigo, las victorias cristianas se realizan con rapidez y facilidad. La figura misma del Marqués basta para inspirar terror a los moros, que no se hartan de elogiar ni a él ni la superioridad militar española. También los nobles españoles se refieren una y otra vez al valor del gobernador y de los soldados españoles en general. Esta explicitud es claro indicio de la orientación política y nacionalista de la obra; proyecta una imagen en la que no hay ni derrotismo ni desilusionismo. El problema es que aunque sea esto el mensaje principal de la obra, igual que en el caso de su dramatización del carácter del Marqués, Vélez no mantiene con consistencia el tono admirativo y triunfalista. Al contrario, presenta una perspectiva irónica. Esto se hace ver en el tono exagerado de los elogios a los españoles a lo largo de la obra. El peso de las alabanzas corre riesgo de parecer paródico, y bien podemos imaginarnos que la reacción de la audiencia cortesana hubiera sido una combinación de aprobación, complacencia y diversión, aunque hay demasiados elogios para permitirnos creer que los cortesanos se hubieran empapado con satisfacción ingenua.

De vez en cuando esta doble perspectiva de lo explícito y lo implícito aparece más concretamente. En el Acto I, en la relación de la llegada a Orán del nuevo gobernador, el moro Zuleyla describe las fuerzas y recursos españoles, descripción que no coincide en absoluto con las advertencias dadas al Marqués después por el capitán Gil Hernández, con respecto a la insuficiencia de las fuerzas españoles y el cansancio de los soldados y caballos. La admiración del moro impresionable y los términos hiperbólicos que utiliza («hacas / tan grandes como camellos / y tan gruesas como vacas» vv. 958–60) tienen el propósito de hacer reír, en tanto que explota la fama de mentirosos y poco fiables que los moros tenían entre los españoles. La estratagema es hábil: se burla del enemigo y se glorifican las hazañas de la reducida fuerza española. Al mismo tiempo ofrece al público el placer de escuchar patrióticas alabanzas de lo español aunque reconozcan que se ha exagerado. Lo que estamos presenciando, en efecto, es un intercambio teatral de cierta complejidad psicológica. La presencia intelectual e imaginativa del espectador otorga a la escena toda una serie de significados que se aparta del sentido literal de las palabras.

En el Acto II hay otros ejemplos de esta estratificación de significados. Don Pedro avisa al Marqués que los cristianos, cuyo valor y honor se han recalcado tanto, se impacientan como leones que aguardan la presa por atacar al enemigo; pero inmediatamente después el Marqués se entera de que el motivo es menos altruísta de lo que se supone: pelean por el botín. Cuando Solimán, huyendo de las tropas españolas, se queja de la mala voluntad de Alá al permitir que los cristianos siempre salgan victoriosos, opina después, aparentemente sin notar la contradicción, que los cristianos ganan a causa de la superioridad de sus armas, ya que usan arcabuces. Tenemos aquí unas huellas del realismo de detalles que caracteriza toda la obra, pero tales episodios constituyen también otras travesuras por parte de Vélez. Esta técnica de saltar de lo sublime a lo trivial sirve al propósito doble del autor. Los soldados españoles se presentan al mismo tiempo como invencibles y nada idealistas, víctimas ellos también de la ironía del poeta. La mención de sus armas de fuego inspira confianza en la superioridad de los españoles, pero sin restar mérito a sus éxitos puesto que el enemigo les aventaja en número. La yuxtaposición del motivo aparente de los fracasos moros (Alá) con el motivo verdadero (los arcabuces) resulta ser cómica, y consigue presentar los triunfos cristianos bajo una luz que es a la vez patriótica e irónica.

Este hilo de ambigüedad en la dramatización de la dimensión española de la obra se manifiesta sobre todo en un aspecto insólito. Para comprenderlo bien, tenemos que recordar que Vélez era el cortesano por excelencia, y que antes de gozar de la sinecura en la casa real como ujier de cámara de Felipe IV, había servido al arzobispo Rodrigo Calderón (tío del duque de Lerma), al conde de Saldaña (hijo segundo del mismo) y al marqués de Peñafiel. Por tanto, la ceremonia y la cortesía formaban parte de su modo de vivir y de su modo de ser. Cervantes en su *Viaje del Parnaso* habla de su «lustre y alegría / y discreción del trato cortesano», y José de Pellicer le llamó uno de los cortesanos más finos de España.[4]

En *Los sucesos en Orán* la presencia o ausencia de estos valores desempeña un papel importante en la caracterización de cristianos y moros. Las ceremoniosas cortesías, primero entre el nuevo gobernador y los nobles españoles, y luego entre el Marqués y el gobernador a quien reemplaza, son extensas y puntualísimas de acuerdo a la etiqueta del momento, a modo de una complicada danza cortés que sirve para definir el carácter del Marqués. La exagerada cortesía también forma

---

[4] Apud Cotarelo 3: 168. Ver, además, C. George Peale, «Luis Vélez de Guevara, gran cortesano, gran poeta»; ídem, «Luis Vélez de Guevara, casos de cortesanía histórica y de ingenio efímero».

parte de la presentación levemente ambigua de éste. Aunque sus finuras ganan la aprobación de todos, se prolongan tanto, que el Conde tiene que atajarlas para pasar a «lo que más importa» (v. 102). Cuando el Conde quiere despedirse, el Marqués insiste en acompañarle a su barco a pesar de sus protestas vehementes, y el hecho de que los dos hombres por poco lleguen a salirse cada uno con la suya subraya el tono indudablemente satírico de esta escena. La extremada cortesía del Marqués es comentada de manera explícita y admirativa no sólo por los nobles españoles sino hasta por los moros y por el judío Ayén. Para éstos, sin embargo, tales finuras constituyen una característica del comportamiento de los cristianos en general. Por tanto, la cortesía, uno de los rasgos que más distinguen a los cristianos de los moros, desempeña un papel determinado y sustancial en el esquema total de la obra. Cuando Zuleyla cuenta a Brahén lo que ha pasado al llegar el Marqués a Orán, está claro que lo que le ha impresionado ha sido la ceremoniosa cortesía con que todos se habían tratado. La dignidad y cortesía usadas en sus tratos por los cristianos tienen la clara intención de establecer un contraste con los moros, fieros e ingobernables. Funcionan como indicios de un temperamento racial más estable y de una civilización más desarrollada—nada sorprendente en el contexto de una corte como la de Felipe IV, donde la cortesía y los ritos cortesanos alcanzaron un nivel de elaboración que pasmaba a toda Europa. Al mismo tiempo, es evidente que el aspecto potencialmente cómico de tales bailes rituales no se le escapaba al hombre condenado a vivirlos, y en el teatro los excesos del gobernador se prestarían a efectos humorísticos. La observación inocente de Zuleyla, que el Marqués es «cortés como una dama» (v. 896), es un indicio clave de la naturaleza ambigua de este aspecto de su personalidad.

 La identificación de la cortesía como una característica sobresaliente de los cristianos es desde luego un estereotipo, y esto nos lleva a la consideración de un rasgo distintivo y acusado de la obra: su racismo. Empleo la palabra en su sentido más amplio para significar la preocupación, consciente e inconsciente, explícita e implícita, con las diferencias de raza—en la presente obra, cristiana, mora y hebrea. Dicha preocupación es mucho más abierta aquí, diría yo, que en la gran mayoría de las comedias del Siglo de Oro. En *Los sucesos en Orán* la identidad racial se comenta con una frecuencia y un detalle que son esencialmente diferentes de los prejuicios convencionales que se encuentran en otras obras de la época, incluso en comedias de moros y cristianos, y es posible que los orígenes étnicos del propio Vélez (si de verdad era de ascendencia conversa) tuviera mucho que ver con tan alto grado de sensibilización. Lo que sorprende, tal vez, es la franqueza de este racismo. Nos obliga a preguntarnos si se manifiesta aquí simplemente como el arma tradicional del converso, con su natural tendencia en un contexto potencialmente hóstil, a tomar colorido protector asumiendo los prejuicios de los que le rodean; o bien, dado el tono esquivo de la obra, si el racismo abierto funciona más bien paródicamente, burlándose de los estereotipos raciales. Si en realidad hay un elemento paródico, tenemos luego que preguntarnos si Vélez daba por sentada la complicidad de su público, o si estaba explotando de manera cínica sus prejuicios raciales y religiosos.

Igual que en los casos de la personalidad del Marqués, y del papel desempeñado en la obra por la cortesía, invita a especulación el relieve que adquieren las observaciones racistas y su carácter explícito. El tono exacto de una observación como esta del Marqués, «¡Qué propio es el temor en un judío!» (v. 1132). Desde luego, para el público en la España de los 1620, los moros y el judío eran figuras de escarnio y burla, y Vélez se aprovecha de esa actitud. El gracioso de la obra es el moro Mahagún y hay mucho humorismo a su costa. Su castellano abigarrado desde luego hace reír, y tiene el mismo propósito cuando sale a escena por primera vez echando humo y con los pies quemados, pues dos pajes le han dado humazo y le han puesto candelillas en los pies. Su afición al vino, además de ser un indicio de mala fe en vista de su propia religión, es también un motivo de humor, sobre todo al final cuando declara su intención de volver a España con su amo y bautizarse allí con vino en vez de agua. De la misma manera que el humor generado por Mahagún tiene un sabor que en la actualidad resulta desagradable, su caracterización en general tiene una nota más áspera de lo que es normal para la figura del donaire de la Comedia Nueva. Lejos de mostrar el sentido común, la sabiduría, o simplemente la inteligencia maliciosa de la mayoría de los graciosos, tiene el temperamento inestable y algo siniestro del bufón tradicional.[5] Es alborotador innato, mentiroso, y al sacar una daga en el Acto II se muestra violento también. La única cualidad positiva que tiene es la fidelidad a don Lope. Su perfil psicológico tiene una complejidad interesante, con elementos de servilismo fingido, lástima de sí mismo y resentimiento oculto. Por consiguiente el papel de Mahagún es indudablemente uno de los más potentes de la obra, pero al mismo tiempo es una caracterización que se construye sobre toda una serie de prejuicios raciales.

Como queda apuntado, *Los sucesos en Orán* presenta moros loables y explota con buenas ganas el exotismo del mundo de los bereberes con sus detalles geográficos y culturales, la escena de la boda, la lista de objetos de valor que Ambrán ofrece como rescate, etc. Todo esto, sin embargo, ofrece una visión ideal y superficial del moro, visión que pertenece a una ya larga tradición literaria.[6] En la representación poco lisonjera de ciertos moros individuales, por otra parte, encontramos prejuicios que deben de reflejar con más exactitud la postura de los españoles frente al enemigo tradicional. Según *Los sucesos en Orán*, son una raza bárbara, revoltosa, engañosa, cobarde, infiel, materialista e incapaz de decir la verdad. Es sobre todo una raza traidora, pero es de notar que Vélez problematiza esta misma cuestión de la deslealtad, explorando muy hábilmente la manera en que la traición se hace más aceptable cuando es ventajosa para los cristianos. Se ofrecen maravillosos ejemplos de la fina ironía empleada por Vélez, primero en las palabras de Ayén al presentar a Macor al Marqués, «aqueste *caballero a vender*

---

[5]Véase Enid Welsford, *The Fool: His Literary and Social History*, passim.

[6]Ver, por ejemplo, María Soledad Carrasco Urgoiti, *El moro retador y el moro amigo*, passim.

viene / el mejor adüar de su linaje» (vv. 1115-16. El énfasis es mío), y luego en la observación del Marqués:

> De tu verdad, moro, has hecho
> hidalga prueba, y de ti
> estoy, Macor, satisfecho,
> que en la frente te leí
> el conceto de tu pecho. (vv. 1389-93)

    Estas cualidades, por supuesto, se contrastan con las que manifiestan los cristianos. Compárese, por ejemplo, la afirmación del Marqués, «No me mueve, / judío, el interés sino el servicio / de Dios y el rey» (vv. 1170-72). Sobra decir que los moros son enemigos feroces e implacables del cristianismo, pero por otra parte, la capacidad para reconocer la superioridad innata de los cristianos es en algunos señal de nobleza. Cuando Ambrán se bate con el Marqués (vv. 2071-2158), aquel se rinde porque el aspecto de su contrario le parece casi divino; en efecto, la figura del Marqués tiene aquí, como en otros episodios, una función iconográfica. La lucha entre la necesidad de representar al moro como un ser inferior y el deseo de representarle como un enemigo digno para no degradar los logros cristianos alcanza su máximo impacto emblemático en este encuentro. Paradójicamente, es Mahagún el que, a pesar de sus faltas, se convierte en testimonio vivo de la superioridad de la vida cristiana, ya que, habiendo vivido de las dos maneras y puesto en libertad al final, opta por vivir a lo cristiano y a lo español. Para este moro hasta la comida y bebida de los moros son inferiores a las españolas:

> Esto [i. e., el vino] ser con el tocino,
> don Lope, bona comida,
> más saber que alcuzcuzú
> e que manteca, senior (vv. 1211-14)

Y hay cierta ironía en el hecho de que esta obra triunfalista termine con un voto de confianza en la vida española por parte de un hombre egoísta e interesado.
    Antes de pasar a otra dimensión de nuestro texto hace falta, en el contexto de las actitudes raciales, llamar la atención también sobre Ayén. Vélez presenta a este judío como una figura tradicional en su capacidad de mediador entre cristianos y moros. Completa así la delineación del mapa étnico y religiosa de España, mapa oficial antes de 1492, pero en el siglo XVII ya oculta. Nos encontramos otra vez ante un retrato estereotipado. Ayén es el judío de los prejuicios populares: servil, adinerado, tacaño, siempre en busca de un negocio ventajoso o la oportunidad de ganar o prestar dinero. Y no nos hace falta sacar esta conclusión de lo que hace, porque los personajes de la obra lo dicen sin pelos en la lengua. Es, por tanto, un retrato en su mayor parte previsible y mecánico. Pero Ayén sirve además, igual que los moros, de comentador desinteresado sobre las cualidades del Marqués y

de los españoles en general, y algunas observaciones suyas nos dan que pensar. Cuando le asegura al Marqués, «a fe de judío honrado» (v. 1406), que puede fiarse de Macor, ¿qué efecto se produce? Tanto Ayén como Macor en realidad guardan fe con el Marqués, aunque por motivos diferentes e interesados, pero ¿existía para el español de la época el concepto de un judío honrado? ¿Con qué ironía escribiría Vélez estas palabras? Cuando el soldado español dice de otro en el juego de naipes que «tiene más ventura que un judío» (v. 2297), ¿cómo identificar la naturaleza del resentimiento, envidia o amargura personal que encubren posiblemente estas palabras? Y cuando Elvira, disfrazada y asumiendo la identidad de don Beltrán, se asombra de que un judío ocupe el mismo puesto que un capitán español (Gil Hernández) y gane sueldo del rey, ¿qué implicaría esta sorpresa exactamente, y qué efecto produciría en los espectadores?

Realmente hay mucho más en *Los sucesos en Orán* de lo que salta a la vista. Lo que suelo llamar la «invisibilidad cultural», la incapacidad de una cultura o época para reconocer los signos empleados por otra, es un obstáculo importante a la interpretación contextual de tales matices. Su significación, en el caso de una obra de teatro sobre todo, depende de la manera en que los reciba no tan sólo el oyente individual, sino también la colectividad de oyentes con sus opiniones y reacciones compartidas e históricamente determinadas. El problema es que esta recepción depende a su vez no solamente de los prejuicios que el público lleva al teatro, sino también de cómo el autor los explota para sus propios fines. El caso del judío Ayén es un ejemplo de lo difícil que resulta desprendernos de nuestra propia perspectiva para evaluar el intercambio complejo que se realiza entre el dramaturgo y su público.

Los sucesos en Orán *como comedia de mujeres y hombres*

No hay que pensar que la preocupación de *Los sucesos en Orán por el Marqués de Ardales* con su protagonista epónimo relegue a segundo plano la intriga romántica. Estructural y temáticamente la obra está compuesta de dos hilos entrelazados, de más o menos igual relieve, uno militar cristiano/moro, otro amoroso cristiano/moro. El amor defraudado de Macor le lleva a vender a su pueblo a los cristianos; don Lope, don Leonardo y hasta doña Elvira toman parte en batallas contra moros; el moro Mahagún es esclavo de don Lope; y el Marqués, en su capacidad de figura de autoridad, termina resolviendo los amores de los jóvenes, cristianos así como moros. Desde luego, el público del siglo XVII esperaba que toda comedia tuviera interés sentimental sea cual fuese el tema. La yuxtaposición de milicia y amor en *Los sucesos* se debe en gran medida a la necesidad de obedecer a aquel imperativo. La acción se realiza con bastante destreza, pero la relación entre Amor y Guerra tiene también en el texto un sentido metafórico que da a su dimensión sentimental cierto interés ideológico. En el cariño que se tienen Lope y Clara, en el amor profundo que Elvira siente por Leonardo a pesar de su comportamiento vergonzoso, y en la devoción mutua de Filayla y Ambrán, hay una visión muy grata de lo que el Amor puede ser. Se presenta como indicio de la nobleza y disculpa de la imprudencia, y al final de la obra el Marqués, como caballero fino y sensible y líder magnánimo, responde de buena gana a sus argumentos. Pero indudablemente el Amor se presenta también como un tema penoso y problemático, y la Guerra se emplea como instrumento de este problematismo: primero, interrumpe los amores de Lope y Clara, obligando a esta a observar tristemente que el amor se goza mejor en la paz que en la guerra (v. 1701–03); después, arranca a Ambrán del lecho nupcial precisamente al momento de consumar su matrimonio (vv. 2788–95); y finalmente, impide la demanda de justicia de Elvira. En este sentido literal Amor y Guerra se presentan como antagonistas.

Además, la comedia dramatiza el amor mismo como una batalla de los sexos. El engaño, la estratagema, la victoria y el premio desempeñan un papel tan grande en los enredos amorosos como en las maniobras militares. El cautiverio también se desarrolla en dos planos, literal y metafórico, pero en términos psicológicos. La cadena que Leonardo quiere regalarle a Clara es, según él, un símbolo de su propia «alma aprisionada, / y la voluntad cautiva» (vv. 571–72), pero lo que realmente piensa conseguir con ella es cautivar a una mujer que le rechaza.

La paradoja es un paradigma elocuente de la naturaleza fundamentalmente egoísta de las relaciones entre los sexos, pues el mismo Leonardo forzosamente se encuentra víctima, al final, al honor de una mujer a quien ya no quiere. Cada mujer y hombre es un complejo conjunto de deseos y necesidades, sociales y sexuales, que tienen que acomodarse a los de otro según las reglas culturales de la época. En una sociedad patriarcal la posición de la mujer por supuesto es débil, situación que el teatro del Siglo de Oro afronta repetidas veces y que trata de rectificar, por lo menos en el ámbito imaginario; de ahí el triunfo de Elvira. Ella reconoce explícitamente que la meta que se ha propuesto, la de conseguir que su antiguo amado haga frente a sus responsabilidades, es nada menos que una guerra. Cuando Leonardo le pregunta qué le parece «esta guerra» (es decir la verdadera guerra), contesta con uno de sus habituales y agudos equívocos, «Bien, por cierto / a ser el provecho igual / al trabajo, que es inmenso» (vv. 2219–22).

Elvira, desde luego, está particularmente sensibilizada a los problemas que acarrea el amor; hasta describe los esfuerzos de ella y de Lope por casarse con las personas que quieren como «nuestra guerra desigual y fría» (v. 2627). Esta metaforización del amor como guerra se repite luego, dando un claro indicio de su estado de ánimo, cuando le propone a doña Clara: «concertemos / la paz de tu guerra fiera» (vv. 2786–87). Para ella, la guerra entre las naciones y las religiones tiene su paralelo en la guerra entre los sexos. Tenemos aquí el motivo de la resolución implacable que muestra al alcanzar su objetivo: reconoce que, como en la guerra, «El bien que se interesa / es grande, y el trato, justo» (vv. 2810–11).

También Lope, quien como amante fiel de mucho tiempo inesperadamente tiene que hacer frente a un rival, expresa la misma equivalencia amor-guerra al mostrarse plenamente consciente de lo que se arriesga en el amor, «que quien sigue Amor y

Marte / todo ha de ser pelear» (vv. 3156–57). La identificación del amor con la guerra se comunica de manera emblemática muy viva en la escena donde Clara, en señal de su devoción a Lope, le regala la espada de su padre, y él, en plano paródico, se pone de rodillas para que ella pueda armarle caballero en nombre del amor. Este eco de la caballería es un recuerdo de que la interrelación entre el amor y la guerra seguía siendo parte de la herencia ideológica e imaginativa de la Europa del siglo XVII. Pero Vélez no permite que su público olvide que estas son finezas que distan mucho de representar la totalidad del amor humano, pues inmediatamente después de este episodio don Lope, que quiere de veras a Clara y ha tomado parte de muy buena gana en la cariñosa charada de la espada, se permite un intercambio lleno de insinuaciones sexuales sobre el caso con su criado Mahagún. Es otra vislumbre del humor socarrón y subversivo de Vélez y, a la vez, un indicio de la mezcla de idealismo y realismo que caracteriza su presentación de las relaciones amorosas entre mujeres y hombres.

El amor y la guerra están estrechamente vinculados en la conciencia y las palabras, y al final los dos convergen y se resuelven en la alcazaba en presencia del Marqués. Este, en su doble encarnación de jefe militar y noble cortés, procede con la más fina sensibilidad al autorizar el matrimonio de las parejas. El personaje que encarna el ideal renacentista del cortesano resuelve los conflictos bélicos y amorosos. Las victorias del amor se hacen eco de los triunfos militares, los enemigos se hacen amigos. Después de la lucha viene el «descanso» (v. 4086).

El desenlace feliz de los amores se debe a una mujer engañada que paradójicamente, en la mejor tradición de la mujer varonil, abandona temporalmente su papel sociosexual para recuperar su honor y su felicidad y reintegrarse luego en la sociedad patriarcal como la esposa que desea ser. A diferencia de muchas protagonistas que se van disfrazadas de varón en busca de sus amantes, a los ojos del mundo Elvira no era una mujer deshonrada, porque nadie sabía de sus relaciones con Leonardo. Pero el honor para ella es un valor interno que tiene que ver con el amor propio, con su sentido de sí misma como sujeto humano. En la práctica, por tanto, se siente humillada y desacreditada y reacciona a lo que le ha pasado de la misma manera que las mujeres que han perdido su identidad social junto con su virginidad;[7] de ahí que se describa delante del Marqués como «fábula del pueblo» (v. 3769), sólo momentos después de informarle que nadie sabía de sus amores, percepción que, según cabe suponer, ya se habrá hecho realidad con su propia desaparición de su casa de Málaga. La deshonra para ella era una forma de muerte personal aun cuando no hubiera consecuencias sociales con que enfrentarse.

Es muy sugestiva por lo que se refiere a esto la equivalencia que hace, al explicarse delante del Marqués al final de la obra, entre el nombre (esto es, identidad personal y social) y el honor, «y no te asombre / que una mujer pierda el nombre / que perdió su casta honor» (vv. 3652–54). Por consiguiente su obje-

---

[7] Cf. los muchos ejemplos que cito en *Woman and Society in the Spanish Drama of the Golden Age,* especialmente pp. 109–41.

tivo principal al perseguir a su antiguo amante es el de reconstruir su identidad sujetiva. En el curso de la acción Elvira confiesa que está todavía perdidamente enamorada de Leonardo, pero el estar tan resuelta a conseguir que se case con ella existe independientemente de algún deseo de la felicidad. Leonardo es el hombre que le ha robado el amor propio y sólo él puede restaurárselo: han pasado seis años desde su partida de Málaga, sin ningún impedimento para que ella se case con otro. Cuando se encuentra a solas delante de la puerta de su tío en el Acto I, Elvira reconoce que tiene el orgullo más herido que el corazón, y en efecto está perfectamente dispuesta a casarse con Leonardo contra su voluntad y vivir infeliz el «camino del rigor» (v. 2754) con tal que se restaure su entereza psíquica.

Es de notar que en el teatro del Siglo de Oro los hombres típicamente reaccionan ante la deshonra de manera destructiva: sacrifican su bienestar personal y el de otros a las exigencias sociales, y en el proceso amenazan o incluso destruyen las mismas estructuras sociales que piensan proteger. Las mujeres, en cambio, tienden —claro, hay excepciones— a buscar la restauración de su honor de manera constructiva, esforzándose por rehacer las relaciones deshechas aun si esto trae consigo la pérdida de su felicidad personal. Efectivamente la mujer, igual que el hombre, se manifiesta como un animal social, pero en el caso de los hombres el asunto se complica con una compleja red de factores de orientación patriarcal: por ejemplo, la autoridad, el dominio, el poder y el control—todos, claro, con consecuencias para la mujer también. Como está desautorizada para emprender un papel activo, la mujer engañada que va en busca de su amante como Elvira tiene que adoptar una identidad masculina que le permita recorrer el mundo sin peligro. Se viste de varón para realizar su destino de mujer, se rebela contra las convenciones sociales para conseguir una vida social convencional. La situación rebosa de contradicciones significativas que iluminan elocuentemente los problemas inherentes en la lucha por la sujetividad de una identidad objetiva, en el esfuerzo de la mujer por alcanzar algún grado de control sobre su existencia.[8]

Nadie más apta para la tarea que doña Elvira, y es en su mayor parte un retrato convincente. Dos aspectos importantes de su atractivo para los espectadores serían el erotismo invertido del disfraz varonil, que paradójicamente llama la atención sobre el sexo de la mujer en vez de encubrirlo, y la diversión y excitación producidas por la ambigüedad sexual de la situación en que Elvira se encuentra. Cuando Clara y Beltrán/Elvira se conocen por primera vez, las lisonjas mutuas parecen insinuar toda suerte de complicaciones sexuales ubicadas en la normalidad sólo aparente de la situación visual: lo aparente está permitido; lo real pero no aparente está prohibido. En realidad Beltrán/Elvira no hace más que desempeñar con entusiasmo y brío su rol de galán (aunque al hablar para sí manifiesta también un rastro de celos, vv. 395–96), pero la reacción inconsciente de Clara introduce un elemento problemático de ambigüedad sexual. Las observaciones

---

[8] Cf. Maria Grazia Profeti, «Comedia al cuadrado: espejo deformante y triunfo del deseo», especialmente pp. 55, 57–58.

que hace don Lope sobre el talle y la cara de Beltrán/Elvira provocarían la misma reacción (aunque el que Lope hablara así de otro hombre con toda naturalidad seguramente refleja la importancia que tenían en la verdadera Corte la apariencia física y la indumentaria).

El momento de máxima emoción en este respecto, desde luego, llega cuando primero Lope y, luego, Leonardo invitan a Beltrán/Elvira a ser su huésped de noche sin saber que es mujer. La situación tiene complicadas resonancias tanto homosexuales (lo aparente está prohibido) como heterosexuales (lo real pero no aparente está permitido), aunque el desconcierto de Elvira indiscutiblemente da mayor relieve a la dimensión heterosexual. Sobra decir que en tales casos hay que aceptar la convención teatral renacentista de que una muchacha disfrazada de varón puede pasar por hombre, y tenemos que esperar hasta el Acto III (v. 3104) para la primera y única mención del aspecto menos que varonil de Beltrán/Elvira (otro indicio del impulso realista de Vélez), previsiblemente de la boca de Mahagún que vigila con ojos de lince las actividades de sus superiores.[9]

Elvira, sin embargo, no es solamente una cifra sexual o ícono convencional. Además de los atributos convencionales de la mujer vestida de hombre —resolución, coraje, iniciativa—, posee características que le otorgan un grado de individualidad. Tiene un espíritu práctico nada usual entre las protagonistas teatrales, llevando consigo doblones, cadenas y un cinturón (estos últimos, según cabe presumir, de oro o plata) para no tener que pedir dinero en el caso de que lo necesite.[10] Su señalada independencia se manifiesta posteriormente también cuando rechaza la ayuda que le ofrece Lope para recobrar su honor, diciendo que tiene sus propios planes con respecto a Leonardo. El placer que saca de su propia ingeniosidad es otro indicio de su bien desarrollado sentido de valor propio. La desgana que tiene Elvira de fiarse del mundo y de los hombres, su deseo de depender solamente de sus propios esfuerzos y sobre todo de su propia inteligencia, son perfectamente comprensibles en una mujer abandonada por su amante de dos años que se había comprometido por contrato escrito a casarse con ella. Revela sus heridas emocionales cuando el patrón del barco se despide de ella en la puerta de su tío. Reconoce que se aproximan los momentos cruciales de su empresa y duda brevemente de la prudencia de lo que está haciendo (vv. 337–60). Pero doña Elvira es mucho más que una mujer vulnerable e insegura quien después de seis años de ausencia se ha esforzado a animarse para ir en busca del amante que le ha engañado. Tiene sentido de la ironía, lengua mordaz y

[9] En vista de las complicaciones producidas por la ambigüedad del doble personaje Elvira/Beltrán, no sorprende que los textos antiguos vacilen ante su identidad. Una versión la identifica como doña Elvira, otra como don Beltrán, hasta el punto de perder la orientación. Lo mismo ocurre en otras comedias con mujeres vestidas de hombre.

[10] Tiene interés el que no sea éste el único motivo en que se deja ver la preocupación de Vélez por el dinero. La falta de dinero en Orán, la pobreza de los moros, la avaricia de los judíos, forman un hilo que corre a lo largo de la obra.

afición a los equívocos, y los usa con ventaja en las escenas, muy animadas, con Leonardo. No abriga ninguna ilusión acerca de la irresponsabilidad y egoísmo de su antiguo amante, y al oírle hacer la corte a Clara y escuchar las mentiras que dice acerca de su pasado, su indignación la provoca a escupir unos apartes muy divertidos (vv. 361–81, 693–750, 1245–70). La ironía y los equívocos, desde luego, proporcionan un recuerdo constante de su verdadera identidad y por tanto sirven también para mantener la tensión sexual.

La relación que doña Elvira tiene con doña Clara por su parte es uno de los aspectos más gratos de la obra. Aunque Elvira esté totalmente dispuesta a explotar a su prima en el plan que tiene para alcanzar sus propios fines, hasta el punto de arriesgar los amores de Clara y Lope en el proceso, le tiene mucho cariño, y es su inquietud por la felicidad de Clara lo que la lleva por fin a confiarse completamente a ella. Cuando al final se vuelve hacia «Mi Clara», y dice «con tu descanso me huelgo» (vv. 4085–86), es un momento de auténtico afecto y placer humano, y esta mezcla de resolución y ternura en la caracterización de Elvira tiene en realidad mucho encanto. Clara, por su parte, es todo cariño y firmeza. Es menos hábil que su despejada prima, más benévola y pasiva a pesar de que trata los galanteos de Leonardo con vehemente desdén. Se presta por buena voluntad, aunque no sin perplejidad, a los engaños de Elvira sin tener idea de lo que pasa. El carácter de cada prima es marcadamente contrastado; sin embargo comparten un genuino amor fraternal. La observación de Elvira arriba mencionada tiene su contrapunto en la afectuosa respuesta de Clara:

> Doña Elvira.   Mi Clara,
>   con tu descanso me huelgo.
> Doña Clara.   Yo, mi Elvira, con el tuyo,
>   y de verte con sosiego.   (vv. 4085–88)

Esta visión de la hermandad de las mujeres se refleja también en la lástima que Elvira siente por Filayla y en su esfuerzo por salvarla en medio de la batalla.

En cuanto a los dos amantes, tienen por lo general menor relieve. Don Leonardo es un egoísta inveterado, el tipo de hombre que ama y abandona, que impetuosamente satisface sus deseos sin pensar en las consecuencias. Pero no es del todo despreciable. Tiene cierto conocimiento de sí mismo, y por lo menos dice la verdad sobre sus motivos al abandonar a Elvira sin tratar de excusarse desacreditándola. Efectivamente, en don Leonardo se presenta un diseño psicológico familiar que es del todo convincente en la atracción que tiene para él los líos amorosos secretos, y en el hecho de que no puede ni siquiera contemplar el matrimonio cuando este se hace una realidad autorizada por su mismo padre. Aunque le hubiera sido muy difícil resistir todas las presiones a las que se ve sometido, al final su pronta capitulación complaciente obedece a los imperativos del desenlace feliz convencional de la Comedia Nueva. Es de notar, sin embargo, que su amor a Clara no se transforma inmediata y oportunamente en amor por

Elvira. Puede suponerse que ha seguido queriendo a esta desde el principio sin darse cuenta de ello, pero no podemos pasar por alto el que en su confesión haya mucho remordimiento y ni una palabra de amor. Es un discurso de «honrado caballero« (v. 3986) y no de amante. La pasión ha cedido a la responsabilidad, la voluntad del individuo a la del orden social.

Don Lope presenta otro tipo convencional, el del amante celoso y de prontos enojos, propenso a sacar conclusiones precipitadas. Pero este retrato también tiene leves toques de individualidad. Su franqueza al contar la historia de su destierro es muy simpática; es escrupuloso respecto a los detalles y confiesa que el crimen fue grave, y el descargo muy leve. Más simpáticos aun son su comprensión para con doña Elvira (pues recibe con una sangre fría la noticia que Beltrán es de verdad mujer) y su deseo de ayudarla. En efecto, andando el tiempo, se revela ser un hombre decente. A diferencia de Leonardo, se va a pelear de buen talante a pesar de que la guerra le aparta del lado de Clara, y en cuanto sabe que Elvira está planeando una trampa para coger a Leonardo no hace caso de los soplos de Mahagún. Además, hay en su presentación algunos detalles naturalistas que dan a su carácter una dimensión muy humana y divertida a la vez. Cuando se pone a reanudar la historia interrumpida de su vida, por ejemplo, no recuerda dónde se había detenido antes, se equivoca, y Elvira tiene que corregirle (vv. 2441–75).

Parece que Vélez quería establecer un paralelo entre Lope y Elvira. Hay, primero, la coincidencia del período de los seis años en la vida de ambos: don Lope tuvo que abandonar a Málaga hace seis años, y Elvira lleva seis años sin saber nada de Leonardo. Los dos son víctimas de la imprudencia y de sus emociones; cada uno ha vivido seis años de destierro y enajenación (físicos en el caso de él, psicológicos en el caso de ella). Lope comete el error típico de los galanes de comedia: mata a un hombre para proteger el honor de su familia, y cediendo a su amante Elvira comete el error típico de las damas. Como don Leonardo, don Lope y doña Elvira reconocen las faltas en que han incurrido, pero, a diferencia de él, actúan de buena fe impulsados por su sentido de responsabilidad individual y social. En consecuencia, realizan sus deseos.

Es interesante que la estereotipificación implícita que se pudiera esperar de la representación de los géneros sociosexuales en *Los sucesos en Orán* se destaque más en los hombres que en las mujeres. Aun así, hay una marcada vena de estereotipificación explícita en el texto en lo que se refiere exclusivamente a las mujeres.[11] Tiene particular interés el hecho de que sea doña Elvira la que sirve de cauce para la expresion de estas perspectivas convencionales sobre la mujer. Que el hombre abrigue los prejuicios tradicionales de su sexo no es nada sorprendente. Que una mujer nada sumisa los apoye explícitamente en el proceso de explicar sus actos y llegar a entender sus emociones sí puede causar asombro, pero en realidad solamente da testimonio de la manera en que una sociedad patriarcal forzosa-

---

[11] Descuento aquí las observaciones que se hacen acerca del Marqués en cuanto caballero y líder perfecto, que hasta cierto punto sirven también para definir al varón ideal.

mente hace víctimas complícitas a las mujeres. Las convicciones de doña Elvira acerca de la naturaleza de la mujer son las de su época, heredadas de los filósofos clásicos y transmitidas y elaboradas por la Edad Media.[12] No hay dejo de ironía en sus declaraciones,[13] y ella misma parece estar inconsciente de la contradicción entre lo que está diciendo y su propia reacción nada «femenina» a su situación de mujer deshonrada. El análisis que hace de sí misma resulta acertado, pero las conclusiones que saca de él encierran los criterios tradicionales de lo que es y lo que debería ser una mujer. La osadía, el orgullo y el amor propio son cualidades tradicionalmente admisibles, hasta deseables, en el varón; don Beltrán/doña Elvira los tiene en plena medida, y son estas cualidades las que la permiten alcanzar la justicia y la felicidad. Por esta razón, según la lógica interna de la obra, quedan justificadas aun en su manifestación femenina. Y sin embargo, en lo que Elvira dice de sí a primera vista es fácil ver una reafirmación de todos los viejos prejuicios acerca de la mujer.

Pero el caso es más complicado. La verdad es que en muchos respectos Elvira tiene una personalidad que no armoniza con sus expectaciones vitales y convicciones intelectuales. Es un espíritu independiente encerrado dentro de una mentalidad convencional. Por consiguiente, la línea de acción que doña Elvira sigue para recobrar su honor es simultáneamente para ella un motivo de orgullo y de vergüenza. Al empezar a narrar su vida a don Lope, Elvira se describe como «mujer flaca» (v. 2571), afirmación que puede interpretarse como una táctica congraciadora para asegurar la comprensión y compasión de su compañero, pero que surge también de su conciencia de la posición comprometida en que se encuentra. El enfado que le causa el recuerdo de la locura que ha cometido al sacrificar el honor por el amor a un hombre indigno le ha llevado ya a aprobar la opinión del patrón de fragata, que todas las mujeres son «flacos de celebro» (v. 288). Al punto de revelar a Lope su verdadera identidad, es plenamente capaz de explotar su posición de mujer:

> De una manera u otra
> que sucedan las desgracias,
> mujeres y más mujeres
> han de andar siempre en la danza.   (vv. 2572-75)

---

[12]Para la actitud renacentista y del siglo XVII con respecto a las mujeres, véanse Natalie Zemon Davies, *Society and Culture in Early Modern France;* Ian Maclean, *The Renaissance Notion of Women;* Stevie Davies, *The Ideal of Woman in Renaissance Literature.*

[13]No se sabe, claro, cuál hubiera sido el impacto de sus palabras sobre las damas de la audiencia, pero es perfectamente legítimo plantear la cuestión. Las mujeres formaban un elemento importante del público teatral, tanto en la corte como en los corrales, y hay mucha evidencia literaria e histórica para demostrar que no todas las mujeres (ni todos los hombres) aceptaban irreflexivamente los valores sociosexuales del día.

Desde luego, es un sentimiento completamente justificado también en vista de su tratamiento a manos de Leonardo. Asimismo, cuando dice «que es la cautela y engaño / natural de la mujer» (vv. 2777-79), en parte es para hacer alarde de su propia ingeniosidad, y en parte para disculparse por ella apelando a la ideología de su tiempo con respecto a los sexos. Al final, en presencia del Marqués, máximo representante de la autoridad social en Orán, cuando todo depende de cómo se dirige a él y de lo que le dice, Elvira no vacila en explotar su identidad tradicional de mujer. Es consciente de que, al confesar sus relaciones sexuales con Leonardo para recalcar el vergonzoso comportamiento de su amante, puede ser considerada como reprensible. Así se disculpa recurriendo a su condición de huérfana, y también a la viejísima noción de la mujer como ser ingobernable: hasta la mujer más noble y virtuosa, dice, corre peligro si no tiene padres, puesto que la inclinación de toda mujer es «un caballo feroz» (v. 3682). Se aprovecha de esta trillada idea, aunque debe de reconocer que no cuadra con la realidad, porque necesita explicarse y justificarse a sí misma el porqué del comportamiento que le ha causado tanto dolor y tristeza. Pero sin duda la emplea también como táctica retórica para neutralizar la posible desaprobación del Marqués. Es, desde luego, una táctica arriesgada la de invocar las faltas femeninas en una querella de amores en que el juez es hombre; pero doña Elvira recurre también a la última autojustificación de los jóvenes, el amor, y el Marqués responde como debiera un caballero perfecto y príncipe responsable, exonerando a Elvira como «mujer honrada» (v. 3803) y «ángel» (v. 3953), y condenando a Leonardo.

En dichos elogios se puede ver, tal vez con cierta confianza, una denegación resonante del estereotipo inherente en ese «caballo feroz» (v. 3682) de Elvira, puesto que hay en la obra otros ejemplos de esta técnica de revocación implícita. La fama de inconstante que tiene la mujer es pregonada varias veces por Tapia y Mahagún, quienes la utilizan como autoridad automática para sus conclusiones precipitadas sobre lo que está pasando, pero esta fama queda rotundamente desmentida al fin por el amor constante de doña Elvira y doña Clara. Del mismo modo, la opinión de Macor, de que la mujer es propiedad del hombre (v. 771) queda invalidada, implícitamente por su identidad dramática de hombre malo, y explícitamente por la defensa vigorosa que la espléndida mora Filayla hace de su libre albedrío y de su derecho de casarse con el hombre que ella elija. El comportamiento de Elvira misma desmiente sus propias afirmaciones sobre las mujeres. Como ya hemos visto, Vélez se muestra ser un dramaturgo cuyas actitudes y modos de proceder son difíciles de concretar, pero la discrepancia entre la teoría contemporánea acerca de la mujer y su realidad tal como se dramatiza en este texto basta para indicar que la obra contiene los elementos de una sugestiva dialéctica sobre la naturaleza y el perfil sociosexual tradicional de la mujer.

Observaciones generales

Los sucesos en Orán es una obra de considerable interés en lo que se refiere al manejo ambiguo de sus temas dramáticos y su constante tono escueto. Pero hay otros aspectos, de menor envergadura, que también merecen comentario. El marco de la acción, la ciudad de Orán y su comarca, tiene una fuerte presencia en la obra. El patrón de fragata elogia su belleza y fertilidad, así como su gente noble y las africanas «soberanas» (v. 284). (Hay que recordar que, siendo Orán una colonia de España, *gente* y *africana* se refieren a los españoles domiciliados en la ciudad y no a los habitantes moros.) Pero a pesar de las ventajas y el exotismo del lugar, se presentan también aspectos de la vida colonial que no son tan gratos, como su pobreza, y el hecho de que es el lugar de destierro a que se destinan los condenados. Don Lope, por ejemplo, espera con impaciencia su vuelta a España después de seis años de exilio en Orán. Con su acostumbrada afición a los detalles y al color local, Vélez nos da una impresión muy viva de esta región del mundo: la presencia de los prestamistas judíos, la distancia desde España, el tráfico marítimo, la llegada de España de los vinos nuevos en el otoño—todo esto crea un sentido de la realidad geográfica que solemos hallar más bien en la novela que en el teatro. Su gusto por el detalle narrativo se muestra otra vez en la historia de don Lope, cuya extensión tiene poca justificación en términos de la acción dramática. Además, en la larga descripción que da Zuleyla de la llegada del nuevo gobernador se manifiesta un fuerte sentido de lo visual, aural y táctil, que suele asociarse más bien con el novelista. Como la audiencia ya sabe más o menos lo que ha sucedido, son los elementos festivos y patrióticos, es decir, las relaciones descriptivas, los que dan vida y color a la historia. La cantidad de detalle es tal, que hace pensar que estas dos relaciones están basadas en acontecimientos verdaderos, mas por otra parte, dichos momentos de estasis tienen un paralelo estrucural en las extendidas conversaciones ceremoniosas y en las secuencias de planificación táctica, con su sabor a manual de diplomacia o de estrategia militar; y ya que Vélez aprovecha en todas las escenas militares para hacer alarde de su bien conocida afición al «rumbo, el tropel, el boato, la grandeza»,[14] la acción es una curiosa combinación de secuencias de estasis y secuencias de mucho movimiento y ruido. Efectivamente, en vista de que el Marqués como gobernador general toma una parte muy reducida en estas últimas, se nos ocurre que la comedia mejor se hubiera titulado «Las palabras en Orán del Marqués de Ardales». Es tan marcado el contraste entre acción y estasis, y la prolijidad de algunas escenas tan exagerada, que tiene que juzgarse como un defecto. Hay que decir que el aspecto estructural en general de la obra deja algo

---

[14] Así describió Cervantes el teatro de Vélez, en el prólogo de sus *Comedias y entremeses* (1615). Véase C. George Peale, «Conflagraciones teatrales: fichas para una poética de la guerra en la Comedia Nueva».

que desear. La carpintería textual es muy competente pero, con sus ensambladuras a menudo muy visibles, nada sutil. Cada escena prepara el terreno abiertamente para la que sigue; nada se deja sin decir. Técnicamente, el conjunto es formulaico; tiene cierto aire de la pintura por los números.

Si el marco exótico, el colorismo en la descripción y narración, la larga nómina de personajes, la acción estrepitosa y el espectáculo[15] son rasgos típicos de Vélez que se ven en *Los sucesos en Orán,* lo es también el humorismo, tan destacado aquí que a veces hasta amenaza con desequilibrar la obra.[16] El humor de los lances amorosos está hábilmente integrado, surgiendo naturalmente de las situaciones y los personajes; aun las burlas a expensas de los maestros de esgrima del día, Pacheco y Carranza (vv. 2502-03), encajan bien en la relación de don Lope. El casi imperceptible tono irónico que caracteriza las escenas con el Marqués es igualmente sugestivo. Por ejemplo, Tapia, el criado viejo de doña Clara, encarna una mezcla de malicia y conciencia. Evoca la risa en el Acto I cuando suavemente le toma el pelo a don Lope y luego le dice la verdad para que la broma no vaya demasiado lejos. Al mismo tiempo es blanco del humor. Con su exagerada preocupación por su nobleza y su ejecutoria (vv. 585-95), preocupación que últimamente le cuesta la cadena que tanto desea, Vélez se mofa del honor y de los que lo localizan en el nacimiento y no en los hechos (el Marqués, recordamos, también tiene algo que decir sobre esto, vv. 41-55). Más tarde, cuando Tapia juzga mal a Clara (vv. 3486-88, 3513-20), nos divierte su desconcierto.

Es, entonces, solamente la intervención del gracioso, Mahagún, la que resulta algo pesada. Como hemos visto, es un personaje de considerable interés dramático e histórico, y de gran potencial para un actor. En cuanto gracioso, sin embargo, representa un éxito muy parcial. Vélez ubica el humor motivado por Mahagún en su identidad de moro, y, como depende de los prejuicios raciales del público para delinear su carácter, ha creado un personaje nada simpático. Como regla general, el gracioso que no capta nuestro afecto no es muy risible. Por esto, se equivoca Vélez al asignar tanta importancia al papel de Mahagún. Sus escenas son demasiado largas, y ni divierten ni adelantan la acción. La escena de los naipes, aunque poco cómica, es en este sentido un caso aparte. Su inclusión probablemente se debe al deseo de Vélez de teatralizar un elemento costumbrista. Pero aun teniendo en cuenta que en su día las mofas antimoras seguramente hubieran provocado la risa, nos imaginamos que incluso el público contemporáneo se hastaría del castellano mutilado de Mahagún y de su desagradable mezcla de servilismo y vehemencia. Es, en fin, un gracioso sin gracia.

[15] Las cajas y trompetas figuran en muchas acotaciones, y el Acto III se abre con *«dos galeras en lo alto del tablado»* (acot. fF) que luego se van entrando *«con mucho ruido»* (acot. gG).

[16] Cf. «His love of the comic at times got the better of him» (Ruth Lee Kennedy, *Studies in Tirso I,* 264). Hay que decir que en su defensa de Tirso la Profesora Kennedy a veces hizo menos que justicia a sus rivales, y Vélez fue un blanco particular. En este caso, sin embargo, me parece que tenía razón.

En conclusión, *Los sucesos en Orán por el Marqués de Ardales* es más bien un paquete de elementos interesantes que una obra cuyos componentes dramáticos están eficazmente integrados. Sus elementos están entretejidos con competencia para producir una trama que resulta superficialmente coherente y convincente, pero que a veces adquiere un aire de novela dramatizada. Carece de una directriz artística. No cabe duda de que ob raba aquí una inteligencia de las más agudas y un talento dramático importante, pero esto se ve más en las partes de esta obra que en el conjunto. Lo que sí revelan estas partes es que la reputación que tiene Vélez de Guevara, de ser un dramaturgo de opiniones totalmente convencionales y previsibles, necesita de urgente y meditada revisión.

MELVEENA McKENDRICK

Los sucesos en Orán por el marqués de Ardales es una de las piezas más enigmáticas de Luis Vélez de Guevara, no con respecto a su contenido, que es más bien sencillo y directo, sino a la intención e historia de su composición, de su hipotética representación y de las implicaciones que desata el texto. Por su forma, parece una obra que no acabó de pulirse. Debido a su enorme extensión, al número de personajes, a la multiplicación de acciones y a los diversos espacios necesarios para su puesta en escena, es una obra de difícil representación. Tal y como nos ha llegado, parece más bien un híbrido entre la relación histórica y el drama al que se han sumado detalles de romance morisco. Es más, nos encontramos ante una de las escasas obras de la Comedia Nueva, y más particularmente, de la obra de Vélez, que representan hechos de la historia contemporánea. Dentro de su corpus sólo contamos con *El asombro de Turquía, Los amotinados de Flandes, La cristianísima lis* y la obra que tratamos ahora.[1] En cambio, no resulta tan novedoso en la obra del ecijano el tema del soldado luchando en África, que desarrolló también en *El cerco del Peñón de Vélez, La jornada del Rey don Sebastián, La mayor desgracia de Carlos Quinto, y jornada de Argel* y *La conquista de Orán*. En esta ocasión además une al tema guerrero todo un enredo amoroso, con un triángulo de amantes y una enamorada pareja africana, tópicos que la poesía de la época también fusionaba. Por ejemplo, lo observamos en el notorio romance de *El español de Orán* de Góngora:[2]

> Servía en Orán al rey
> un español con dos lanzas
> y con el alma y la vida
> a una gallarda africana.

La clave para fijar el marco cronológico de la acción nos la da el protagonismo de Juan Ramírez de Guzmán, marqués de Ardales. Este noble fue gobernador de dicho enclave desde el 6 de diciembre de 1604 hasta el 4 de julio de 1607, fecha de su muerte.[3] Relevó a Francisco de Córdoba y Velasco, cuarto Conde de Alcaudete, que

---

[1] Recuérdense aquí las palabras con las que José de Pellicer explicaba la escasez de este tipo de obras: «Se ha de advertir que las comedias no se han de escribir de personas vivas; que aun para la historia es peligroso, cuanto más para el teatro», citado en Ferrer, «Lope de Vega y la dramatización de la materia genealógica», 231.

[2] Gregorio Sánchez Doncel, *Presencia de España en Orán (1509–1792)*, 425–26.

[3] Cf. Spencer y Schevill 257.

estuvo en Orán ocho años,[4] y precedió a su propio hijo, quien mantuvo el puesto de capitán general de forma interina hasta que el rey nombrase un gobernador oficialmente.

La razón de ser de ese baluarte era tener a raya a las tropas enemigas infieles, especialmente a todos aquellos que ejercían el corso desde la costa norteafricana. Los problemas con los que se encontraban estos emplazamientos eran múltiples. En primer lugar, estaban rodeados de enemigos y las tropas eran escasas. Además, hay que sumar a esto la dificultad que tenían para conseguir el alimento imprescindible. Como consecuencia, las tropas tenían el ánimo muy bajo y eran frecuentes las quejas y las deserciones.

Para solucionar algunos de estos problemas se obligaba a muchas de las poblaciones cercanas a realizar una especie de contrato —llamado «seguro»— con las plazas españolas. Este seguro, o imana, les ofrecía protección contra los recaudadores de impuestos turcos pero les obligaba a proveer de alimentos a los españoles. La obtención o no de estos recursos dependía al final de la decisión y fuerza que mostrase la guarnición dominadora. La realidad más frecuente era que el mantenimiento del poder español fuese terriblemente costoso porque las guarniciones estaban prácticamente abandonadas por el gobierno, cerca de la inanición y diezmadas por la deserción.

Hubo momentos de verdadera necesidad en este tipo de enclaves debido a la debilidad del ejército español que no podía hacer frente al numeroso adversario de los núcleos moros cercanos.[5] Estas poblaciones moras se llamaban aduares y tenían entre 200 y 600 habitantes cuyo hogar eran tiendas. Los aduares se agrupaban por tribus y tenían un jeque que las gobernaba. Las cuatro tribus que vivían alrededor de Orán respondían a los siguientes nombres: Uled Muza, Uled Abdalá, Alhageses y Uled Brahén.[6]

A esta última tribu pertenecía el aduar que es atacado en *Los sucesos*. Esta cabalgada es representada en la segunda jornada y culmina con el apresamiento

---

[4]María Concepión Ortiz Bordallo, *Argel en el teatro español del Siglo de Oro*, 73.

[5]Juan Bautista Vilar y Ramón Lourido, *Relaciones entre España y el Magreb siglos XVII y XVIII*, 117, describen uno de los ataques de la tropa española: «Como sucedió en 1632 con la expedición punitiva dirigida por el gobernador marqués de Floresdávila contra los Benerrajes, establecidos en la comarca de Abra, porque su jeque no sólo no había querido tomar el seguro (*imana*) y se negaba a tener el menor contacto con extranjeros cristianos, sino que además acosaba a los pueblecillos próximos sometidos a los españoles. Floresdávila se lanzó por sorpresa contra la facción refractaria, la aniquiló, e hizo 569 prisioneros que fueron vendidos como esclavos, rentando la operación 42.000 escudos».

[6]Ortiz Bordallo 75.

[7]También es histórico el apresamiento de este jeque. Juan Vázquez de Zamora escribía una carta desde Orán en la que informaba que Uled Brahén [*sic*], jefe de muchos aduares está preso. Puede consultarse en AGS, GA, Leg. 652, 381 / 26 mayo 1605.

del jeque de este aduar llamado en el drama Brahembemboraz.[7] El mismo trágico destino sufrían los aduares que no quisiesen tener el seguro de Orán. Normalmente se atacaba a esas poblaciones porque hostigaban a los que tenían seguro o porque eran vendidas por algún traidor a cambio de dinero. En el drama aparece minuciosamente detallada la preparación previa al ataque a un aduar. Había que prevenirlo todo porque en alguna ocasión habían sido informaciones falsas destinadas a emboscar al ejército español combatiente o a conquistar la plaza cristiana tras la salida de gran parte de sus efectivos.

Este tipo de acciones gustaba a la tropa porque les sacaba del micromundo de Orán, rompía la rutina y, sobre todo, reportaba esclavos, dinero, ganado y cereales. También se conseguía el objetivo de confirmar en el seguro a los moros de paz y mantener en calma a los moros de guerra. De esta forma se solucionaban gran parte de los problemas que sufrían y que se podrían reducir a dos: retrasos en las pagas y desabastecimiento de alimento.[8] De hecho las cartas que los gobernadores envían a la corte se suelen reducir a la petición de envío de trigo y cebada, así como a la falta de dinero para pagar a los soldados. Se lee en una misiva del marqués de Ardales esta justificación de la necesidad de las jornadas: «por venir las pagas tan raras veces que si no fuese por lo poco que se alientan con las jornadas sería imposible poder pasar sin perecer todos de hambre».[9] La constatación de este hecho tiene también su lugar en el drama justo después de una elogiosa descripción de Orán:

> [PATRÓN.] En fin, es tierra que apenas
> en su tanto otra la iguala.
> Mas tiene una cosa mala
> que echa a perder tantas buenas.
> DON BELTRÁN[ELVIRA]. ¿Qué es, Patrón?
> PATRÓN. No haber dinero.
> DON BELTRÁN[ELVIRA]. No puede haber peor mal,
> que, si falta al natural,
> mal sobrará al estranjero. (vv. 305–12)

[8]Ortiz Bordallo 83.

[9]AGS, GA, Leg. 650, 231 / 9 noviembre 1605. Carta del marqués de Ardales a su majestad. En otras cartas se pueden apreciar las necesidades de alimento, como la de Cristóbal de Heredia dando cuenta de las gestiones del marqués de Ardales para asegurar el trigo necesario, AGS, GA, Leg. 649, 391 / 25 julio 1605.

[10]Cf. Beatriz Alonso Acero, *Orán-Mazalquivir, 1589–1639,* 49–51: «Junto a esto, un nuevo problema hará su aparición en el Oranesado. La escasez de moneda comienza a convertirse en una traba más para el normal funcionamiento de las plazas, afectando tanto a las transacciones económicas de los mercaderes como al resto de la población civil y militar, que no tiene con qué pagar lo que adquiere a los moros de paz».

Esta escasez monetaria hacía que fuera más difícil la compra de artículos a moros de paz y se produjo un incremento de los ataques a los moros de guerra.[10] En esas jornadas o cabalgadas, que eran capitaneadas por el propio gobernador, participaba sólo parte de la guarnición pues siempre quedaba un grupo al cuidado de la plaza. Lo previsto era que el grupo atacante no estuviera fuera más de una noche y no se alejara de Orán más de ocho leguas.[11] Estas gestas contra los moros de guerra no tenían una periodicidad fija: podían sucederse hasta tres cabalgadas un mismo mes o realizar el mismo número en todo un año, tal y como sucede, por ejemplo, en los años 1606 y 1612.[12]

En la obra teatral observamos que la jornada representada se ejecuta en un aduar que está a cuatro días de distancia. Sabemos que el Marqués fue advertido de la temeridad de estas acciones y se le llamó al orden en más de una ocasión por las denuncias de riesgo que llegaban a la corte desde algunos soldados de Orán. Estas circunstancias serán relevantes a la hora de apuntar la intención del drama y su interpretación.

Pero hemos de recordar que la principal finalidad de estos presidios y el motivo por el que se fundaron los primeros fue acabar con la actividad corsaria en aguas del Mediterráneo y del Atlántico. Con estas posesiones se conseguían puertos seguros para las naves españolas y se acababa con los nidos de corsarios de muchos puertos del norte africano. El balance final de la rentabilidad de estas plazas fue negativo debido a lo costoso que resultaba su mantenimiento. Llegó un momento en el que las guarniciones se limitaban a subsistir y defenderse.

La estrategia que es representada en *Los sucesos* no deja de ser real por muy extraña que parezca: el ataque a dos galeras corsarias por parte de soldados con arcabuces distribuidos a lo largo de la costa. Orán tenía realmente una flota insuficiente por lo que se veía obligada a utilizar estas otras formas de defensa y ataque que en muy contadas ocasiones dieron resultado.[13] Una de ellas fue la representada en *Los sucesos* contra Morat Arráez, en 1605. Aunque en la obra este temido corsario argelino aparece moribundo, sabemos que cinco meses después de ese ataque vuelve a ejercer el corso.

---

[11]Cf. ibíd., 264–65. Cita AGS, GA, Leg. 675, s.f. / 16 marzo 1607, Carta del Consejo a D. Juan Ramírez de Guzmán sobre las presas que hace; AGS, GA, Leg. 723, s.f. / 7 enero 1609, Carta de D. Felipe Ramírez de Arellano.

[12]Alonso Acero 271: «Años en los que pueden realizarse hasta dos y tres cabalgadas en un mismo mes —caso de enero de 1606 [AGS, GA, Leg. 666, s.f. / 11 julio 1606. Rela-ción de cabalgadas hechas en 1606 según Sebastián de Manjarrés, tesorero de presas y cabalgadas]— se sitúan frente a otros en los cuales esa cantidad es el cómputo total del conjunto del año, como ocurre en 1612».

[13]Cf. Alonso Acero 462.

La historicidad de los personajes

Una vez más el estudio genealógico de la obra dará pistas sobre su posible encargo y la época de su composición. Pues aunque Spencer y Schevill afirman que «Whether Vélez' play was written in the governorship of the marquis or subsequent thereto, the text does not show»,[14] existen algunas pistas en la propia obra que parecen indicar que fue escrita en la época de valimiento del Conde-Duque de Olivares.[15] Por ejemplo, al comienzo nos encontramos con un elogio claro y manifiesto a la casa de los Guzmán:

> [N]o ha de ser menor la gloria
> de la casa de Guzmán,
>   y a la de Tebas y Ardales
> bien pocas le son iguales. (vv. 24-27)

El noble representado en esta pieza pertenece a la rama tercera de esta Casa. Juan Ramírez de Guzmán y Álvarez de Toledo fue el III Conde de Teba y II Marqués de Ardales.[16] Se casó con doña Brianda de Aragón y a la muerte de su primera esposa se casó con doña Floriana Catalina de Losada y Quiñónez, natural de Benavente.[17]

---

[14]Spencer y Schevill 257.

[15]La profesora McKendrick también sostiene que la pieza debió de ser escrita después de 1621 dada la intención claramente laudatoria hacia el Conde-Duque de Olivares. La fecha tope que propone la investigadora es el año 1635 ya que podría incluirse dentro del debate abierto sobre la dirección que debía tomar la política exterior: hacia el Mediterráneo o hacia Europa. En *Los sucesos* parece favorecerse la tendencia norteafricana, que fue finalmente la opinión que se desechó. Cuando Francia declaró la guerra a España en 1635 el futuro quedó definido y el debate se dio por finalizado.

[16]Cfr. Alonso Acero 49-51: «[El título de Conde de Teba] había sido concedido a su antepasado D. Diego Ramírez de Guzmán en el año 1522, convirtiendo así el emperador Carlos V en condado el municipio malagueño de Teba, hasta entonces señorío. El título de Marqués de Ardales es otorgado por Felipe II en 1559 a D. Luis de Guzmán, Córdoba y Mendoza, II Conde de Teba y mariscal de Castilla».

[17]García Carraffa, *Enciclopedia heráldica y genealógica*, 40: 168. Juan Ramírez de Guzmán sólo tuvo un hijo y este fue bastardo (el don Diego que le sustituyó en la plaza de Orán). Sin embargo, los Carraffa afirman que «de su primer matrimonio no obtuvo sucesión y del segundo nació Luis Antonio de Guzmán y Toledo, natural de Teba y de la orden de Santiago, en la que ingresó el 7 de marzo de 1655». Pero si esto fuera así existiría alguna mención de este don Luis Antonio en las cartas que el marqués envía desde Orán, sobre todo en la última, en la que pone al corriente al rey de la situación de desamparo en la que queda su

Entre alguno de los familiares destacados del gobernador de Orán se encontraba el duque de Sessa.[18]

El marqués de Ardales murió en 1608 sin dejar más descendencia que un hijo bastardo, por lo que sus títulos los heredó su hermana Brianda de Guzmán. La IV Condesa de Teba y III Marquesa de Ardales casó con Francisco de Guzmán y Manrique, primer Marqués de la Algaba. Por este matrimonio se unieron las dos líneas. El hilo de este título nobiliario de Ardales termina con el último marqués en vida de Luis Vélez. En 1610 murió doña Brianda de Guzmán, y su hijo Luis de Guzmán pasó a ser V Conde de Teba y IV Marqués de Ardales, segundo Marqués de la Algaba. Además fue Mariscal de Castilla, Alférez Mayor de Sevilla y del hábito de Santiago. Contrajo matrimonio con doña Inés de Portocarrero, natural de Sevilla.[19] Estos marqueses de Algaba son los que debieron de merecer el elogio de Luis Vélez en *El Diablo Cojuelo* cuando en el Tranco VII dice: «—y más abajo cae el Algaba, de los esclarecidos marqueses deste título, de Ardales, y condes de Teba, Guzmanes en todo».

Por otra parte, tenemos la línea sanguínea de Juan Ramírez de Guzmán que es continuada por su hijo bastardo Diego de Toledo y Guzmán, caballero del hábito de Santiago, de la Orden de Malta y comendador de la encomienda de la Higuera de Frejenal. Este hijo fue reconocido y protegido siempre por su padre, de manera que lo fue formando en el camino de la milicia para ser su sucesor en Orán. Y así fue: a la muerte de su padre gobernó de forma interina desde el 4 de julio de 1607 hasta el 10 de agosto de 1608. Antes de este destino desempeñó cargos militares en España e Italia donde llegó a convertirse en capitán general de la caballería cuando el conde de Alba gobernaba Sicilia. Después se dirigió a Orán para apoyar a su padre «siendo en ocasiones el jefe al mando del cual se habían organizado ataques contra aduares de moros de guerra, en lugar de su progenitor, aquejado de gota desde los comienzos de su gobierno».[20] Por eso no resultó extraño en la plaza que ocupase el puesto de gobernador a la muerte del marqués de Ardales hasta que fuese elegido oficialmente un sustituto. Ejerció el puesto poco más de un año, «pero ya desde el principio quiere dejar claro su agradecimiento al duque de Lerma, presentado por D. Diego como su gran valedor ante Felipe III».[21]

---

mujer. Además, si este hijo existiese tendría los derechos de herencia que sabemos obtuvo la hermana del difunto marqués.

[18]AGS, GA, Leg. 649, 350 / 18 octubre 1605. El secretario al margen de esta carta apunta que el remitente «no se ha atrevido a escribir a su Majestad por el consejo de Guerra, la que remite por Estado por que se sabe allá luego el autor [...] Que si bien el duque de Sessa es cuñado del marqués de Ardales le tiene por tan celoso del servicio de su Majestad que cree no se ofenderá que avise desde allá lo que se debe prevenir».

[19]Cf. García Carraffa 157.   [20]Cf. Alonso Acero 51.

[21]Ibíd.

En el primer acto de *Los sucesos* aparece Francisco Fernández de Córdoba y Velasco, IV Conde de Alcaudete, señor de Montemayor y Dos Hermanas, que fue el Gobernador Capitán General de Orán que precedió al marqués de Ardales. Este poderoso noble fue comendador de Estriana, de los Bastimentos de Castilla, mayordomo de Felipe III, gentilhombre de cámara de Felipe IV y ayo y mayordomo del Infante don Carlos, hermano del rey. Su esposa fue Ana Pimentel de Herrera, señora de Viana. Falleció en 1632.[22]

También debe señalarse la presencia entre los *dramatis personae* del intérprete y lengua en la plaza de Orán Ayén Cansino. Dado el escaso índice de alfabetización de la población del norte de África, los españoles encontraron muchos problemas para comunicarse. Los judíos se convirtieron en el puente entre cristianos y musulmanes en el norte de África. Sólo había tres familias judías autorizadas a vivir en Orán: una de ellas era la Cansino.[23] Verdaderamente se convirtieron en imprescindibles.

La familia Cansino se hizo con el puesto oficial de lengua de la plaza durante generaciones. Ayén Cansino fue el intérprete desde 1599 hasta 1621, año de su muerte. Un miembro de la familia, Jacob Cansino, llegó a trabajar junto a Felipe IV. La función que ejercían era realmente delicada y de suma importancia, por eso se veía con cierto recelo que la ejecutase una familia judía. Al principio de la ocupación oranesa sólo algunos judíos sabían leer y escribir hebreo, arábigo y castellano. Más adelante algunos cristianos comenzaron a dominar la lengua árabe, por lo que se repartieron la tarea un intérprete cristiano y otro judío. Así aparece también en *Los sucesos:*

Don Beltrán[Elvira].	¿Quién es este judío?
Don Pedro.	El mismo oficio tiene que Gil Hernández.
Don Beltrán[Elvira].	¿Gana sueldo del rey en estas plazas?
Don Leonardo.	Doce escudos. (vv. 1098-1100)

Este Gil Hernández también es un personaje histórico y una muestra más de la fidelidad con que se escribió este drama. El capitán Gil Hernández de Sotomayor fue el primer intérprete cristiano y sirvió en este cargo hasta 1612. El puesto cristiano también parece ocupado por miembros de una misma familia pues le sucedió su hermano el capitán Fernando de Navarrete hasta 1618, y a este le siguió su hijo.[25]

[22]Joaquín Mercado Egea, «Felipe IV en las Andalucías», 67-74.

[23]Otra de las familias judías, la Saportas, fue admitida gracias a los préstamos pecuniarios que realizaban, además de los servicios de traducción que ejercieron algunos de sus miembros.

[24]Alonso Acero 209-10.

[25]Ibíd., 212: RAH, 9 / 689, fol. 93v / s.a. Información anónima sobre el oficio de intérprete.

Por el contrario parecen totalmente novelescos y sin ningún reflejo histórico los personajes de Elvira Bentunilla y Contador, Ruy Díaz Contador, Leonardo Padilla ni Lope Monroy y Fonseca.

Unas jornadas de propaganda en la corte

El corto periodo de gobierno del marqués de Ardales fue de gran actividad: se sucedieron las cabalgadas, los ataques contra corsarios y los acuerdos con poblaciones moras vecinas. Pero todas estas iniciativas le fueron pasando factura y crecieron entre sus subordinados los descontentos. A la corte llegaron cartas de soldados informando sobre las temeridades que acometía el gobernador y quejándose de que no escuchase los consejos que le daban.

Se conservan, por ejemplo, varias cartas de Juan Vázquez de Zamora en las que denuncia las imprudencias militares del marqués y el temor que tiene toda la guarnición a corregirle.[26] Más adelante el mismo denunciante utiliza otras vías distintas a las que acostumbraban a seguir los presidios para comunicarse con su Majestad. El 18 de octubre de 1605, cuando todavía no ha pasado un año del gobierno del marqués, mandó una carta a través del consejo de Estado, en vez de enviarla al consejo de Guerra como acostumbraban. Justificó que no se ha atrevido a escribir a su Majestad por el consejo de Guerra, la que remitía por Estado «por que se sabe allá luego el autor», y que, aunque sabía que el duque de Sessa era cuñado del marqués de Ardales, le tenía por tan celoso del servicio de su Majestad, que creía no se ofendería de que avisase desde allá lo que se debía prevenir.[27]

Por esta carta de octubre nos enteramos de que la que le envió en junio tuvo contestación: al parecer el rey ordenó al marqués que actuase con más prudencia. Pero Juan Vázquez no observaba cambios en la actitud y decisiones del gobernador por lo que volvió a escribir otra carta de alarma para prevenir los riesgos que asumía la plaza con este tipo de tácticas.[28]

Existe también la narración de un soldado que sirvió en Orán, Diego Suárez, que el Marqués «hizo algunas presas cabalgadas por mar, tierra y tuvo un arriscado suceso con los turcos junto a la ciudad de Orán en que faltó poco para perderse la gente de guerra de aquellas fuerzas como nos certificaron muchos soldados de ellas que en la batalla se hallaron en que murieron más cristianos que enemigos».[29]

[26] AGS, GA, Leg. 649, 348 / 2 junio 1605.

[27] AGS, GA, Leg. 649, 350 / 18 octubre 1605.

[28] AGS, GA, Leg. 649, 349 / 18 octubre 1605; AGS, GA, Leg. 649, s.f. / 8 noviembre 1605.

[29] Diego Suárez Montañés, *Historia del Maestre último...*, pt. II, cap. XX, fol. 424. Citado en Alonso Acero 50–51.

Alonso Angulo es otro de sus subordinados que escribió a la corte con quejas concretas contra el Marqués. No aprobaba que desoyese los consejos que le daban los que tenían más experiencia en esta plaza, avisaba de que se estaba fiando de moros que le engañaban y recordaba que las posiciones que se estaban atacando fueron los lugares que antes utilizaron los moros para tender emboscadas a los enemigos. También alertaba de la temeridad que había cometido al alejarse ocho leguas de Orán para hacer una cabalgada, lo cual no es nada en comparación con la jornada que aparece representada en *Los sucesos,* que llegó a distanciarse dieciocho leguas.[30]

Todos estos avisos provocaron que desde la corte se le prohibiera realizar ataques a aduares que le retuvieran más de una noche fuera del presidio.[31] Esta prohibición no era más que una repetición de la que ya se hizo al conde de Alcaudete en 1603 por el peligro que entrañaban estas acciones en las que el gobernador iba a la cabeza. La plaza de Orán era demasiado apreciada estratégicamente para el dominio del Mediterráneo como para ponerla en riesgo por un simple aduar moro. En la época de Felipe III este presidio era admirado por lo bien construidas y diseñadas que estaban sus defensas de tal forma que «se convirtió en una de las piezas clave del sistema militar español en el Mediterráneo occidental».[32]

La prohibición que recayó sobre las jornadas fue muy discutida en el interior de la plaza ya que estas acciones eran necesarias para capturar los esclavos necesarios para las galeras, para pagar el sueldo a los soldados, para mantener vivo el mercado y para obtener alimentos. Lógicamente, el Marqués reaccionó para defenderse de los ataques que le hacían desde su propia plaza. Escribió a la corte sosteniendo que sólo en la primera jornada que hizo al llegar a Orán se alejó de los límites ordinarios—se refiere a la que aparece mencionada en el drama. Además se remite a los hechos para demostrar que la estrategia que está siguiendo es la más adecuada puesto que consigue hacerse respetar en la zona y porque no se le han muerto tres soldados juntos. Una vez acabada su defensa pasa al ataque: denuncia que un grupo de hombres procura alarmar injustificadamente con el único objetivo de desacreditarle.[33]

Pero las maniobras de ataque capitaneadas por el Marqués no se van a quedar sólo en palabras. Nos ha llegado una carta de doña Inés de Valenzuela al rey

---

[30]AGS, GA, Leg. 649, 418 / 18 octubre 1605. El secretario de Guerra escribe en la carpetilla que recoge estos papeles: «dice que si llegaran a los aduares que había legua y media más adelante se perdería sin duda por ser el lugar donde se perdió el año de 98 más de 10 españoles demás que los moros de esta facción cree que trataron de engañar al marqués. Que ninguno se atreve a desoírle su parecer por que no le quiere admitir aun temiendo siempre sus resoluciones determinadas ninguno le contradice cosa».

[31]Alonso Acero 267.   [32]Vilar y Lourido 126.

[33]AGS, GA, Leg. 684, s.f. / 26 mayo 1607. También se puede consultar la larga carta del marqués de Ardales en la que justifica algunas de sus acciones, AGS, GA, Leg. 649, 343 / 25 septiembre 1605.

refiriendo que el marqués de Ardales ha hecho prender a su marido Alonso de Angulo, capitán de a caballo, aquel mismo que alertó sobre las temeridades y desgobierno.[34]

Juan Ramírez de Guzmán mantenía buenas relaciones en la corte[35] que le ayudaron en la campaña de propaganda para exaltar sus desvelos en el presidio. *Los sucesos en Orán* se enmarca en un proceso de lavado de imagen del marqués de Ardales y su gobierno en Orán. La obra viene a justificar las temerarias cabalgadas poniendo a los ojos del público la precariedad pecuniaria de la zona, los escasos sueldos, el hambre que pasan y el hastío de una vida aislada en un presidio rodeado de enemigos. Todas estas dificultades y obstáculos han sido sorteados por el marqués alcanzando acuerdos beneficiosos con los moros de paz y atemorizando a los moros de guerra. Esta misma campaña publicitaria debió de necesitar el hijo del marqués de Ardales, su sucesor en el gobierno de Orán, pues a él también le prohibieron la ejecución de estas arriesgadas acciones. Al fin, las maniobras que desde Orán hiciesen padre e hijo causaron cierto resultado pues sabemos que en diciembre de 1607 se seguían realizando cabalgadas sin que el consejo de Guerra se declarase sobre el asunto.[36]

Por tanto, cabe preguntarse: ¿Constituyó *Los sucesos en Orán* parte de una campaña propagandística? ¿Fue encargada esta obra por Diego de Toledo y Guzmán, hijo bastardo de Juan Ramírez de Guzmán? ¿Se compuso para ser representada en el palacio de su intercesor el poderoso duque de Lerma?

Conviene recordar las palabras que Luis Vélez dedicó a sus dos obras oranescas, *La conquista de Orán* y *Los sucesos en Orán*, en *El Diablo Cojuelo* cuando propone castigar a los malos poetas a que «la primera vez le silben, y la segunda sirva a Su Majestad con dos comedias de Orán».[37] El despego de estas dos obras y la referencia que hace a ellas como servicio subrayan su carácter de encargo. Y ese encargo se lo tuvo que hacer alguien que conocía bien las circunstancias del presidio y tenía acceso a fuentes documentales. La pieza está repleta de detalles que describen minuciosamente las reglas de gobierno, las expediciones y el lugar donde acontecen.[38]

---

[34]AGS, GA, Leg. 650, 262 / sin fecha. En esta carta la esposa de Alonso Angulo dice que ha sido apresado sin que exista otra culpa sino ser amigo del conde de Alcaudete al que sirvió también.

[35]Alonso Acero 50–51.   [36]Ibíd. 269.

[37]*EDC*, 122.

[38]El patrón de la fragata que trae a doña Elvira a Orán realiza la siguiente descripción a la recién llegada: «No llega / a mil vecinos, señor, / mas dale el Cielo en valor / lo que en grandeza le niega, / que es tierra fértil, templada, / sana, fresca y apacible, / donde ni el frío es terrible / ni el mucho calor enfada. / De buenos aires y fuentes, / huertas hermosas y varias, / de frutas estraordinarias / y de plantas diferentes, / bien poblada y proveída, / de buena gente agradable, / noble, entretenida, afable, / curiosa, alegre y lucida» (vv. 265–80).

El mensaje que transmite el drama va acorde a la majestuosidad de la propia representación. Como ya indica el mismo título de la obra impresa, *La gran comedia de Los sucesos en Orán por el marqués de Ardales* se trata de una pieza teatral ideada para una representación fastuosa. Así lo indican el número de personajes, el número de los que coinciden en el tablado y la diversidad de espacios. La puesta en escena cortesana permitiría contar con los medios humanos, materiales y económicos necesarios.

Descripción de la fuente utilizada por Luis Vélez

Los sucesos en Orán por el marqués de Ardales no es una excepción en la línea del teatro histórico nacional de Luis Vélez. Su relación con los acontecimientos, su fidelidad o manipulación de los hechos, su uso de fuentes documentales, la referencia a personajes del pasado, los intereses contemporáneos por recordar determinados hechos y la relación con los familiares del protagonista son aspectos históricos relevantes para la comprensión de la pieza. Así que la identificación de las fuentes permitirá conocer más sobre el origen del drama, descubrir un posible encargo y entender mejor su significado.

El estado de la cuestión en torno a las fuentes era la inexistencia de documentos inspiradores ya que no aparecía mencionado nada de lo dramatizado en las historias de Felipe III. Spencer y Schevill consideraban que las acciones que tenían lugar en *Los sucesos* respondían a hechos muy comunes en aquella época. Por lo tanto debía atribuirse a la propia invención de Luis Vélez todo lo que en el drama ocurre.[39] Sin embargo, los detalles que en la obra se mencionan, la minuciosidad con la que se describen los sucesos y la cantidad de nombres propios de lugares y personas que coinciden con la realidad histórica sugieren que Vélez de Guevara tuvo necesariamente que consultar con personas que vivieron allí o fuentes escritas que desde allí fueron enviadas. Uno de los muchos detalles lo encontramos en cómo se representa en la obra la característica ceremonia de traspaso de poderes. La fórmula empleada para llevar a cabo este acto de pleito homenaje sigue en el drama las pautas dictadas:

> [E]l gesto de poner las manos el recién nombrado gobernador entre las de su predecesor, mientras «promete y hace pleito homenaje como caballero hombre hijodalgo una dos y tres veces, una dos y tres veces según costumbre leyes y fueros de España de tener y guardar en nombre del rey nuestro señor como su leal

[39] Spencer y Schevill 257: «No mention of the events that took place in his term of office made in any of the histories of Philip III. Are the incidents which Vélez has introduced into his play of his own invention, or are they possibly based on reports which had come to the capital from the Spanish possessions in Africa? Skirmishes with the Moors were not uncommon in these days, and the marquis may have been victorious on one more occasions. These victories cannot have been very remarkable, since contemporaneous historians fail to note them».

vasallo y su alcaide y capitán general esta dicha ciudad alcazaba (AHN, códices no 1384 B, fol. 157 v. / agosto 1589).[40]

Otras particularidades minuciosamente detalladas se citarán a lo largo de este capitulillo. Ahora nos detendremos en el tono de documento histórico que refleja el drama. Los vv. 853–77 recogen la descripción de lo que ocurrió en Orán cuando llegó el marqués y son probablemente las que mejor reflejan el uso de fuentes:

> Con ocho armadas galeras
> de munición, chusma y armas,
> y de valientes cristianos
> que las defienden y amparan,
> dio el marqués de Ardales fondo,
> —que así el general se llama—
> miércoles a mediodía,
> en el gran puerto de Almarza.
> Las galeras al entrar
> al castillo hicieron salva,
> y el castillo al mismo punto
> a las galeras de España.
> Allí el marqués tomó tierra
> y estuvo dos horas largas,
> y a la tarde partió a Orán
> y tomó puerto en su playa.
> Los castillos de Santa Cruz,
> San Gregorio y Rocalcazar
> y toda la artillería
> del bestión y la alcazaba
> por festejar al Marqués
> a un tiempo juntos disparan[.]   (vv. 853–75)[41]

Por tanto, cabe indagar sobre la fuente que pudo consultar Luis Vélez para la ambientación y acción de *Los sucesos*. Los tres hechos históricamente relevantes que darán pistas son la llegada del Marqués, la jornada contra un aduar y el ataque a las naves de Morato.

[40] Alonso Acero 181.

[41] Esta descripción corresponde a un espía moro que recibe de sus superior las siguientes palabras de alabanza por su exactitud y estilo: «Por Alá que has referido / también las nuevas, que apenas / creo que moro has nacido, / porque has quitado mil penas / el gusto de haberte oído; / que tu ingenio es castellano / más que de alarbe africano» (vv. 1005–11).

LOS SUCESOS EN ORÁN

Existe un tipo de documentos que responde al estilo y contenido del drama. Se trata de las relaciones que desde Orán se enviaban al rey a través de su Consejo de Guerra. Las luchas que se fraguaban en las plazas africanas eran el orgullo del pueblo español porque suponían la perpetuación de la lucha contra el infiel musulmán. El gobernador de estos presidios encargaba a alguno de sus subordinados que escribiese las peripecias del lugar. Esa relación se adjuntaba a la carta que el gobernador escribía con periodicidad a la corte para dar novedades. En la corte se mandaba imprimir y se difundía por toda España. De esta manera seguimos conociendo hoy estos «hechos comunes» que levantaban el ánimo de la población.[42] Este tipo de textos fueron especialmente abundantes durante el reinado de Felipe IV, «cuando la crisis de la monarquía española, acuciada por agobiantes compromisos internacionales, y más tarde por graves problemas internos—la sublevación de Cataluña, la separación de Portugal—dificultaba enormemente cualquier socorro a las posiciones norteafricanas».[43]

Ortiz Bordallo es la primera en plantear la hipótesis de que «Vélez de Guevara conociera la existencia de alguna relación verdadera de una victoria, que el marqués de Ardales, gobernador y capitán general de Orán, tuvo con los moros de guerra; más concretamente con la tribu de Uled Brahén y la adaptara para el teatro».[44] La intuición que tuvo la investigadora puede ser confirmada si se consultan los fondos de Guerra Antigua que conserva el Archivo General de Simancas. En los legajos correspondientes a cartas de 1605 y 1606 se encuentran numerosas del marqués de Ardales que van acompañadas de relaciones de sucesos.

Son frecuentes los fragmentos que responden al arquetípico extraído de una carta del marqués de Ardales: «Envío a V.M. la relación que manda de las presas y cabalgadas que se han hecho este año desde primero de enero que en aquel mismo día hice una y la forma que se ha servido en repartirla».[45] Se halla entre estos papeles una relación que corresponde a la acción histórica de la tercera jornada. Más adelante nos detendremos en ella. Por otra parte, no hemos encontrado ningún documento sobre el ataque al aduar que se menciona en el segundo acto. Si damos por supuesto, como después se demostrará, que a Vélez le pasaron documentación oficial para la composición de este drama, no debe extrañar que no se encuentre ningún papel sobre la toma de dicho aduar en los archivos históricos.[46]

[42]Alonso Acero 272.

[43]Vilar y Lourido 117.

[44]Ortiz Bordallo 72-73.

[45]AGS, GA, Leg. 666, 168 / 5 agosto 1606.

[46]Esta falta de rigor en la custodia de documentos fue típica de la época de valimiento del duque de Lerma. Cf. Fernando Bouza, 275-76: «Deslumbrado por el indudable interés que Felipe II había mostrado por el Archivo de Simancas, Riol va a centrar sus críticas en el reinado de Felipe III acusando al Duque de Lerma de haber provocado la pérdida de numerosos papeles por culpa del 'siempre dañosísimo medio de formarse juntas particulares de ministros de distintos consejos', motivo por el cual 'se sacaron de su propio lugar un excesivo número de papeles e

Esto mismo podría decirse de la relación encontrada sobre el ataque de Morat Arráez, que está perfectamente archivada. Sin embargo, veremos que este suceso contra el corsario era susceptible de impresión y, por tanto, Vélez pudo utilizar otra fuente no manuscrita. La cabalgada contra el aduar del segundo acto no debió de ser impresa porque fue una acción heroica, pero temeraria, que contradecía las normas básicas de prudencia de una plaza como Orán. No se encuentra en los archivos documentación de ella que verifique sucesos intrascendentes por dos posibles causas: porque sean materia de ficción o porque los papeles que recogían esos acontecimientos son los que utilizó el dramaturgo y no volvieron a su lugar de origen. Aún así, el hallazgo de una relación enviada desde Orán permite probar la veracidad de la hipótesis que Ortiz Bordallo realizó en 1987. Hasta ahora se disponía sólo de la prueba del título para afirmar que la pieza fue escrita a partir de una relación: en el título no aparece la preposición «*a*» para marcar la relación entre «*sucesos*» y «*marqués*», sino la preposición «*por*». Es decir, habría que dejar a un lado el significado de «los sucesos referidos al marqués de Ardales» por el más correcto: «los sucesos referidos por el marqués de Ardales».

La relación que sirvió de fuente a Luis Vélez

Dicha relación, conservada en el Archivo General de Simancas, tiene multitud de conexiones con la jornada tercera de *Los sucesos*. El documento fue enviado por el propio marqués de Ardales a su Majestad, tal y como dice en su carta del 9 de noviembre de 1605:[47]

> En relación aparte he querido dar cuenta a su majestad de la suerte que he recibido a Moratarraez la primera vez que ha venido a visitar esta costa después que yo vine a estas plazas que si escapa con vida del tratamiento que ha recibido dellas no perderá a lo menos la memoria.

Se puede afirmar con seguridad que Vélez utilizó o bien esta relación misma o bien el impreso de ella que circularía por España. El resumen que escribe el secretario en el reverso del documento enviado desde Orán es ya significativo para su comparación con el título del drama: «Relación de lo sucedido al marqués de Ardales con Morat Arraez, con carta del marqués para su Majestad fechada en Orán a 9 de noviembre de 1605».[48] Y en la misma pieza teatral el Marqués pro-

---

instrumentos causados sobre los mismos negocios y, como ninguno se encargaba de restituirlos, muchos se desaparecieron' (Santiago Agustín de Riol, *Noticia general de todos los archivos y papeles pertenecientes a los Consejos y Archivos de España de AHN*, Biblioteca 3693, núm. 10)».

[47] AGS, GA, Leg. 650, 231 / 9 noviembre 1605. Carta del marqués de Ardales a su Majestad.

[48] AGS, GA, Leg. 650, 230 / 9 noviembre 1605.

nuncia unas palabras que ponen de manifiesto la costumbre de los gobernadores de escribir al rey para notificarle algún buen suceso:

> MARQUÉS. Estaraste en mi servicio,
> que de ti informarme quiero
> de este suceso de espacio,
> que al Rey he de escribir luego. (vv. 3899-3902)

Los capitanes generales de estas plazas se valían de tales informes para incrementar sus méritos ante la corte y también justificar con éxitos los enormes gastos que suponía el mantenimiento de esos baluartes.

Para concluir, dada la dificultad que existe para el acceso a la relación del Marqués, se cotejan a continuación, a modo de apéndice, algunos fragmentos de dicho documento y las correspondencias del Acto III del drama.

Oí cuatro piezas de artillería y despaché luego a Orán a los almogataces para saber lo que era y avisaron lo que era: una nave inglesa que un regidor de Málaga traía cargada de trigo y cebada para vender en estas plazas y que había saludado a Mazalquivir cuando llegó a puerto. La nave avisó que le habían salido dos galeotas que eran las galeras de Moratarraez por lo que pareció después que venían de la costa de España y en ella por lo que también se ha entendido habían tomado siete navíos.
 	
(p. 2, párrafos 3-4, ll. 9-16)
	Descúbrense dos galeras en lo alto del tablado, y en ellas MORATO, MAMÍ, y ALÍ y OTROS MOROS.
	
	MAMÍ. ¡Bogar apriesa!
	MORATO. ¡El timón
	      a Almarza carga, patrón,
	      que la nave se adelanta!
	[...]
	ALÍ. Morato Arráez, tu suerte
	      por la mejor he tenido.
	      Contento puedes volverte
	      con las siete que has rendido.
	[...]
	MORATO. ¡La proa a Cabo Falcón!
	      ¡Bogar, canalla cristiana,
	      perezosa es la ocasión!
	      ¡Hacer agua a Vergelete!
	(acot. fF, vv. 2653-55, 2679-82, 2700-03)

Tuve aviso de un criado mío de Málaga que ciertos regalos que me había de enviar los traería el patrón Antonio, un patrón de aquí que estaba con su fragata en Málaga y había de partir dentro de tres días, a mí me daba cuidado esta fragata y pareciéndome que podría ya venir el sábado en la noche secretamente sin que entendiese di orden al sargento mayor que sacase de la infantería ciento sesenta arcabuceros y mosqueteros escogidos y que con estos fuese el capitán	MARQUÉS. Nuevas hay de la mar. Dile que entre.
	[...]
	¿Si ha entrado la fragata que de Málaga esperábamos?
	
	Entra el ALCAIDE, y UN PATRÓN.
	
	              Patrón Antonio,
	¿cuándo fue la venida?
	PATRÓN. En este punto
	      tomó puerto en la playa mi fragata,

Merino.
(p. 2, párrafo 4, ll. 21–26; p. 3, párrafo 1, ll. 1–2)

Y en llegando echaron gente en tierra sin armas sólo con barriles para haber agua. El alférez Pedro de Palma que lo es de Mazalquivir que estaba en el Castillejo reconoció que eran galeotas [...] y él como no tenía orden mía no dio en los que estaban haciendo agua.
(p. 1, párrafo 2, ll. 23–26; p. 2, párrafo 1, ll. 1–2)

Morat Arraez según parece estaba aguardando los navíos que suelen venir de Málaga cargados de vino por este tiempo.
(p. 2, párrafo 1, ll. 5–6)

A los 14 de octubre al salir el sol se descubrieron de los castillos de Santa Cruz y San Gregorio dos navíos que venían de Levante lejos a la mar tanto que los hacía parecer pequeños. Con este aviso salí luego

que no pensé llegar a salvamento,
que treinta millas me han venido dando
caza dos galeotas.
ALCAIDE.   Esto mismo
dice el patrón de aquella nave inglesa
que en Almarza tomó ayer tarde puerto.
[...]
MARQUÉS. ¿Qué tenemos soldado?
SOLDADO.   Por vecino
con dos galeras de a veinte y seis bancos,
a Morato, el corsario más famoso,
que ha conocido el mar.
MARQUÉS.   ¿Morato Arráez
está en aquestas costas?
SOLDADO.   Y él ha sido
el que dio caza a la fragata y nave.
MARQUÉS. ¿Cuándo se descubrieron?
SOLDADO.   Ayer tarde,
y esta mañana, por reconocerlas,
Palma, el alferez, con sesenta hombres
salió de Almarza y en el Castillejo
se emboscó, y Morato, haciendo aguada,
se fue a las Alcuibas, que el alférez
no le quiso dar carga sin tu orden,
y así, señor, me envía a darte aviso,
porque las galeotas de estas costas
no se han de apartar sin hacer presa
en los navíos que vendrán de Málaga,
porque siempre a los últimos de otubre
traen a estas plazas como suele vino
MARQUÉS. Yo les haré que se retiren presto,
que si Cabo Falcón y el Castillejo,
las Halavivas y las Alcosebas,
el Vergelete y Tabarrán que sirven
de caletas al pirata famoso,
yo se las armaré de tal manera,
que huyan de su nombre y aún del mío.

Entra el SARGENTO MAYOR.

¡Oh, Sargento Mayor, a qué buen tiempo
os habéis ofrecido!
SARGENTO.   ¿Qué me manda
vuestra excelencia?
MARQUÉS.   Que se alisten luego
de la gente mejor doscientos hombres,
todos con arcabuces y mosquetes,

a la marina y despaché gente por tierra para que tuviesen tomada la costa desde el Castillejo y el Vergelete hasta Tavarrán que desde el Castillejo, el Vergelete y Tavarrarranque se descubren las alavivas y desde cabo Falcón y el Castillejo las Alcozevar que son dos islas donde las galeotas se ponen a esperar los navíos que vienen de España.
(p. 1, párrafo 1, ll. 4–13)

y dadles orden que la costa tomen
desde Cabo Falcón al Castillejo,
y desde Vergelete a Tabarrán,
para que desde allí a dos galeotas
que trae Morato Arráez, si se acerca
o salen a hacer agua, les den carga.
Y salga luego el capitán Merino
por cabo de la gente y la de Almarza
con su alférez se junte en Castillejo,
y ordenar y partirse al momento.
(vv. 3001–10, 3020–60)

ALÍ.   ¡Dar a la bomba, que abierta
          está la patrona! ¡Herido
          está Morato!
          [...]
CAPITÁN. ¿Que herido va?
FORZADO.   Un mosquetazo
          le pasó el muslo derecho,
          parte del cuello un balazo,
          y de una astilla deshecho
          lleva la mitad de un brazo.
            El estrago que en su gente
          ha hecho la infantería
          podéis saber fácilmente.
          Docientos turcos traía,
          y no lleva vivos veinte.
            El daño ha sido notable,
          que sin los muertos y heridos,
          que es un daño irremediable,
          huyen los cabos perdidos
          sin jarcia, entena ni cable.
(vv. 3267–69, 3287–3301)

Pasaron a Magaragua [...] que Morat Arraez llevaba tres heridas una en un brazo [...] llevaba otros dos arcabuzazos: uno debajo la oreja y otro en un muslo.
(p. 5, párrafo 3, ll. 16–22)

MORATO. Aquí en Magaragua un rato
          podré, Mami, descansar.
(vv. 3329–30)

[DON LOPE.]   Anduvo la infantería
          tan bien, que por dar aliento
          a las pobres galeotas
          les metieron en el cuerpo
          dos mil y quinientas balas[.]
(vv. 3837–41)

Sin duda se les metieron en el cuerpo a ellas más de dos mil y quinientas balas.
(p. 4, párrafo 2, l. 21)

JAVIER J. GONZÁLEZ

Los sucesos en Orán por el marqués de Ardales, *textos, criterios y procedimientos editoriales*

La pieza que editamos a continuación se basa en dos testimonios, que denominamos con las siglas *CV* y *MS*:[1]

CV   Pag 1 | [Banda ancha] | LA GRAN | COMEDIA | DE LOS SVCESSOS EN ORAN | POR EL MARQVES DE ARDALES. | *DE D. LVIS VELEZ DE GVEVARA.*
PARTE VEINTE Y SIETE. | DE COMEDIAS VARIAS | NVNCA IM*P*RESSAS, COMPVESTAS POR | LOS MEIORES INGENIOS DE ESPAñA. | DEDICADAS | *AL SEÑOR D: MARTIN DE LA PVENTE | Cauallero del Orden, Secretario de su | Magestad, y oficial mayor de la Secretaria de Cama- | ra del Patrimonio Real, y de la Secretaria de su | Magestad del Supremo Consejo de la | Inquisicion,* &c. | An. [*sic*] [Escudo] 1667 | CON PRIVILEGIO. En Madrid, por *Andres Garcia de la Iglesia.* | *A costa de Francisco Serrano de Figueroa, Familiar, y Notario del Santo Oficio, y Mercader | de libros. Vendese en su casa enfrente de S. Felipe en la calle Mayor.*[2]
1–57 pp., 4.º, sigs. A–A4 + 4, B–B4 + 4, C–C4 + 4, D–D4 + 1.
Biblioteca Nacional, Madrid, 35–2; British Library, 11725.c.6; Biblioteca Palatina, Parma, CC*III.28057.III, núm. 2.

MS   Los sucessos Oran por el Marques de Ardales Comedia famosa de Luys Belez de Guebara.
Manuscrito, 53 hojas, letra del siglo XVIII.
Biblioteca Nacional, Madrid, MS 16.421.

Nuestra transcripción es moderadamente ecléctica, realizada de acuerdo con los principios y procedimientos detallados en el prefacio a la segunda edición de *El espejo del mundo,* pp. 21–39. En resumen, dichos principios y procedimientos son los siguientes:

—Regularizamos el uso de *b, u, v, de c, ç, s, ſ, ss, ſſ, z,* de *ch* /k/, de *g, i, j, x* /h/ y de *i, j, y* /i/. Asimismo, para distinguir entre las formas homófonas, regulariza-

---

[1] Medel 248, 363, atribuida a Juan Vélez de Guevara; La Barrera 467a, 584a, 696b–97a; Cotarelo, 4: 422–23; Spencer y Schevill 254; Urzáiz Tortajada 706.

[2] Para noticias acerca del impresor Andrés García de la Iglesia, véase Juan Delgado Casado, *Diccionario de impresores españoles (Siglos XV–XVII),* núm. 310, 1: 256–57.

mos el uso de *h,* sobre todo en las formas del verbo *haber* y en las exclamaciones *ah* y *oh*.

—Regularizamos el uso de las mayúsculas, resolvemos las abreviaturas, separamos las palabras mal ligadas, incluso cuando se trate de letras embebidas, y conectamos las palabras mal separadas.

—Seguimos las normas de la Real Academia acerca de la acentuación y suplimos la diéresis cuando sea indicado por razones de la métrica. La puntuación es interpretativa.

—En cuanto a la presentación formal del texto, sangramos el primer verso de las formas estróficas. Los apartes quedan indicados entre paréntesis, así como las acotaciones que no delinean «cuadros» o «escenas» con la salida o la entrada de un personaje; es decir, las que apostillan la presencia de los actores en las tablas.[3]

La ortografía de Vélez de Guevara reflejaba el habla popular de su tiempo,[4] hecho que se hace patente en ciertos rasgos morfofonológicos que son comunes a todos sus autógrafos. En nuestra transcripción hemos tomado cuidado en conservar aquellas peculiaridades, que son:

—Las asimilaciones (*tomallos, solicitalla,* etc.) y las metátesis (*Dejalde, Vestilde,* etc.) según indican los testimonios, ya que el poeta empleó esas formas y las normales con *-rl-* y *-dl-* sin distinción;[5]

—El uso de los demostrativos y pronombres *aquese, aqueste,* etc., formas consideradas como anticuadas, pero todavía muy comunes en la primera mitad del siglo XVII.

Asimismo, ajustamos las convenciones del tipógrafo y del copista al *usus scribendi* de los autógrafos de Vélez. Por ejemplo, *CV* siempre trae «aora», y *MS,* «ahora»; nosotros transcribimos «agora».[6] *CV* es, con muy pocas excepciones, fiel a la simplificación consonántica del poeta, *-ct-* > *-t-*; *MS,* en cambio, siempre transcribe la grafía moderna, e incluso exagera su uso (*trompecta* v. 923).

Vélez de Guevara era, como en alguna ocasión hizo decir a uno de sus personajes, «andaluz de cuatro costados».[7] Una huella de su andalucismo se nota

---

[3] Por ser más pormenorizadas que las de *CV* hemos transcrito treinta acotaciones de *MS:* acots. J, L, P, d, i, l, o, v, x, z, AA, BB, NN, PP, RR, SS, WW, cc, ff, ii, uu, ww, Cc, Vv, eE, qQ, vV, PPP, VVV, WWW. En cambio, *CV* trae cinco direcciones que no constan en *MS:* x, JJ, QQ, Ii, cC. Además de estas, para aclarar la actuación de los personajes sugerida por las didascalias implícitas en el diálogo hemos añadido dos acotaciones, UU, Tt. Por la misma razón hemos acotado apartes en los vv. 657, 748, 1239, 1257, 1269, 2872, 2900, 2904, 2930, 2932, 3639, 3641, 3910, 3933. Ver nuestro «Prefacio», en *El espejo del mundo,* 2.ª ed., 34–42.

[4] Ver Richard Hubbell Olmsted, ed., *El Conde don Pero Vélez,* 28–38; Maria Grazia Profeti, «Note critiche sull'opera de Luis Vélez de Guevara», 83–84, n. 2.

[5] Véanse nuestras notas respectivas a los vv. 62, 562.

[6] Ver Wade 467, n. 19.

en cada hoja de sus autógrafos en la forma de los grupos consonánticos -*nb*- y -*np*-. El fenómeno refleja fielmente la acusada nasalización de la vocal anterior que aún hoy caracteriza el habla popular de Sevilla y, más particularmente, de Écija y Osuna.[8] El uso de *nb* y *np* es absoluto en los autógrafos del poeta. No obstante, regularizamos dichos grupos con *m,* por no querer dificultar la lectura de la obra con la interferencia de una detalle gráfico, o bien, idiográfico, que es, en última instancia, la representación de un alófono que en ningún momento afecta el sentido del texto, ni su rima, ni su ortología. Pero se ha de recordar que sin excepción Vélez escribió esas grafías con *n.*

Seguimos mayormente el texto *CV* excepto en ochenta y cinco casos en los que trae lecciones equivocadas que están subsanadas por *MS:* vv. 2, 110, 290, 347, 372, 427, 448, 456, 486, 528, 543, 611, 641, 728, 768, 786, 796, 823, 937, 1036, 1059, 1090, 1184, 1186, 1214, 1218, 1276, 1284, 1398, 1429, 1446, 1474, 1507, 1559, 1605, 1621, 1630, 1651, 1654, 1768, 1857, 1859, 1910, 1933, 1934, 1960, 2019, 2020, 2026, 2082, 2154, 2155, 2253, 2279, 2288 y passim, 2296, 2303, 2401, 2436, 2445, 2531, 2571, 2581, 2610, 2638, 2640, 2659, 2802, 2804, 2894, 2956, 2959, 2999, 3300, 3427, 3570, 3584, 3702, 3753, 3759, 3911, 3915, 3946, 3962, 4104. Algunas de estas resultaron de simples haplologías y asimilaciones características del uso común:

	CV	*MS*
347.	aspacio	a espacio
1276.	merced merecida	merced recibida
1559.	funda	fundada
1605.	como tu amo	como a tu amo
1621.	¿Qué esto?	¿Qué es esto?
2154.	como Alá	como a Alá
2956.	se fue con confusa	se fue confusa
2999.	siempre le traído	siempre le he traído

Asimismo, enmendamos las asimilaciones erróneas traídas por ambos testimonios:

	CV, MS	*Manson-Peale*
629.	que oído	que he oído
1757.	os hecho	os he hecho

---

[7] *El Águila del Agua,* vv. 359–60. El uso andaluz se asoma ortográficamente en *CV,* por ejemplo, en el seseo de *Hernandes,* transcrito por *MS* con el convencional *Hernández* (v. 110), y de *vueselencia,* substituído en *MS* por *vueseñoría* (v. 2007),

[8] Ver nuestro «Prefacio», 23–26, donde documentamos los pormenores de esta cuestión.

Rectificamos la lectura de *CV* y *MS* para restaurar la rima o el metro, o para aclarar el sentido en los siguientes casos:

	CV, MS	*Manson-Peale*
226.	pedid	pedí
641.	gusto	gesto
2445.	historia famosa	famosa historia
2802.	ruega	ruego
2804.	obliga	obligo
3266.	Resistir	Resistí
3476.	nuevo	mío
3933.	¡Acabar,	¡Acabar, Clara,
4104.	MAHAGÚN. No	MAHAGÚN. Bautizarme no

Como señalamos en el aparato, en la nota al v. 231, a partir de dicho verso *CV* sustituye «DON BELTRÁN» por «ELVIRA» en todas las acotaciones, con la excepción de la acot. ddd. Hemos tenido a bien combinar las indicaciones de *CV* y de *MS*, acotando el diálogo así: «DON BELTRAN [ELVIRA]», para que el lector no olvide que don Beltrán siempre es doña Elvira en disfraz varonil, excepto en los vv. 1217-70, cuando doña Elvira se asoma brevemente en su propio carácter, vestida de mujer.

Los momentos de máxima comicidad en *Los sucesos en Orán* dependen de la prevaricación de las consabidas idiosincracias de la jerigonza morisca.[9] En nuestro «Prefacio» dimos un *précis* de dichas convenciones. Ahora conviene resumirlas en mayor detalle.[10]

La jerga morisca en *Los sucesos en Orán* está concentrada en el gracioso Mahagún, cuyo lenguaje es el morisco convencional utilizado por todos los poetas de la Comedia Nueva, perfilado, al nivel sintáctico, por los rasgos siguientes:[11]

---

[9] Cf. las observaciones de Albert E. Sloman, «The Phonology of Moorish Jargon in the Works of Early Spanish Dramatists and Lope de Vega», *MLR* 44, 2 (1949): 207-08.

[10] Desde el análisis sinóptico de José F. Montesinos en su edición crítica de *El cordobés valeroso* de Lope de Vega, 218-26, son notablemente uniformes las descripciones que se han dado del dialecto morisco. Véanse Jaime Oliver Asín, *Iniciación al estudio de la historia de la lengua española*, 134-35; Sloman 209-13; Ernesto Veres d'Ocón, «Juegos idiomáticos en las obras de Lope de Rueda», *RFE* 34 (1950): 197-206; Rafael Lapesa, *Historia de la lengua*, 97-110; Alonso Zamora Vicente, *Dialectología española*, 15-83; Maria Grazia Profeti, ed., *El verdugo de Málaga*, de Luis Vélez de Guevara, 24-29; Thomas E. Case, «The Significance of *Morisco* Speech in Lope's Plays», *Hisp* 65, 4 (1982): 596-97. Muy distinto es «El lenguaje teatral de los moriscos» (*BBMP* 63 [1987]: 5-16) de Luis Antonio Santos Domínguez, que no solo describe la morfofonología del dialecto morisco en el teatro, sino que analiza sus raíces y transformaciones aljamiado-moriscas en las zonas meridionales de España, Extremadura, Andalucía y, particularmente, Valencia.

—Infinitivización, esto es, el uso generalizado del infinitivo en lugar de las formas flexionadas del verbo;
—Reducción del sistema de verbos copulativos, así que el verbo *estar* frecuentemente sustituye a *ser;*
—Formas oblicuas del pronombre en la función de sujeto y la desaparición de las formas pronominales de sujeto;
—Falta de concordancia, y confusión, de número y género.

En el terreno fonético, el habla de Mahagún está marcado por las siguientes peculiaridades:

—El vocalismo, en que *e > a, i > e, o > a, u > o;*
—La despalatización de *-ll-* y *-ñ-*, que se hacen *-li-* y *-ni-;*
—La reducción de diptongos, o a veces, la hiperdiptongación;
—La sonorización de oclusivas sordas.

Un ejemplo será suficiente para ilustrar dichos rasgos:

MAHAGÚN.   Senior, esperar.
DON LOPE.   ¿Qué quieres?
MAHAGÚN.   Avisarte de tu danio,
              e saber que con enganio
              tratar todas las mojeres.
DON LOPE.   ¿Qué dices, moro?
MAHAGÚN.   Que Clara
              estar en conversación
              con Leonardo y afición
              le mostrar ojos y cara.
DON LOPE.   ¿Cómo lo sabes?
MAHAGÚN.   Saberlo
              porque venir de su casa
              de buscarte, y lo que pasa
              Mahagún con el ojo verlo.
DON LOPE.   ¿Estaban solos?
MAHAGÚN.   Con elios
              estar su primo, que era
              de los dos la cobertera.
              No te fiar, no creerlios,
              que porque a buscarte entré

[11] En el resumen que sigue nos remitimos a Bruno Camus Bergareche, «Personajes orientales en el teatro clásico español: aspectos lingüísticos», en *Los imperios orientales en el teatro del Siglo de Oro*, 98–99.

>   Leonardo sacó el cochilio
>   y el beliaco alcagotilio
>   también decir no sé qué,
>   y lo mais que aquí saber
>   que Clara reñir al moro.
>   ¡Ah, senior!, ¿que hacerte toro
>   e no lo querer creer?
> Don Lope.   Calla, Mahagún, que el intento
>   no sabes de don Beltrán.
> Mahagún.   Sí saber. Venir a Orán
>   a ponerte el cornamento.
>   No te fiar de parientes,
>   que te quitar el descanso,
>   mas como te ver tan manso,
>   parecer que lo consentes.
>
>   *Sale* Don Beltrán [*Elvira*].
>
>   Verle venir ahí. ¡Hidepota,
>   qué carilia que tener!
>   ¡A acertar a ser mojer,
>   cerca estaba de ser pota!   (vv. 3070–3105)

Notablemente, el rasgo principal que solía caracterizar la jerga morisca en textos auriseculares —el llamado «xexeo», esto es, la pronunciación palatal de la *s* alveolar castellana[12]—, no consta en la comedia. Es más, en comparación con las comedias argelinas de Cervantes, o *Los esclavos libres* o *El hidalgo Bencerraje* de Lope, o *El gran Príncipe de Fez* o *El jardín de Falerina* de Calderón, o aun con obras del propio Vélez, como *El Verdugo de Málaga*, el *Baile de los moriscos*[13] o la *Loa sacramental*,[14] el uso de dichas convenciones en *Los sucesos en Orán* parece limitado, especialmente en lo que respecta al léxico.[15] Este mismo conservadurismo en otra comedia de Vélez, *La mayor desgracia de Carlos Quinto*, pudo haber tenido una función semiológica en las circunstancias particulares de su estreno,[16] pero

---

[12]Sloman detalla este fenómeno con extraordinaria economía y perspicacia, pp. 209–11.

[13]Publicado por Profeti como apéndice en la ed. cit. de *El Verdugo de Málaga*, 158–60.

[14]Editada por Maria Grazia Profeti, «Una 'loa sacramental' en jerga morisca», *Segismundo* 35–36 (1982): 59–77.

[15]Cf. Alberto Mas, *Les turcs dans la literature española*, 2: 454–68; Elvezio Canonica-De Rochemonteix, *El poliglotismo en el teatro de Lope de Vega*, 457–61.

[16]Véase *La mayor desgracia de Carlos Quinto*, 124–25.

se puede concluir del caso presente que se trata del «perfil» del decoro cómico de nuestro poeta en lengua morisca, particularmente en vista de que los demás personajes nordafricanos de la obra —Ambrán, Ben Zuleyla, Abrahomo, Brahén ben Boraz, Filayla, Morato, Mamí, Alí, Solimán, Hamete— sin excepción usan un castellano castizo.

Concluiré esta exposición de nuestro criterios y procedimientos con una palabra acerca de las notas explanatorias. Hemos intentado resolver las dificultades de comprensión que pudieran ofrecerse al lector moderno—vocablos, expresiones idiomáticas, refranes, alusiones históricas, folclóricas y mitológicas, y particularidades gramaticales, sintácticas, métricas e incluso ortoépicas. Para facilitar las referencias entre el texto y las notas, las materias explicadas están indicadas con (º). Como esperamos dar a conocer la obra al mayor público posible, la anotación incluye materias bastante elementales. Por otra parte, se propone establecer sólidas bases filológicas para futuros trabajos analíticos, así que se traen a colación cotejos con obras de Vélez de Guevara y otros autores.

Versificación

ACTO I

Quintillas	1–125	125
Octavas	126–149	24
Quintillas	150–224	75
Redondillas	225–752	528
Quintillas	753–852	100
Romance (*a-a*)	853–1004	152
Quintillas	1005–1029	25
Endecasílabos sueltos	1130–1196	167
Redondillas	1197–1348	152
		1348

Proporción de metros:

Quintillas	325	24,1%
Octavas	24	1,8%
Redondillas	680	50,5%
Romance	152	11,3%
Endecasílabos sueltos	167	12,3%

ACTO II

Quintillas	1349–1543	195
Redondillas	1544–1847	304
Quintillas	1848–1937	90

Canción (redondillas con estribillo)	1938–1960	23
Quintillas	1961–2070	110
Romance (*e-o*)	2071–2222	152
Octavas	2223–2254	32
Endecasílabos sueltos	2255–2314	60
Romance (*e-a*)	2315–2398	84
Quintillas	2399–2463	65
Romance (*a-a*)	2464–2587	124
Endecasílabos sueltos	2588–2647	60
		1299

Proporción de metros:

Quintillas	460	35,4%
Redondillas	304	23,4%
Canción	23	1,8%
Romance	360	27,7%
Octavas	32	2,5%
Endecasílabos sueltos	120	9,2%

ACTO III

Quintillas	2648–2707	60
Redondillas	2708–2959	252
Endecasílabos y pareados	2960–3069	110
Redondillas	3070–3161	92
Quintillas	3162–3326	165
Redondillas	3327–3662	336
Romance (*-ó*)	3663–3780	118
Quintillas	3781–3820	40
Romance (*e-o*)	3821–4116	296
		1469

Proporción de metros:

Quintillas	265	18,0%
Redondillas	680	46,3%
Endecasílabos sueltos	110	7,5%
Romance	414	28,2%

RESUMEN TOTAL

Redondillas	1664	40,4%
Quintillas	1050	25,5%
Romance	926	22,5%
Endecasílabos sueltos	397	9,6%

Octavas	56	1,4%
Canción	23	,6%
	4116	

C. GEORGE PEALE

BIBLIOGRAFÍA

AGS (Archivo General de Simancas), CMC (Contaduría Mayor de Cuentas), 3EP (Tercera Época), Leg. 2502, núm. 1, fol. 32.
———, núm. 7, fol. 4 extraordinario.
———, GA (Sección Guerra Antigua), Leg. 652, fol. 381 / 26 mayo 1605. *Carta Juan Vázquez de Zamora desde Orán en la que informaba que Uled Brahén [sic], jefe de muchos aduares, está preso.*
———, Leg. 649, fol. 391 / 25 julio 1605. *Carta de Cristóbal de Heredia dando cuenta de las gestiones del Marqués de Ardales para asegurar el trigo necesario.*
———, Fol. 343 / 25 septiembre 1605. *Carta del Marqués de Ardales en la que justifica algunas de sus acciones.*
———, fol. 418 / 18 octubre de 1605. *Relación de la salida temeraria que ha hecho estos días el Marqués de Ardales según Alonso de Angulo.*
———, fol. 349 / 18 octubre 1605. *Carta de Juan Vázquez de Zamora.*
———, fol. 350 / 18 octubre 1605. *Carta de Juan Vázquez de Zamora.*
———, s. fol. / 8 noviembre 1605. *Carta de Juan Vázquez de Zamora.*
———, Leg. 650, fol. 230 / 9 noviembre 1605. *Relación de lo que al Marqués de Ardales le ha sucedido con Moratarraez que vino con dos galeras (su capitana que es de veintiséis bancos y su patrona que es de veinticinco) en la costa de Orán. Para enviar a su Majestad.*
———, fol. 231 / 9 noviembre 1605. *Carta del Marqués de Ardales a su Majestad.*
———, fol. 262 / s. f. *Carta de la esposa de Alonso Angulo avisando de que su marido ha sido apresado sin que exista otra culpa sino ser amigo del conde de Alcaudete al que sirvió también.*
———, Leg. 666, s. fol. / 11 julio 1606. *Relación de cabalgadas hechas en 1606 según Sebastián de Manjarrés, tesorero de presas y cabalgadas.*
———, fol. 168 / 5 agosto 1606. *Relación de las guerras y cabalgadas de guerra hechas en aquellas plazas según el Marqués de Ardales.*
———, Leg. 684, s. fol. / 26 mayo 1607. *Carta de D. Juan Ramírez de Guzmán.*
ALONSO, DÁMASO. «*Los baños de Argel* y *La comedia del degollado*», RFE 24, 2 (1937): 213–17.
———. «Maraña de hilos (Un tema de cautiverio entre Fulgosio, Pero Mexía, Bandello, Juan de la Cueva y Cervantes». En *Del Siglo de Oro a este siglo de siglas*. 2.ª ed. Madrid: Gredos, 1968. Pp. 29–42.
———. «Una fuente de *Los baños de Argel*», RFE 14, 3 (1927): 275–82.
ALONSO ACERO, BEATRIZ. *Orán-Mazalquivir, 1589–1639: una sociedad española en la frontera de Berbería.* Madrid: C.S.I.C., 2000.
ALONSO HERNÁNDEZ, JOSÉ LUIS. *Léxico del marginalismo del Siglo de Oro.* Salamanca: Univ. de Salamanca, 1976.

Ashcom, B. B. «Notes on the *Comedia:* A New Edition of a Vélez de Guevara Play», *HR* 30 (1962): 231–39.
Bañuelos y de la Cerda, Luis de. *Libro de la jineta y descendencia de los caballos Guzmanes.* Madrid: Sociedad de Bibliófilos Españoles, 1877.
Barrera y Leirado, Cayetano Alberto de la. *Catálogo bibliográfico y biográfico del teatro antiguo español, desde sus orígenes hasta mediados del siglo XVIII.* Madrid: M. Rivadeneyra, 1860; Madrid: Gredos, 1969.
Bouza, Fernando. *Corre manuscrito: una historia cultural del Siglo de Oro.* Madrid: Marcial Pons, 2001.
Calderón de la Barca, Pedro. *Casa con dos puertas mala es de guardar. El galán fantasma.* Ed. José Romero Castillo. Esplugues de Llobregat: Plaza y Janés, 1984.
———. *El médico de su honra.* Ed. D. W. Cruickshank. Madrid: Castalia, 1981.
Camus Bergareche, Bruno. «Personajes orientales en el teatro clásico español: aspectos lingüísticos». En *Los imperios orientales en el teatro del Siglo de Oro: actas de las XVI Jornadas de Teatro Clásico, Almagro, julio de 1993.* Ed. Felipe B. Pedraza Jiménez y Rafael González Cañal. Almagro: Univ. de Castilla-La Mancha-Festival de Almagro, 1994. Pp. 93–103.
Canonica-De Rochemonteix, Elvezio. *El poliglotismo en el teatro de Lope de Vega.* Kassel: Edition Reichenberger, 1991.
Carrasco Urgoiti, María Soledad. *El moro retador y el moro amigo: estudios sobre fiestas y comedias de moros y cristianos.* Pról. de Francisco Márquez Villanueva. Granada: Univ. de Granada, 1996.
Case, Thomas E. «The Significance of *Morisco* Speech in Lope's Plays», *Hisp* 65, 4 (1982): 594–600.
Cátedra, Pedro M. y Víctor Infantes, eds. *Los pliegos sueltos de Thomas Croft (Siglo XVI).* Valencia: Albatrós, 1983.
Cotarelo y Mori, Emilio. «Luis Vélez de Guevara y sus obras dramáticas», *BRAE* 3 (1916): 621–52; 4 (1917): 137–71, 269–308, 414–44.
Covarrubias, Sebastián de. *Tesoro de la lengua castellana o española.* Ed. Ignacio Arellano y Rafael Zafra. Madrid: Iberoamericana-Vervuert, 2006.
Cuervo, Rufino José. *Apuntaciones sobre el lenguaje bogotano, con frecuente referencia al de los países de Hispano-América.* 9.ª ed. Bogotá: Instituto Caro y Cuervo, 1955.
Davies, Natalie Zemon. *Culture and Society in Early Modern France.* Stanford: Stanford Univ. Press, 1975.
Davies, Stevie. *The Ideal of Woman in Renaissance Literature: The Feminine Reclaimed.* Brighton: Harvester Press, 1986.
Delgado Casado, Juan. *Diccionario de impresores españoles (Siglos XV–XVII).* 2 vols. Madrid: Arco/Libros, 1996.
Eckhardt, A. «Le ceruil flottant de Mahomet», *Mélanges de philologie romane et de littérature médiévale offerts E. Hoepffner.* Paris: Les Belles Lettres, 1949. Pp. 77–88.
Elliott, J. H. *The Count-Duke of Olivares: The Statesman in an Age of Decline.* New Haven-London: Yale Univ. Press, 1986.

García Carraffa, Alberto y Arturo García Carraffa. *Enciclopedia heráldica y genealógica hispano-americana.* 88 vols. Madrid: A. Marzo, 1919–1963.

Haedo, Fray Diego de [sic, Antonio Sosa]. *Topografía e historia general de Argel.* 3 vols. Ed. Ignacio Bauer y Landauer. Madrid: Sociedad de Bibliófilos Españoles, 1927.

Infantes, Víctor. Ver Pedro M. Cátedra.

Jover Zamora, J. M.ª *1635—Historia de una polémica y semblanza de una generación.* Madrid: C.S.I.C., 1949.

Keniston, Hayward. *The Syntax of Castilian Prose: The Sixteenth Century.* Chicago: Univ. of Chicago, 1937.

Kennedy, Ruth Lee. *Studies in Tirso, I: The Dramatist and His Competitors, 1620–26.* Chapel Hill: Dept. of Romance Languages, Univ. of Carolina, 1974.

Lapesa, Rafael. *Historia de la lengua española.* 9.ª ed. corregida y aumentada. Madrid: Gredos, 1984.

Lázaro Mora, Fernando A. «*RL-LL* en la lengua literaria», *RFE* 60 (1978–1980): 267-83.

Lespès, René. *Oran: Étude de géographie et d'histoire urbaines.* Paris: F. Alcan, 1938.

Lourido, Ramón. Ver Juan Bautista Vilar.

McKendrick, Melveena. *Woman and Society in the Spanish Drama of the Golden Age.* Cambridge: Cambridge Univ. Press, 1974.

Maclean, Ian. *The Renaissance Notion of Woman: A Study in the Fortunes of Scholasticism and Medical Science in European Intellectual Life.* Cambridge: Cambridge Univ. Press, 1980.

Mas, Albert. *Les turcs dans la littérature espagnole du Siècle d'Or: recherches sur l'évolution d'un thème littéraire.* 2 vols. Paris: Centre de Recherches Hispaniques, Institut d'Études Hispaniques, 1967.

Menéndez Pidal, Ramón. *Historia de España, XXV: la España de Felipe IV.* Madrid: Espasa-Calpe, 1982.

———. *Manual de gramática histórica española.* 12.ª ed. Madrid: Espasa-Calpe, 1966.

Mercado Egea, Joaquín. «Felipe IV en las Andalucías», *Cuadernos de El Condado*, 1. Jaén: Joaquín Mercado Egea, 1980.

Mexía, Pedro. *Silva de varia lección.* 2 vols. Ed. Antonio Castro. Madrid: Cátedra, 1989.

Oliver Asín, Jaime. *Iniciación al estudio de la historia de la lengua española.* 3.ª ed. Zaragoza: «Heraldo de Aragón», 1939.

Ortiz Bordallo, María Concepción. «Argel en el teatro español del Siglo de Oro». Serie Tesis Doctorales núm. 30/87. Univ. Complutense de Madrid, 1987.

Peale, C. George. «Conflagraciones teatrales: fichas para una poética de la guerra en la Comedia Nueva». En *Paz y guerra en la Comedia española: Actas de las XXIX Jornadas de Teatro Clásico de Almagro, 4, 5, 6 de julio de 2006.* Ed. Felipe B. Pedraza Jiménez, Rafael González Cañal y Elena Marcello. Almagro: Univ. de Castilla-La Mancha, 2007. *(En prensa)*

PEALE, C. GEORGE. «Luis Vélez de Guevara, casos de cortesanía histórica y de ingenio efímero». En *Paraninfos, segundones y epígonos de la comedia del Siglo de Oro*. Coord. Ignacio Arellano. Barcelona: Anthropos, 2004. Pp. 77–87.

———. «Luis Vélez de Guevara, gran cortesano, gran poeta: hacia una historia revisionista de la Comedia Nueva». En *Estudios de Teatro Español y Novohispano de los Siglos de Oro—Asociación Internacional de Teatro Español y Novohispano*. Ed. Melchora Ramos, Ximena González y Florencia Calvo. Buenos Aires: Instituto de Filología y Literaturas Hispánicas «Dr. Amado Alonso»-Facultad de Filosofía y Letras, Univ. de Buenos Aires, 2005. Pp. 57–78.

PROFETI, MARIA GRAZIA. «Comedia al cuadrado: espejo deformante y triunfo del deseo». En *La comedia de capa y espada*. CTC 1 (1988): 51–60.

———. «Note critiche sull'opera di Vélez de Guevara», *MSI* 10 (1965): 47–174.

———. «Una 'loa sacramental' en jerga morisca», *Segismundo* 35–36 (1982): 59–77.

REAL ACADEMIA ESPAÑOLA. *Diccionario de Autoridades*. Ed. facsímil. 3 vols. Madrid: Gredos, 1963.

———. *Diccionario de la lengua española*. 22.ª ed. Madrid: Real Academica Española, 2001.

RUIZ DE ALARCÓN, JUAN. *La industria y la suerte*. En *Obras completas*. Ed. Agustín Millares Carlo. Vol. 1. México: Fondo de Cultura Económica, 1957. Pp. 109–99.

SALOMON, NOËL. *Lo villano en el teatro del Siglo de Oro*. Trad. Beatriz Chenot. Madrid: Castalia, 1985.

SÁNCHEZ DONCEL, GREGORIO. *Presencia de España en Orán (1509–1792)*. Toledo: Estudio Teológico de San Ildefonso, 1991.

SANDOVAL, FRAY PRUDENCIO DE. *Historia de la vida y hechos del emperador Carlos V*. 3 vols. Ed. Carlos Seco Serrano. BAE, 80–82. Madrid: Atlas, 1955.

SANTOS DOMÍNGUEZ, LUIS ANTONIO. «El lenguaje teatral del morisco», *BBMP* 63 (1987): 5–16.

SCHEVILL, RUDOLPH. Ver FORREST EUGENE SPENCER.

SEIFERT, EVA. «'Haber' y 'tener' como expresiones de la posesión en español», *RFE* 17 (1930): 233–76, 345–89.

SLOMAN, ALBERT E. «The Phonology of Moorish Jargon in the Works of Early Spanish Dramatists and Lope de Vega», *MLR* 44, 2 (1949): 207–17.

SPENCER, FORREST EUGENE y RUDOLPH SCHEVILL. *The Dramatic Works of Luis Vélez de Guevara: Their Plots, Sources, and Bibliography*. Berkeley: Univ. of California Press, 1937.

URZÁIZ TORTAJADA, HÉCTOR. *Catálogo de autores teatrales del siglo XVII*. 2 vols. Madrid: Fundación Universitaria Española, 2002.

VALDÉS, JUAN DE. *Diálogo de la lengua*. Ed. José F. Montesinos. Madrid: Espasa-Calpe, 1946.

VAN DER HAMMEN, LORENZO. *Don Juan de Austria*. Madrid: Luis Sánchez, 1627.

VEGA CARPIO, LOPE FÉLIX DE. *Los esclavos libres*. En *Obras de...* Ed. Emilio Cotarelo y Mori. Ac.N., 5. Madrid: Tip. de la «Revista de Archivos, Bibliotecas y Museos», 1918. Pp. 397–439.

VÉLEZ DE GUEVARA, LUIS. *El Águila del Agua, representación española*. Ed. William R. Manson y C. George Peale. Estudio introductorio de C. George Peale. Newark, Delaware: Juan de la Cuesta, 2004.

———. *El capitán prodigioso*. Ed. William R. Manson y C. George Peale. *(En preparación)*.

———. *La conquista de Orán*. Ed. William R. Manson y C. George Peale. *(En preparación)*.

———. *El Diablo Cojuelo*. Ed. Ramón Valdés. Barcelona: Crítica, 1999.

———. *El diablo cojuelo, El asombro de Turquía y valiente toledano, El ollero de Ocaña*. Ed. José A. Sánchez Pérez. Madrid: Aguilar, 1960.

———. *El diablo está en Cantillana*. Ed. William R. Manson y C. George Peale. *(En preparación)*.

———. *Don Pedro Miago*. Ed. William R. Manson y C. George Peale. Estudio introductorio de C. George Peale. 2.ª ed. Newark, Delaware: Juan de la Cuesta, 2005.

———. *El embuste acreditado*. Ed. Arnold G. Reichenberger. Granada: Univ. de Granada, 1956.

———. *El espejo del mundo*. Ed. William R. Manson y C. George Peale. Estudio introductorio de Maria Grazia Profeti. 2.ª ed. Newark, Delaware: Juan de la Cuesta, 2002.

———. *La jornada del Rey don Sebastián en África*. Ed. William R. Manson y C. George Peale. Estudio introductorio de Marsha A. Swislocki. *(En preparación)*.

———. *El Lucero de Castilla y Luna de Aragón*. Ed. William R. Manson y C. George Peale. Estudio introductorio de Gareth Davies. *(En preparación)*.

———. *La mayor desgracia de Carlos Quinto*. Ed. William R. Manson y C. George Peale. Estudio introductorio de Harry Sieber. Newark, Delaware: Juan de la Cuesta, 2002.

———. *La niña de Gómez Arias*. Ed. William R. Manson y C. George Peale. Estudio introductorio Margot Benardo. *(En preparación)*.

———. *El rey en su imaginación*. Ed. William R. Manson y C. George Peale. Estudio introductorio de Thomas Austin O'Connor. Newark, Delaware: Juan de la Cuesta, 2002.

———. *La romera de Santiago*. Ed. William R. Manson y C. George Peale. *(En preparación)*.

———. *La serrana de la Vera*. Ed. Enrique Rodríguez Cepeda. 2.ª ed. Madrid: Cátedra, 1982.

———. *El Verdugo de Málaga*. Ed. William R. Manson y C. George Peale. *(En preparación)*.

———. Ed. Maria Grazia Profeti. Zaragoza: Ebro, 1975.

VERES D'OCÓN, ERNESTO. «Juegos idiomáticos en las obras de Lope de Rueda», *RFE* 34 (1950): 197–206.

VILAR, JUAN BAUTISTA y RAMÓN LOURIDO. *Relaciones entre España y el Magreb, siglos XVII–XVIII*. Madrid: Mapfre, 1994.

WADE, GERALD E. «The Orthoëpy of the Holographic *Comedias* of Vélez de Guevara», *HR* 9 (1941): 459–81.
WELSFORD, ENID. *The Fool: His Social and Literary History*. New York: Farrar & Rinehart, 1935.
ZAMORA VICENTE, ALONSO. *Dialectología española*, 2.ª ed. muy aumentada. Madrid: Gredos, 1970.

LOS SUCESOS EN ORÁN POR EL MARQUÉS DE ARDALES

Personas*

El Marqués de Ardales.	Un Alcaide.
El Conde de Alcaudete.	Ambrán, moro.
Don Diego de Portugal.	Ben Zuleyla, moro.
Don Pedro de Orellana.	Abrahomo, moro.
Don Lope de Monroy.	Brahén ben Boraz, moro.
Don Leonardo de Padilla.	Filayla, mora.
Doña Elvira, dama.	Morato, moro.
Doña Clara, dama.	Mamí, moro.
Sargento Mayor.	Alí, moro.
Gil Hernández, capitán.	Solimán, moro.
Ayén Cansino, judío.	Hamete, moro.
Patrón de una Fragata.	Tapia, criado.
Mahagún, moro.	Merino, capitán.
Macor, moro.	Palma, alférez.
Un Tesorero.	Pacheco, un forzado.
Un Capitán de la Guarda.	Soldados.
Pajes.	

* CV:

Personas que hablan en ella.

Marques de Ardales.	Doña Clara Dama.	Mahagun Moro.
Conde de Alcaudete.	Sargento Mayor.	Macor Moro.
D. Diego de Portugal.	Capitan Gil Hernandez.	Ambran Moro.
D. Pedro de Orellana.	Capitan de la Guarda.	Benzuleyla Moro.
D. Lope de Monroy.	Ayen Cansino Judio.	Abrahomo Moro.
D. Leonard. de Padill. [*sic*]	Patron de una Fragata.	Brahenbenboraz Segre.
Doña Elvira Dama.		Filayla Mora.

MS:

Interlocutores
El Marques de Ardales
El Conde de Alcaudete
Don Diego de Portugal
Don Pedro de Orellana
Don Lope de Monroy
Don Leonard de Padilla
Doña Elvira, dama
El Capitan Gil Hernandez
El Capitan de la Guarda
Ayen Cansino, judio
Un Patron de una nave
Mahagun, moro
Macor, moro
Abran, moro
Abrahomo, moro
Brahenbemboraz, moro
Filaila, mora

ACTO PRIMERO**

Sale el Marqués de Ardales, Don Diego de A
Portugal *y* Don Pedro de Orellana.

Marqués.	¿Baja el Conde?	
Don Diego.	Ya salía	
	del Alcazaba.° Temprano	
	madrugó vueseñoría.°	
Marqués.	No ha sido, don Diego, en vano,	
	que hay que hacer mucho este día,°	5
	que gusta el Conde entregarme	
	el gobierno, que a dejarme	
	con él su mucho valor,°	
	de África fuera° terror,	
	Cipión° podían llamarme,	10
	que a su casa quiso el Cielo	
	dar valor, y que a él le cuadre	
	no es maravilla del suelo	
	si es hijo de tan buen padre,	
	y nieto de tal abuelo,	15
	que es Córdoba y de Alcaudete,	
	el que Abén Alaj Hamete	
	rindió a sus pies, y el de Ardales	
	en su nombre, hazañas tales	
	al tiempo y fama promete.	20
Don Diego.	Si deja el Conde en Orán	
	ilustre fama y memoria	
	de excelente capitán,	
	no ha de ser menor la gloria	
	de la casa de Guzmán,	25
	y a la de Tebar y Ardales,	

** JORNADA PRIMERA. *CV, MS.*   1 y passim. Falta «Don» en *MS.*

A. *Salen* ... Pedro Orellana. *MS.*   2. alcazana [*sic*] *CV.*

	bien pocas le son iguales	
	y quien en valor excede,	
	si honrar otras muchas puede,	
	con sus hechos inmortales.	30
MARQUÉS.	Soy Guzmán, y el alabanza,°	
	don Diego de Portugal,	
	de sí mismo con templanza	
	ha de ser, y así hacéis mal	
	por la parte que os alcanza.	35
DON PEDRO.	¿Quién no engrandece, señor,	
	su casa, si resplandor	
	con ella a sus hechos dan?	
	Porque el blasón de Guzmán	
	es símbolo del valor.	40
MARQUÉS.	A un hombre mucho ennoblece	
	buena sangre y casa altiva,	
	pues por ella se engrandece,	
	mas quien solo en ella estriba,	
	y no en sus obras, perece,	45
	y es, don Pedro de Orellana,	
	aquesta° verdad tan llana,	
	cuanto tengo por mejor	
	que el que nace con honor	
	al que de nuevo le gana.	50
	Mis obras solo han de ser,	
	señores, las que en Orán	
	me han de honrar y engrandecer,	
	porque solo aquestas dan	
	sangre, estimación y ser.	55
	Y el de Alcaudete ha mostrado	
	en el tiempo que aquí ha estado,	
	como los dos sois testigos,	
	que, con vencer enemigos,	
	aquesta gloria ha alcanzado.	60

---

27. les *MS.*

28. le *MS.*

42. antigua *MS.*

45. parece *MS.*

52. señaladas, que *MS.*

54. aquestan [*sic*] *MS.*

57. aquí estado *MS.*

Sale el Conde de Alcaudete, *con* Toda la Gente, *tocando trompetas, el* Sargento Mayor, *y* Ayén, *judío*.   B

Don Pedro. El Conde viene a este lado.
Nos apartemos, don Diego.
Marqués. Bien se le luce el cuidado
a vueseñoría.
Conde. El sosiego°
ha de huír del que es soldado. 65
Marqués. Yo tomaré esa lición°
como de tan gran maestro,°
y más en esta ocasión.
Conde. Vueseñoría lo es nuestro,
y con mucha más razón. 70
¿Esta noche ha descansado
mejor vuestra señoría?
Marqués. Más bien que en la mar me he hallado,
y la buena compañía,
pienso que lo habrá causado, 75
que he hallado en este convento,
y en sus frailes, agradable
y sabroso acogimiento,
que, aunque estrecho, es admirable
este jardín y aposento. 80
Mi señora la Condesa,
¿cómo está?
Conde. Contenta y buena,
y extrañamente le pesa
de saber, quedó en Baena°
mi señora la Marquesa. 85
Marqués. Con don Diego ha de venir
mi hijo, que no podía
desde la Corte acudir
tan presto al Andalucía
y el viaje prevenir, 90
por estarme en Cartagena

B. ... Alcaudete *al son de cajas y trompetas, con* Compañía de Soldados, Un Sargento Mayor, ... *MS*.

61 y passim. Falta «Don» *en MS*.

66. leción *MS*.

72. Falta «vuestra señoría» *en MS*.

85. soñora [*sic*] *MS*.

89. a la *MS*.

	las galeras esperando,	
	y a mí me dio mucha pena,	
	porque me estaba aguardando.	
	Fuése por ella a Baena,	95
	mas, desde allí, la Marquesa	
	me escribe bese, señor,	
	sus manos.	
Conde.	Las suyas besa°	
	por la merced y favor	
	que le hace a la Condesa.	100
	Y esta plática dejemos,	
	y de lo que más importa	
	un rato, señor, tratemos,	
	que mi partida se acorta	
	y el mejor tiempo perdemos.	105
Marqués.	Disponga vueseñoría	
	lo que más fuere servido.	
	Su voluntad es la mía.	
Conde.	Pues la ocasión se ha ofrecido,	
	la del Rey cumplir querría,	110
	que por su cédula real°	
	manda os reciba, señor,	
	por Capitán General	
	de Orán, y Gobernador,	
	premio a vuestro nombre igual.	115
	Y así, en su cumplimiento,	
	estando aquí el Secretario	
	del Cabildo y Regimiento,	
	hacer será necesario	
	el debido juramento.	120
Marqués.	Hágase luego.	
Conde.	Juntad	
	con las mías vuestras manos.	
	Vos, Secretario, llegad.	
	(Aparte.)	C
Ayén.	¡Qué bien guardan los cristianos	
	el respeto y la amistad!	125

102-03. Faltan en *MS*.   125. respeto y lealtad *MS*.

110. de *CV*.

CONDE.	¿Juráis de defender a Dios y hombre,	
	Marqués, como cristiano caballero,	
	su Santa Fe, y de ensalzar su nombre	
	entre el inculto alarbe° y turco fiero,	
	y estender su palabra porque asombre	130
	a su falso profeta el verdadero	
	con celo pïadoso, firme y puro?	
	¿Juráislo así, Marqués?	
MARQUÉS.	Así lo juro.	
CONDE.	¿Juráis de sustentar hasta la muerte,	
	por el tercer Filipo, rey de España,	135
	estas plazas de Orán, constante y fuerte,	
	en guerra y paz, sitiado y en campaña,°	
	y como su vasallo hacer de suerte	
	que el cuello rinda el que su nombre daña,	
	ya con el premio y con el castigo duro?	140
	¿Juráislo así, Marqués?	
MARQUÉS.	Así lo juro.	

(*Sacan una fuente de plata,° el bastón y cinco llaves grandes.*) D

CONDE.	¿Juráis de no entregallas,° si primero	
	no veis orden del Rey, a otra persona,	
	aunque sea su príncipe heredero,	
	y respetar fiel a su corona,	145
	y de entregallas siempre al venidero	
	Capitán General que el Rey abona,	
	mostrando su patente y real seguro?	
	¿Juráislo así, Marqués?	
MARQUÉS.	Así lo juro.	
CONDE.	Pues, reciba vueseñoría	150
	el bastón de general,	
	que es grande suerte la mía,	
	si veo en balanza igual	

126. Juráis defended *MS.* defender Dios *CV.*

127. cristiano y caballero *MS.*

136. esta plaza *MS.*

D. ... *plata, y en ella un bastón y cinco llaves. MS.*

142. Juráis no entregarlas *MS.*

143. ves *MS.*

145. respectar *MS.*

146. entregarlas *MS.*

153. vanza *MS.*

	el valor y valentía.	
MARQUÉS.	Quien lo fuerte de ese pecho°	155
	mira, Conde, será en vano	
	hacer yo lo que él ha hecho,	
	que este bastón, en mi mano,	
	será de poco provecho,	
	que en la que tanto valía,	160
	tanta opinión° ha alcanzado	
	que será ocioso en la mía,	
	pues nada no le ha dejado	
	que ganar a vueseñoría.	

(Aparte.)

AYÉN.	¡Qué comedidos que están!	165
DON DIEGO.	El Marqués don Pedro ha sido	
	tan cortés como galán.	
CONDE.	Ya sé, Marqués, que vencido	
	tengo de salir de Orán.	
	Estas cinco llaves son	170
	de la ciudad y castillos,	
	que sabrán, en la ocasión,°	
	sus alcaides prevenillos	
	con esfuerzo y discreción.	
	De Rosalcázar es esta,	175
	de San Gregorio y la Cilla	
	estas dos, que, al cielo opuesta	
	Santa Cruz, a Orán humilla	
	y a Mostagán hace fiesta.°	
	Estas de las puertas, son,	180
	Tremecén y Canestel,°	
	y de aquesta posesión,	
	hecha legal y fiel,°	

---

164. ganar vueseñoría *MS.*

165. PEDRO. *MS.*

166. Diego *MS.*

168. Yo *MS.*

173. prevenirlos *MS.*

175. Rocalcázar *CV, MS.*

176. Silla *CV, MS.*

181. de Tremecén y Canastal *MS.*

183. hecha muy legal *MS.*

	me dad certificación.	
AYÉN.	Daré, señor, un traslado	185
	a vueseñoría en forma	
	y de mi signo firmado.°	
CONDE.	Y escribid también la forma	
	cómo al Marqués lo he entregado.	

(Van llegando la fuente, y de ella toma cada uno su llave.) F

MARQUÉS.	Entréguense luego en ellas	190
	sus alcaides, que bien sé	
	la cuenta que darán de ellas,	
	que quien abona su fe,	
	sabe, pueden merecellas.	
CONDE.	Todos son nobles y honrados,	195
	y que las han defendido	
	como valientes soldados,	
	y para lo que han servido,	
	aún no están, Marqués, premiados.	
	Y pues tiene posesión	200
	de estas plazas vueseñoría,°	
	y hecho yo renunciación,	
	con su licencia querría	
	prevenir mi embarcación.	
MARQUÉS.	Vueseñoría hacer puede	205
	su gusto, que he de seguirle	
	y, si a mí se me concede,	
	en la embarcación servirle.	
CONDE.	Vueseñoría se quede.	

(Hácese UNO a OTRO comedimiento.) G

MARQUÉS.	Hasta el claustro he de salir.	210

---

184. dad la certificación *MS.* Tras el verso *MS* acota: *Al SECRETARIO.*

189. Falta «he» en *MS.*

F. ... *fuente que tendrá UN OFICIAL y de ella va tomando CADA UNO su llave según regla los que para este efecto salgan como alcaides de los castillos. MS.*

190. Entrégense *MS.*

194. merecerlas *MS.*

208. seguirle *MS.*

G. ... *cortesía. MS.*

CONDE.	Venga vuestra señoría. No lo he de consentir. Quédese, por vida mía.
MARQUÉS.	Háseme de permitir.
CONDE.	Pues de aquí no ha de pasar, 215 por vida de la Marquesa.
MARQUÉS.	Al jardín he de llegar así, ¡viva la Condesa!
CONDE.	No quiero más porfïar.
MARQUÉS.	Tened cuenta, Capitán, 220 que le acompañe mi guarda lo que estuviere en Orán. [........................]°
CAPITÁN.	No quedará una alabarda.
MARQUÉS.	Y vos, Sargento Mayor, 225 al Conde el nombre pedí cada noche.
SARGENTO.	Harélo así. (*Ap.:* ¡Es el Marqués gran señor!)

Vanse tocando trompetas.   H

Salen DOÑA ELVIRA, *en traje de hombre a lo soldado, y el* PATRÓN *de fragata.*   I

PATRÓN.	En tierra estás, don Beltrán. ¿Cómo va de mareado? 230
DON BELTRÁN [ELVIRA].	De la mar salgo cansado.
PATRÓN.	Descansarás en Orán.
DON BELTRÁN [ELVIRA].	Gentil fragata, aunque angosta, es la vuestra.
PATRÓN.	Bien navega.

211. vueseñoría *MS.*

214-16. Faltan en *MS.*

222. estuviere Corán [*sic*] *CV.*

226. pedid *CV, MS.*

H, I. *Vanse al son de cajas y clarines, y sale* DOÑA ELVIRA, *en traje de hombre a lo soldado, y el* PATRÓN *de una fragata. MS.*

231 y passim. A partir de aquí *CV* sustituye «DON BELTRÁN» por «ELVIRA» en todas las acotaciones, con la excepción de la acot. ddd. Para que no se olvide que don Beltrán siempre es doña Elvira en disfraz varonil, hemos tenido a bien combinar las indicaciones de *CV* y de *MS*, acotando el diálogo así: «DON BELTRAN [ELVIRA]», salvo en los vv. 1217-70, cuando doña Elvira se asoma brevemente en su propio carácter, vestida de mujer.

Don Beltrán [Elvira].	Ninguna vela despliega	235
	mejor en toda costa.	
Patrón.	Es un delfín Santa Elena,	
	si sale con tiempo cierto.	
	En quince horas toma puerto	
	desde Orán a Cartagena,	240
	y en veinte y dos has venido	
	desde Málaga.	
Don Beltrán [Elvira].	¡Estremada	
	navegación!	
Patrón.	¡Fue pintada!º	
Don Beltrán [Elvira].	El tiempo ha sido escogido.	
Patrón.	¿Tienes casa conocida	245
	donde posar, don Beltrán?	
Don Beltrán [Elvira].	Un tío tengo en Orán,	
	aunque el nombre se me olvida,	
	pero tiene mi apellido.	
Patrón.	¿Si es Ruy Díaz Contador?	250
Don Beltrán [Elvira].	El mismo.	
Patrón.	Serás, señor,	
	bien regalado y servido.	
	Tienes una prima hermosa.	
Don Beltrán [Elvira].	En Málaga tiene fama.	
Patrón.	¡Por Dios, que es gallarda dama!	255
Don Beltrán [Elvira].	Es doña Clara famosa.	
Patrón.	Y su padre, gran soldado,	
	y aunque está impedido y viejo,	
	su parecer y consejo	
	es en Orán estimado.	260
	Ven, y verás la ciudad,	
	y mostrarte he tu posada.º	
Don Beltrán [Elvira].	Su sitio, Patrón, me agrada.	
	Tiene vista y majestad.	
	¿Es lugar grande?	
Patrón.	No llega	265
	a mil vecinos, señor,	
	mas dale el Cielo en valor	
	lo que en grandeza le niega,	
	que es tierra fértil, templada,	

244. tiempo le ha *MS*.

254. Malga [*sic*] *MS*.

253. un *MS*.

	sana, fresca y apacible	270
	donde ni el frío es terrible	
	ni el mucho calor enfada.	
	De buenos aires y fuentes,	
	huertas hermosas y varias,	
	de frutas estraordinarias	275
	y de plantas diferentes,	
	bien poblada y proveída,	
	de buena gente agradable,	
	noble, entretenida, afable,	
	curiosa, alegre y lucida.	280
Don Beltrán [Elvira].	¿Tiene mujeres hermosas?	
Patrón.	¿No sabes? Son soberanas,	
	don Beltrán, las africanas,	
	cuerdas, blandas y amorosas.	
Don Beltrán [Elvira].	¿Y con eso no hay requiebro?	285
Patrón.	¿Pues por qué no le ha de haber	
	si todas tienen un ser	
	y son flacas de celebro?°	
Don Beltrán [Elvira]. (Ap.:	Y en mí por mi mal lo veo,	
	si como loca y perdida	290
	traigo la honra y la vida	
	asida a un flaco deseo.)	
	¿Tiene caza?	
Patrón.	Aquesta tierra,°	
	en su falda y en su cima,	
	el león que pone grima,°	295
	el jabalí bravo encierra,	
	el tigre fiero y pintado,°	
	el chacal aüllador,°	
	el adive labrador,	
	y el puercoespín siempre armado.	300
	De toda volatería,	
	cuanto quieras desear,	
	y de pescados, la mar	
	abundantemente cría.	

282-83. Don Beltrán las africanas / no sabes son soberanas *MS.*

285. requiebros *MS.*

286. no los haber *MS.*

288. flacos *MS.*

294. y su cima *MS.*

298. el ataval *CV.*

	En fin, es tierra que apenas	305
	en su tanto otra la iguala.	
	Mas tiene una cosa mala	
	que echa a perder tantas buenas.	
Don Beltrán [Elvira].	¿Qué es, Patrón?	
Patrón.	No haber dinero.	
Don Beltrán [Elvira].	No puede haber peor mal,	310
	que, si falta al natural,	
	mal sobrará al estranjero.	
Patrón.	Rico es, don Beltrán, tu tío,	
	que a ti no te ha de faltar,	
	y para dar y jugar,	315
	busca un amigo judío,	
	que alguno de ellos soportas.	
	Te prestará a buena cuenta.	
Don Beltrán [Elvira].	Es el pedir mucha afrenta	
	a quien tiene manos cortas,°	320
	que yo traigo cien doblones,	
	dos cadenas y un centillo,°	
	con que podré, sin pedillo,	
	servirme en las ocasiones.	
Patrón.	Sigues la opinión mayor,	325
	que el día de hoy de un real	
	se hace más cuenta y caudal	
	que del pariente mejor.°	
	Poco a poco, te he traído	
	a tu posada.	
Don Beltrán [Elvira].	¿Cuál es?	330
Patrón.	La primera de las tres.	
	No serás mal recibido.	
	Entra y descansa.	
Don Beltrán [Elvira].	Mañana	
	venid, Patrón, por el flete.°	
Patrón.	¿Y ha de ser con su ribete?°	335
Don Beltrán [Elvira].	Daréle de buena gana.	

Vase el Patrón.   J

¿Dónde perdida caminas,

---

317. caportas [sic] CV.   J. Vase. CV.

323. pedirlo MS.

doña Elvira? ¿Qué es aquesto?
¿Quién en tal traje te ha puesto?
¿Qué pretendes, qué imaginas?   340
    ¿Qué amor te esfuerza y anima
que así a la mar te entregaste?
¿Qué remedio en él hallaste,
si más te aflije y lastima?
    ¡Ay de mí!, que no me entiendo   345
ni sé lo que voy buscando,
que a espacio° me voy ganando,
y aprisa me voy perdiendo.
    ¡Ay, don Leonardo!,° aquí llega
mi yerro y tu doble trato,   350
que a ti te infama de ingrato
y a mí la razón me niega.
    Que no me trae tu rigor
perdida, que más picada°
vengo de verme burlada   355
que de no tenerme amor.
    Que si el más firme divide
un hora° solo de ausencia
en seis años, ¿qué asistencia,
o qué firmeza se pide?   360

Sale Doña Clara hablando con Don Leonardo, y Tapia, de escudero.   K

DOÑA CLARA.   Es, don Leonardo, cansarme.
DON LEONARDO.   Si te adoro, ¿qué he de hacer?
DOÑA CLARA.   Dar un día en no querer,
                   y así vendrás a olvidarme,
                       que tu amor ya no es amor,   365
                   sino porfía de loco.
DON LEONARDO.   No me estimes en tan poco.
                       Menos desdén y rigor.
DON BELTRÁN [ELVIRA]. (*Ap.*: No le creas, mujer loca,
                   que su amor es invención,   370
                   y están llenas de traición

---

347. aspacio *CV*.   361 y passim. Falta «DOÑA» en *MS*.

350. y doble *MS*.   362 y passim. Falta «DON» en *MS*.

LOS SUCESOS EN ORÁN

	las palabras de su boca.)	
DOÑA CLARA.	¡Quédate, que estás pesado!	
DON LEONARDO.	¡Ah, doña Clara!, bien sé	375
	que tienes puesta tu fe	
	en don Lope, y tu cuidado,	
	pero goce de su día,	
	que también le° he de tener,	
	que eres ingrata mujer	
	y ha de durar mi porfía.	380
DOÑA CLARA.	¡De tu locura me río!	

Vase DON LEONARDO.   L

TAPIA.	(*Ap.*: ¡Él se consuma y abrasa!)	
DON BELTRÁN [ELVIRA].	(*Ap.*: ¿Donde salió no es la casa	
	de Ruy Contador, mi tío?	
	Esta es, y aquesta dama,°	385
	su hija, si no me engaño.°	
	¡Qué terrible será el daño	
	si él la quiere y ella le ama!)	
DOÑA CLARA.	(*Ap.*: ¡Qué buen talle de soldado!)	
TAPIA.	Vendría con el Marqués.	390
DOÑA CLARA.	Sabréisme, Tapia, después,	
	si es por dicha su crïado.	
DON BELTRÁN [ELVIRA].	(*Ap.*: Quiérola hablar.)	
TAPIA.	(*Ap:* Doña Clara	
	ya viene dando de ojos.)°	
DON BELTRÁN [ELVIRA].	(*Ap.*: ¡Quién no se muere de antojos	395
	si como el talle es la cara!)	

(*Llega* DON BELTRÁN [ELVIRA].)   M

	¡Por Dios, que esta tierra es bella!	
	Si el fruto, de tan hermoso,	
	llamar puedo venturoso	
	al que vive y muere en ella.	400
DOÑA CLARA.	No es, gentilhombre, ventura	
	vivir en ella, que tierra	
	que se da en pena al que yerra	

---

372. la palabra *CV*.   385. Ella es *MS*.

L. *Vase*. *CV*.

	es tierra de desventura.	
Don Beltrán [Elvira].	Aún en España se ignora,	405
	y esta es su dicha mayor,	
	que Orán es Chipre de amor,	
	y vos su Venus,° señora,	
	que al saber los caballeros	
	lo que Orán produce y cría,	410
	me matarán cada día	
	solo por venir a veros,	
	y allegando a su memoria,	
	más delitos causarán,	
	porque esta pena tendrán	415
	por incomparable gloria.	
Doña Clara.	Bien decís vuestra razón.	
Don Beltrán [Elvira].	Si vos la sabéis sentir	
	como yo la sé decir,	
	no llego a mala ocasión.	420
Tapia. (*Ap*.:	Ya está el mozuelo perdido.	
	¡Qué de alfeñique° tendremos!)	
Doña Clara.	¿Y saber quién sois podremos?	
Don Beltrán [Elvira].	Soy muy poco conocido,	
	que no ha una hora tomé tierra.	425
Doña Clara.	¿Y venís a ser soldado?	
Don Beltrán [Elvira].	Mi guerra me da cuidado	
	sin meterme en otra guerra.	

           Salen Don Lope *y* Mahagún, *esclavo*.   N

Magahún.	La verdad decer, senior.	
	Con tanto ojo estar alerto,	430
	en no salir estar certo	
	que te ser bon servidor.°	
Don Lope.	Doña Clara me avisó	
	que en San Francisco aguardase.	
Mahagún.	Creer que te lo avisase,	435

---

406. si esa es   *MS*.   427. di   *CV*.

415. porque la pena   *MS*.   N. *Sale* ...   *MS*.

419. sentir   *MS*.   432 y passim. Falta «Don» en *MS*.

425. un   *MS*.

	mas creer que te mintió.	
	Verla, senior, que estar Clara	
	parliando.°	
Don Lope.	¡Gentil mancebo!	
Mahagún.	Competedor tener nuevo.°	
Don Lope.	¡Qué buen talle y buena cara!	440
	¡Celoso estoy!	
Mahagún.	Sor don Lope,	
	piegarle estar lo mais sano	
	e ganarle por la mano,	
	si no querer que la tope.°	
Doña Clara.	¿Que sois de Málaga?	
Don Beltrán [Elvira].	Sí.	445
Doña Clara.	¿Cómo os llamáis?	
Don Beltrán [Elvira].	Don Beltrán.	
Doña Clara.	¿Tenéis deudos en Orán?	
Don Beltrán [Elvira].	Mis deudos me traen aquí,	
	que Ruy Díaz Contador	
	es hermano de mi madre.	450
Doña Clara.	Ese, señor, es mi padre.	
Don Beltrán [Elvira].	Yo, su sobrino el menor.	
Doña Clara.	Abrazadme, señor primo,	

(Abrácense.) O

	y venid luego a mi casa.	
Mahagún.	Senior, el mondo se abrasa,	455
	de aquesta voz se le arrima.	
Don Lope.	¿Qué es esto que ven mis ojos?	
	¿Doña Clara, y en la calle,	
	a un hombre de tan buen talle	
	le abraza por darme enojos?	460
	¡Mahagún, de celos reviento!	
Mahagún.	Clara estar turbia, senior,	
	e no te tener amor.	
	Haber modado de intento.°	

438. parlaiando [sic] *MS.*

448. Don Lope. *CV.*

O. (*Abrázanse.*) *MS.*

456. vez *CV.*

457. ¿Qué esto *MS.*

460. para *MS.*

Doña Clara.	¿Tanto me quiere mi prima?	465
Don Beltrán [Elvira].	Por veros llora y suspira.	
Do a Clara.	Eso debo a doña Elvira,	
	que la voluntad se estima.	
	Dícenme que es muy hermosa.	
Don Beltrán [Elvira].	Os han engañado, a fe,	470
	porque en mi casa se ve	
	si es la suya milagrosa.	
Doña Clara.	Si ella tiene vuestra cara,	
	no me han mentido.	
Don Beltrán [Elvira].	(*Ap.*: ¡Ay de mí,	
	si a quien el alma rendí	475
	la ha rendido a doña Clara!)	
	Entremos, señora, en casa,	
	que a mi tío ver deseo.	
Doña Clara.	Tapia, allí a don Lope veo.	
	Dile todo lo que pasa,	480
	que me perdone y me vea	
	esta noche por do suele.	

Vanse Clara *y* Don Beltrán [Elvira].   P

Don Lope.	No hay cosa que me consuele,	
	ni sospecho que no crea.	
	¡En su casa entró! ¡Ah, crüel!	485
Mahagún.	E a decerte la verdad,	
	Mahagún tener lealtad,	
	e Clara no estar fiel.°	
Don Lope.	Tapia amigo, Tapia hermano,	
	¿qué es esto que ven mis ojos?	490
	¿Es verdad, o son antojos?	
	¿Es sueño pesado y vano?	
	¿A otro hombre esa enemiga	
	abraza, y en mi presencia?	
Tapia.	Señor don Lope, paciencia,	495
	que alguna cosa la obliga.°	
Don Lope.	¿Qué obligación puede haber,	

463. y no *MS*.   P. *Vanse*. *CV*.   *Vase*. *MS*.

465. Tanto quiere *MS*.   486. Y a *CV*.

470. Nos *MS*.   490. ¿qué esto *MS*.

	estando yo de por medio?	
TAPIA.	Ello no tiene remedio,	
	que es doña Clara mujer.	500
	Su padre estas cosas hace,	
	que se la da por marido,	
	y a ella bien le ha parecido	
	que todo lo nuevo aplace.	
DON LOPE.	¡Abrasaré aquesta casa	505
	primero que tal consienta!	
MAHAGÚN.	¡Ah, mojer, con él reventa!°	
DON LOPE.	Tapia, amigo, ¿que esto pasa?	
TAPIA.	(*Ap.*: Hele de picar° un rato.)	
	No te puedo remediar.	510
	Ella se quiere casar.	
DON LOPE.	¡Muerto me ha su falso trato!	
MAHAGÚN.	Quedarla al diablo, senior,	
	e no te matar por ella.°	
DON LOPE.	¡Ah, mudable cuanto bella,	515
	no logres tu nuevo amor!	
	¡No tengas jamás sosiego,	
	ni una hora de paz con él!	
	¡Muera rabiando, crüel,	
	con mis ansias y mi fuego!	520
	¡Atormente tu cuidado	
	eternamente tu vida,	
	y celos siempre te pida	
	en mesa, cama y estrado!	
	¡De su boca una palabra	525
	oigas que te dé contento,	
	y para darte tormento	
	cada momento que la abra!	
	¡A su mano, ingrata, mueras,	
	sin tener de ti piedad!	530
TAPIA.	(*Ap.*: El callar es necedad,	
	que aquesto ya va de veras.)	
	Don Lope, escucha. Estás loco.	
	¡Qué poco sabes de burlas!	
DON LOPE.	Tapia, si estas son burlas,	535

---

496. le *MS*.   520. asias [*sic*] *MS*.

512. infame *MS*.   528. momento la *CV*.

519. Muere *MS*.   529. muerdo *MS*.

	di las veras poco a poco.	
	¿Quién es aquel gentilhombre?	
TAPIA.	De Ruiz Contador sobrino,	
	y agora llegó de camino	
	de Málaga.	
DON LOPE.	¿Y es su nombre?	540
TAPIA.	Don Beltrán de Contador.	
	Seguro puedes vivir.	
MAHAGÚN.	Y ese primo, ¿a qué venir?º	
TAPIA.	A holgarse,...	
MAHAGÚN.	(*Ap.:* ¡Perderemos!)	
TAPIA.	...y esta ha sido la ocasión	545
	de no te poder hablar...	
DON LOPE.	(*Ap.:* ¡Un azar no ha de faltar	
	para doblar mi pasión!)	
TAPIA.	...que aquesta noche la veas,	
	me dijo, por donde sueles.	550
DON LOPE.	Razón es que me consueles,	
	si mi descanso deseas.	
	Dila que sí haré, y tú puedes	
	ir a mi casa temprano.	
TAPIA.	Siempre Tapia de tu mano	555
	recibe dos mil mercedes.	
DON LOPE.	Vente, Mahagún.	
MAHAGÚN.	¿Ir dónde,	
	sin beber jarope?º	
DON LOPE.	Acaba,	
	que vino habrá en la alcazaba,	
	que he de ver si parte el Conde. *Vanse.*	560/Q

Sale DON LEONARDO *por otra puerta.*   R

DON LEONARDO.	¡Tapia, esperad, por mi vida!	
TAPIA.	¿Qué me queréis?	
DON LEONARDO.	Le digáis	
	a aquella que acompañáis,	

---

530. piadad *MS.*

539. aora *CV.* ahora llega *MS.*

543. es primo *MS.* venía *CV.*

557. Vete *MS.*

558. jarop [*sic*] *MS.*

Q, R. *Vase* MAHAGÚN, *y sale por otra puerta* DON LEONARDO. *MS.*

LOS SUCESOS EN ORÁN

            y a mí me quita la vida,
               que se duela de mi pena   565
            y que sin razón me mata.
            Y de camino a esa ingrata
            le daréis esta cadena,
               y decidla la reciba,
            que con otra más pesada   570
            queda el alma aprisionada,
            y la voluntad cautiva,
               que, si me hacéis amistad,
            buenos guantes os ofrezco.

TAPIA.   Los guantes os agradezco,   575
            y la hidalga voluntad,
               mas estas canas honradas
            mirad, y veréis, señor,
            si en tercerías de amor
            es bien andar ocupadas,   580
               que, aunque pobre, y no en el traje
            que merece mi persona,
            alguno tiene corona
            y de fraile en mi linaje,
               que soy Tapia, y de los buenos,   585
            y mi nobleza es notoria,
            que tengo mi ejecutoria
            luminada cuando menos,
               y he servido desde mozo
            al Rey tocando una caja,   590
            y ganaba una ventaja
            cuando me apuntaba el bozo.°
               Pues mirad si un atambor°
            que ha tenido honrado oficio
            en un infame ejercicio   595
            ha de aventurar su honor.
               Idos, señor, norabuena,
            que en Orán no ha de faltar
            con quien poder envïar
            el recado y la cadena.   600

---

563. Falta «a» en *MS*.   590. a el *MS*.

577. honrad [*sic*] *MS*.   591. ganando *MS*.

584. es mi *MS*.   598. han *MS*.

DON LEONARDO.　　　　Tapia, la conformidad
trae° estas cosas consigo,
y un hombre noble a su amigo
ha de hacer siempre amistad.
　　Si vos lo sois y es aquesta　　　　605
la mayor, ¿por qué razón
merezco reprehensión
y desabrida respuesta,
　　y aquesta amistad no afrenta?
Que el tercer infame es,　　　　610
y aquel que lleva interés
[..........................]°

TAPIA.　　　　Que afrenta sea o no sea
no pretendo disputar,
que todo vendrá a parar　　　　615
en una cosa muy fea,
　　que a mí lo que me compete,
don Leonardo, es bien vivir,
que en Orán he de morir
sin llegarme a Alcaudete,　　　　620
　　y cuando hacerlo quisiera,
por serviros no me atrevo,
que hay en su casa Argos° nuevo,
y ha de ser de otra manera.

DON LEONARDO.　　　　¿Quién es, Tapia?
TAPIA.　　　　　　　　Don Beltrán　　　　625
de Contador, que agora vino
de Málaga.

DON LEONARDO.　　　　Ya imagino
quién es. ¿Es mozo?

TAPIA.　　　　　　　　Y galán,
primo hermano, a lo que he oído,
de doña Clara,...

DON LEONARDO.　　　　Es verdad.　　　　630

---

605. y en *MS.*　　　　　　　　623. en casa *MS.*

607. merezco una reprehensión *MS.*　　625. Qui es *MS.*

611. ni aquel *CV.*　　　　　　　626. aora *CV.*　ahora *MS.*

619. Orán de *MS.*　　　　　　　629. que oído *CV, MS.*

TAPIA.	...que por ver esta ciudad y holgarse en ella ha venido. Y bien le conoceréis, pues sois también de su tierra.	
DON LEONARDO.	Ya le conozco. (*Ap.*: ¿En qué guerra, pensamientos, me metéis?)	635
TAPIA.	¿Y él a vos?	
DON LEONARDO.	Pienso que no, porque cuando me ausenté de Málaga, le dejé pequeño y no me trató, mas ha de tener buen gesto.	640
TAPIA.	Es, don Leonardo, pintado.º	
DON LEONARDO.	Es un natural traslado de otro bien grave y honesto.	
TAPIA.	Que a una hermana se parece dice él mismo.	645
DON LEONARDO.	Y mintió, que algún cuidado me dio un tiempo.	
TAPIA.	¿No se os parece?	
DON LEONARDO.	Duró poco, y con la ausencia se borró de mi memoria. (*Ap.*: Aunque el gozar de su gloria hizo, y hace, resistencia.)	650
TAPIA.	Don Beltrán es este, adiós. (*Ap.*: Reventando voy de pena, que a llevarle la cadena me diera un escudo, o dos.) *Vase.*	655

Entra DON BELTRÁN [ELVIRA].

DON LEONARDO.	(*Ap.*: Quiérole hablar y amistad trabar con él, que imagino que este ha de ser el camino de mayor seguridad.) Seáis, señor, muy bienvenido,	660

---

641. gusto *CV, MS.*   T. *Sale... MS.*

653. TAPIA. Beltrán *MS.*   657. Falta *Ap.* en *CV, MS.*   Quiero hablar *MS.*

654. Falta *Ap.* en *CV.*

                    que agora sé que en Orán
                    estábades,º don Beltrán.
                    Si antes lo hubiera sabido,
                       hubiera venido a veros   665
                    y a besaros, como es justo,
                    las manos,º que hacerlo gusto
                    por el bien de conoceros.
DON BELTRÁN [ELVIRA]. A hacer lo que vos venía,
                    don Leonardo, que informado   670
                    de vuestro nombre y estado,
                    solo a buscaros salía,
                       que aunque por mi poca edad
                    no nos tratamos los dos,
                    y también por estar vos   675
                    ausente de la ciudad,
                       dejastes fama tan buena
                    en Málaga, y tantos tristes,
                    que aunque no me reconocistes,
                    parte me alcanzó de pena.   680
DON LEONARDO.   Debo a Málaga, señor,
                    infinito, que ella ha sido
                    quien mi casa ha ennoblecido
                    y honrado con su favor,
                       y pues también vos sentistes,   685
                    sin conocerme, mi ausencia,
                    pagaré con mi presencia
                    el sentimiento que hicistes.
                (*Ap.*: A saber que a doña Elvira,
                    su hermana, gocé, en Orán   690
                    bien pudiera don Beltrán
                    conmigo mostrar su ira.)
DON BELTRÁN [ELVIRA]. (*Ap.:* ¡Qué descuidado que vive
                    este traidor de mi ofensa!
                    Mas yo sabré qué defensa   695
                    contra mi agravio apercibe.)

662. aora *CV.*   ahora *MS.*   679. conocisteis *MS.*

669. Falta «A» en *MS.*   685. sentisteis *MS.*

674. tramos [*sic*] *MS.*   688. hicisteis *MS.*

677. dejasteis *MS.*   696. previene *MS.*

	¿Y qué os movió de dejar	
	regalo, padres y amigos?	
Don Leonardo.	Serme todos enemigos.	
Don Beltrán [Elvira].	¿En qué?	
Don Leonardo.	En quererme casar.	700
Don Beltrán [Elvira].	¿No era bueno el casamiento?	
Don Leonardo.	Bueno era, mas forzado.	
	Nunca hiciera bien casado	
	ni viviera contento,	
	y así dejé con mi tierra	705
	el regalo de mi casa,	
	que el hombre que mal se casa	
	vivo, don Beltrán, se entierra.	
Don Beltrán [Elvira].	(*Ap.:* ¡Ay, villano mal nacido,	
	que más hacía yo en ser	710
	de un fementido mujer	
	que no tú en ser mi marido!)	
	Estraña resolución	
	tomaste.	
Don Leonardo.	Fueme forzosa,	
	y por suerte venturosa	715
	la tengo en esta ocasión,	
	que después de haber corrido	
	seis años a Italia y Francia,	
	y en las cosas de importancia	
	en Flandes al Rey servido,	720
	me mandó a Orán venir	
	con un entretenimiento	
	donde alegre entré, y contento,	
	y más, no pienso salir,	
	que en vuestra prima los ojos	725
	he puesto con justo intento.	
	Esforzad mi pensamiento,	
	si no recibís enojos.	
	Ya sabéis mi calidad,	
	que soy noble y caballero,	730
	y de una hacienda heredero,	
	antigua y de cantidad.	
	Haced con ella, así os vea	
	casado yo a vuestro gusto,	
	que apruebe lo que es tan justo	735

728. recibes *CV*.

	y que mi tormento crea.	
Don Beltrán [Elvira].	¿Sabe vuestro amor mi prima?	
Don Leonardo.	Bien sabe laº tengo amor,	
	mas es tanto su rigor,	
	que mi voluntad no estima.	740
Don Beltrán [Elvira].	Pues, dejaldoº a mi cuidado,	
	don Leonardo, que yo haré	
	corresponda a vuestra fe,	
	siendo vuestro intento honrado,	
	y mirad si hay otra cosa	745
	en que yo os pueda servir.	
Don Leonardo.	Deuda es mía el acudir	
	a serviros,…	
Don Beltrán [Elvira].	(*Ap.:* Y forzosa.)	
Don Leonardo.	…que me habéis dado la vida	
	con esperanzas tan buenas.	750

Don Beltrán [Elvira]. (*Ap.:* ¡Todas de engaño van llenas,
  crüel, para quien me olvida!)

    Vanse, Cada Uno *por su parte.*   U

    Salen Macor *y* Ambrán, *moros, riñendo, y*   V
    Abrahomo, *de por medio, atendiéndolos.*

Abrahomo.	¡Tente, Macor, y tú, Ambrán,	
	envaina el alfanjeº luego,	
	y este arrogante ademán,	755
	cólera, furor y fuego,	
	mostrad los dos en Orán,	
	que es vergüenza los acerosº	
	saquéis, siendo caballeros,	
	de Ulled Brahen decendientes,	760
	contra deudos y parientes,	
	locos, airados y fieros!	
	Ayer aquese adüar,º	
	sobre el jequeº que elegisteis,	
	le quisisteis abrasar,	765

741. dejarlo *MS*.   753. Macor, Ambrán *MS*.

748. Falta *Ap.* en *CV, MS*.   760. Viled Brahen descendientes *MS*.

V. … Habram … *MS*.

	y hoy por Filayla os salisteis
	como bestias a matar.
MACOR.	¡Abrahán, o Alá quivir,°
	no debe de consentir,
	ni su profeta permite, 770
	que el hacienda° se le quite
	a quien de ella ha de vivir!
	Filayla es mía. Su tío
	me la tiene prometida.
	Mira tú si es desvarío 775
	querer perder yo la vida
	por defender lo que es mío.
AMBRÁN.	Si no has sentido el efeto
	que suele hacer mi rigor
	y que mi valor sujeto 780
	ha sido, guarda, Macor,
	al morabito° respeto.
	Dime, moro, si elegido
	salió Brahén ben Boraz
	por jeque ayer, ¿quién ha sido 785
	como él cuerdo en la paz,
	y en la campaña° atrevido?
MACOR.	¡Ambrán, tu arrogancia loca
	a ira justa me provoca,
	que por matarte me muero, 790
	pues ya sabes que este acero
	tu necia jactancia apoca!

(Acuchíllanse.)

ABRAHOMO.	Macor, ¿qué es esto? ¡Deténte,
	espera, Ambrán! ¿Abrahomo°
	no basta que esté presente? 795

---

768. Abrahen *CV.*

770. Profechta [*sic*] *MS.*

777. ABRAHOMO. *MS.*

778. afecto *MS.*

782. el morabito respeto *MS.*

785. leque [*sic*] *CV.*

787. Falta «y» en *MS.*

791. que el acero *MS.*

793. qué esto *MS.*

794. esperan *MS.*

De los dos la vida tomo,
que este es fiero, aquel valiente.

(Salen BRAHÉN BEN BORAZ, SOLIMÁN, *su hermano, y* FILAYLA.)   X

BRAHÉN.	¿Qué ruido es aqueste? ¡Ambrán, Macor!	
ABRAHOMO.	¡Qué fieros que están!	
SOLIMÁN.	Abrahomo, ¿tu presencia	800
	no pudo hacer resistencia?	
ABRAHOMO.	No es posible, Solimán.	
BRAHÉN.	¿Qué es aquesto? ¿Cada día	
	habéis de andar a las manos?º	
	¿En Taniraº valentía,	805
	y en Orán, con los cristianos,	
	temor, miedo y cobardía?	
	¿De esta trabada cuestión	
	no sabremos la ocasión?	
ABRAHOMO.	Celos y Filayla han sido	810
	la causa donde ha nacido	
	su cólera y su pasión.	
FILAYLA.	¿Por mí, Abrahomo?	
ABRAHOMO.	Por ti.	
FILAYLA.	Pues, ¿qué te importa, Macor,	
	Filayla? Vete de ahí,	815
	que ya sabes que tu amor	
	ni estimé ni agradecí.	
	Si mi tío prometió	
	casarte conmigo, erró,	
	porque es libre mi albedrío.	820
	Cásate tú con mi tío,	
	si él la palabra te dio.	
	Y así, jeque valeroso,	
	para que tenga reposo	
	Ambrán y esté sin recelo,	825

796. temo   *CV.*

798 y passim. BORAZ.   *MS.*

798. ¿Qué ruido este   *MS.*

799. fieros están   *MS.*

802. BORAZ.   *MS.*

806. y Orán   *MS.*

810. ha   *MS.*

823. leque [*sic*]   *CV.*

	delante de ti y del Cielo	
	le recibo por mi esposo.	
AMBRÁN.	La mano, Filayla hermosa,	
	te doy mil veces.	
ABRAHOMO.	Macor,	
	mi estrella fue rigorosa.	830
MACOR.	(*Ap.*: ¡Poco gozará el traidor	
	el regalo de su esposa,	
	que yo iré a Orán, y este ultraje	
	he de vengar! Mi linaje	
	mis celos han de abrasar,	835
	que he de encender su adüar,	
	aunque de quien soy abaje!) *Vase.*	
SOLIMÁN.	¡Qué corrido va Macor!	
ABRAHOMO.	Tiene, Solimán, valor,	
	y aunque Ambrán es mi sobrino,	840
	de verle que va mohíno	
	me deja a mí con dolor.	

      Entra BEN ZULEYLA.

SOLIMÁN.	¡Oh, Ben Zuleyla! ¿En Orán	
	qué hay de nuevo?	
ZULEYLA.	Muchas cosas	
	que dan temor, Solimán,	845
	pero las más espantosas	
	son que hay nuevo capitán.	
BRAHÉN.	¿General nuevo ha venido?	
	[............................]°	
ZULEYLA.	Ben Boraz testigo ha sido	850
	de todo lo que ha pasado.	
	Oye con atento oído:	
	Con ocho armadas galeras	
	de munición, chusma y armas,	
	y de valientes cristianos	855
	que las defienden y amparan,	
	dio el Marqués de Ardales fondo	
	—que así el general se llama—	
	miércoles a mediodía	

Z. *Sale*... MS.   850. he MS.

848. BORAZ. MS.

en el gran puerto de Almarza. 860
Las galeras al entrar
al castillo hicieron salva,
y el castillo al mismo punto
a las galeras de España.
Allí el Marqués tomó tierra 865
y estuvo dos horas largas,
y a la tarde partió a Orán
y tomó puerto en su playa.
Los castillos Santa Cruz,
San Gregorio y Rosalcázar, 870
y toda la artillería
del bestión° y la Alcazaba,
por festejar al Marqués,
a un tiempo juntos disparan
con tan grande terremoto, 875
que tembló Orán, puerto y playas.
Bajó el conde de Alcaudete
hasta la mar con su guarda
a recibir al Marqués,
que fue una visita gallarda, 880
y haciendo mil ceremonias
a su modo, bien estrañas,
en caballos españoles
Marqués y Conde cabalgan,
que a caballo el Marqués puesto, 885
parece, Brahén, que espanta,
que el temor que le cobré
no me ha salido del alma.
Es hombre de aquesta suerte,
moreno, de buena gracia, 890
derecho, aunque no muy mozo,
cabeza y barba entrecana.
Es fuerte como un león,
grande como una montaña,
robusto como una encina 895
y cortés como una dama.
Subieron pues, como digo,
y en vanguardia y retaguardia
alcaldes y capitanes,
haciéndoles ancha plaza,° 900

---

899. alcaides MS.

LOS SUCESOS EN ORÁN

  a nuestro Alá dieron gracias,
y apeándose los dos
en la mezquita, que iglesia
todos los cristianos llaman,
y después de hecha oración,   905
uno del otro se aparta,
quitándose los bonetes,
doblando las piernas ambas.
Entróse en el monasterio
el Marqués, y al alcazaba   910
el Conde se fue cercado
de veinte y cuatro alabardas.°
Vino la noche, y alegres,
los de Orán con algazara
publicaban su contento   915
hasta las estrellas altas,
que parecía de veras
un asalto, una batalla,
que allí disparan las piezas,
aquí tocaban las cajas,   920
allí el alarido, el fuego,
el tocar «Al arma, al arma»
las trompetas y clarines,
los fuegos y las campanas.
Toda la ciudad se ardía   925
con diversas luminarias
por torres y capiteles,
por balcones y ventanas.
Los cien jinetes de Orán,
vestidos de formas varias   930
con unas caras fingidas
cosidas sobre sus caras,
corrían de dos en dos,
diciendo a voces «Aparta»,
en sus manos encendidas   935
gruesas y amarillas hachas.
Con esta fiesta a la noche

---

920. y aquí tocan *MS*.   932. su *MS*.

921. al fuego *MS*.   937. lo *CV*.

923. trompectas [*sic*] *MS*.

se dio fin, y a la mañana
   bajó el Conde al monasterio,
   y allí dicen que su usanza. 940
   Tomó el Marqués posesión
   de Orán y sus fuertes plazas
   con aplauso general,
   que todos le deseaban,
   y a otro día, en las galeras 945
   que vino el Marqués, se embarca
   el Conde con la Condesa,
   con sus hijos y su casa.
   Acompañóle el Marqués
   hasta la lengua del agua 950
   y hasta perdellos de vista
   no se apartó de la playa,
   y yo y un almogata°
   subimos al alcazaba,
   donde me mostraron cosas, 955
   Brahén, dignas de alabanza.
   Vi cuatro caballerizas
   llenas de frisones y hacas,
   tan grandes como camellos
   y tan gruesos como vacas. 960
   Después me metió un cristiano
   adonde el Marqués se arma,
   que es una pieza cubierta
   que en su lengua llaman sala,
   y todas cuatro paredes 965
   vi por su orden pobladas
   de cotas y jacerinas,
   de rodelas y de adargas,
   de lanzas fuertes y gruesas,
   con las cuchillas tan anchas, 970
   y espadas de mil maneras,
   unas cortas y otras largas,
   esta ancha, aquella angosta,
   esta rubia, aquella blanca,

951. perderlos *MS*.   969. y recias *MS*.

954. a la *MS*.   973. Falta en *MS*.

	porque estaban guarnecidas	975
	unas de oro, otras de plata,	
	de arcabuces, escopetas,	
	ballestas y partesanas,	
	de alabardas y venablos,	
	dardos cortos y zagayas,°	980
	de piernas, brazos y muslos,	
	de manos, pechos y espaldas,	
	todo de hierro tan duro	
	que apostaré no les pasa	
	una lanza arrojadiza	985
	de la mano más bizarra	
	que hay en tierra de Tanira	
	ni en las montañas de Abra.	
	Y al fin, Brahén, espantado	
	de ver maravillas tantas,	990
	dejé a Orán a prima noche,	
	y al cuarto llegué del alba	
	a Maquerra,° y agora llego	
	a estos puertos de la Zara,	
	porque aquestos adüares	995
	tengan más defensa y guarda.	
	Que dicen que no ha venido	
	a Orán sultán de más fama,	
	y que no ha de estar seguro	
	de su brazo ni su espada	1000
	el alarbe en su adüar	
	ni el turco entre sus murallas,	
	que todo lo ha de rendir	
	el rey Felipe de España.	
Brahén.	Por Alá, que has referido	1005
	tan bien las nuevas, que apenas	
	creo que moro has nacido,	
	porque ha quitado mil penas,	
	el gusto de haberte oído,	
	que tu ingenio es castellano	1010

976. oro y otras *MS.*

980. zagayadas *MS.*

993. Maguerra *CV, MS.*   aora *CV.*
ahora *MS.*

995. aquestes *MS.*

1007. ha *MS.*

                    más que de alarbe africano.
                    Vente luego a mi adüar,
                    que otra vez me has de contar
                    las gracias de ese cristiano.
                        Y no creas que él se atreva   1015
                    a perturbar nuestra paz,
                    ni hacer de mi valor prueba,
                    que con Brahén ben Boraz,
                    Ben Zuleyla, es cosa nueva,
                        si es él, es bravo y valiente,   1020
                    yo detendré su corriente
                    y sus altas esperanzas.
                    Que si él corre con cien lanzas,
                    diez mil empuña mi gente.
                        Vente, Ambrán, que en mi adüar   1025
                    quiero celebrar tu boda.
AMBRÁN.   No hay más bien que desear,
                    si hoy mi Filayla acomoda
                    amor mi largo penar.

                    Vanse los MOROS.   a

        Sale el MARQUÉS, *acompañado de* TODOS LOS CABALLEROS *y* CAPITANES.   b

MARQUÉS.   Deseo, caballeros, que se ofrezca   1030
                    una grande ocasión donde resulte
                    a Dios y al Rey y a nuestras casas mismas,
                    gloria y honor y general provecho.
DON PEDRO.   Muchas,° señor, al Conde se ofrecieron,
                    en ocho años que en Orán estuvo   1035
                    con turcos, benarajes y alagueses,°
                    importantes y dignas de memoria,
                    y no menores que en su tiempo al tiempo
                    le ofreció se vendrán, que cada día
                    se ofrece la Ocasión por el copete.°   1040
MARQUÉS.   Quisiera yo, don Pedro, fuesen tales
                    que obscureciera la adquirida gloria
                    de mis antecesores, que deseo
                    hacer una jornada de importancia,

a, b. ... MOROS, *y sale* ... MS.   1037. memorias MS.

1036. alageses CV.   1042. oscureciera MS.

	que a Mostagán sin duda me atreviera,	1045
	a no estar apestado.°	
GIL.	No es el número	
	de la gente, señor, de aquestas plazas	
	tan grande que con él pueda tu intento	
	acometer jornada tan difícil.	
	Que seicientos soldados, cien caballos,	1050
	los unos y los otros fatigados,	
	de acudir a la vega guardia y postas,	
	¿qué fación han de hacer que no resulte	
	más daño que provecho?	
MARQUÉS.	Gil Hernández,	
	ya sé que tiene Orán muy poca gente,	1055
	cuando quisiera ejecutar mi intento	
	y que por tierra no hiciera efeto	
	si también por la mar no se esforzara,	
	mas para todo hallaré fácil medio.	
	Ya tengo escrito al Rey sobre este caso,	1060
	que si en Orán estoy la primavera	
	y la respuesta viene como espero,	
	la empresa será cierta, y la vitoria.	

Sale el SARGENTO MAYOR.   c

MARQUÉS.	¿Qué hay, Sargento Mayor? ¿Echóse el bando?	
SARGENTO.	Sí, señor, y en la forma que mandaste	1065
	que acudan las cafinas° y adüares,	
	que de paz por el Conde Temín vienen	
	a refrendallos dentro de diez días,	
	en pena que serán, como de guerra,	
	por ti tratados.	
GIL.	Yo avisé a los jeques	1070
	que los villanos de Amayán y Jasa°	

1057. efecto *MS.*

1059. hallará *CV.*   remedio *MS.*

1060. Yo tengo al Rey escrito *MS.*

1063. victoria *MS.*

c. *Sale*... *MS.*

1065 y passim. MAYOR. *MS.*

1065. mandastes *MS.*

1068. refrendarlos *MS.*

1071. villano *MS.*

	tienen ya sus seguros refrendados.	
Don Beltrán [Elvira].	¿Quién es este soldado, don Leonardo?	
Don Leonardo.	Capitán de Caballos, y es intérprete,	
	que lengua° llaman en aquestas plazas.	1075
Sargento.	Los sargentos aguardan por el nombre.	
Marqués.	«San Pedro» les daréis.	
Mahagún.	¡Ay, ay!	
Marqués.	¿Qué es esto?	
Mahag n.	¡Morto estar Mahagún por las narices!°	
Marqués.	¿Cuyo es aqueste esclavo?	
Don Leonardo.	De don Lope.	
Don Lope.	¡Calla, perro!	
Mahagún.	¡Caliar! ¡Ay, ay!	
Don Pedro.	Humazo°	1080
	le deben haber dado.	
Marqués.	Bueno viene.	
Mahagún.	Senior Soltán, estar Mahagún dolente°	
	y dormendo, esperando aquí a mi amo.	
	Llegar dos diablos e meter al moro	
	por aquí, me senior, dos canutilios	1085
	e soplar con las bocas hacia adentro	
	e matar a Mahagún, que estar el ánima	
	ahumada, so° castán, y estornodando	
	no poder remediar. ¡Ay, ay!	
Don Leonardo.	¿Que te duele?	
Mahagún.	¡Tener también Mahagún los pies quemados!°	1090
Don Pedro.	Candelillas le han puesto. Quita, moro,	
	que te quemas los pies.	
Mahagún.	¡Ay, ay, Mahoma,	
	socorrer a Mahagún!	
Marqués.	Buena es la burla.	
Gil.	Los pajes lo habrán hecho.	
Don Lope.	Salte fuera.	
Mahagún.	¿A qué salir? ¿Querer perder esclavo?°	1095
Paje.	Aquí está Ayén Cansino.	

1076. Mayor. *MS*.

1077. Qué esto *MS*.

1078. la *MS*.

1081. le eben *MS*.

1085. alquí, me senior, canutillos *MS*.

1090 tan ben *CV*. tabién *MS*.

1094. afuera *MS*.

Marqués.	Dile que entre.
Don Pedro.	Ayén, jornada es esta a lo que entiendo.
Don Beltrán [Elvira].	¿Quién es este judío?
Don Pedro.	El mismo oficio tiene que Gil Hernández.
Don Beltrán [Elvira].	¿Gana sueldo del Rey en estas plazas?
Don Leonardo.	Doce escudos. 1100
Mahagún.	¡Aqueste ser diablilio del infierno, mas él me lo pagar, a fe de moro!°

Entra el Judío, y Macor, moro.   d

Ayén.	Haz apartar, señor, toda la gente.
Marqués.	¡Sálganse todos fuera!
Don Beltrán [Elvira].	Don Leonardo, venid, que os quiero dar cierto recaudo. 1105
Don Leonardo.	Ya os sigo.
Don Lope.	Don Beltrán, mucho quisiera hablaros dos palabras.
Don Beltrán [Elvira].	Yo deseo que se ofrezca ocasión para lo mismo, mas aquí nos veremos cada día. *Vanse.* e
Ayén.	Haz, señor, que se quede Gil Hernández. 1110
Marqués.	Capitán, esperad. ¿Qué moro es este?
Ayén.	De tierra de Tanira que confina con los puertos famosos de la Ahara.°
Marqués.	¿Y cuánto está de Orán?
Ayén.	Diez y ocho leguas, y aqueste caballero a vender viene 1115 el mejor adüar de su linaje.
Marqués.	¿De qué linaje es este?
Ayén.	De Ulled Brahén.
Marqués.	¿Y ese adüar, Ayén, tiene seguro?
Ayén.	Jamás le tuvo.

---

d. *Entran...* MS.

1103. toda gente MS.

1105. recuerdo MS.

e. *Vase.* MS.

1110. Hernandes CV.

1114. lueguas [sic] MS.

1118. Y de ese MS.

MARQUÉS.	Mírese en los libros, llamen mi secretario.
GIL.	No le tiene 1120 ni le ha tenido este linaje bárbaro.
MARQUÉS.	¿Por qué razón?
GIL.	Es mucha la distancia que hay desde Orán, y son aquestos moros los más validos de la Berbería, y todos caballeros principales. 1125
MARQUÉS.	¿Y esa ha sido la causa?
GIL.	¿Y no es bastante?
MARQUÉS.	No, Capitán, que empresas más difíciles tengo de acometer.
AYÉN.	Esta lo es mucho, que Brahén ben Boraz, señor, su jeque, y Solimán, su hermano, el mejor moro 1130 que ha tenido Tanira y de más nombre…
MARQUÉS.	(*Ap.*: ¡Qué propio es el temor en un judío!)° ¡Moro!
MACOR.	¡Señor!
MARQUÉS.	¿La tierra está segura? ¿Hay mahala° de turcos que lo impida? ¿El sitio es fuerte, llano o montüoso? 1135 ¿Hay arroyos que pasar o hondas lagunas, y donde pueda hacerse la emboscada?
MACOR.	Sultán, tierra es Tanira que de sierra la alcanza buena parte, pero tiene vegas hermosas, llanas y apacibles, 1140 y está seguro porque no ha salido la mahala de turcos, que no es tiempo de cobrar la garrama° del Gran Turco. Por ella pasa Melge, río pequeño, y otro no pienso que hay, sino es Maquerra,° 1145 nueve leguas de Orán, y es a propósito para emboscar tu gente. Bien seguro puedes acometer a aquesa empresa, que están todos los moros en la Zahara,

1121. No tiene *MS*.

1132. en judío *MS*.

1135. llano montuoso [*sic*] *MS*.

1137. puede *MS*.

1148. acometer aquesa *MS*.

	tierra fértil de dátiles y plumas,°	1150
	y el adüar de Ben Boraz muy solo,	
	y siete que le tienen por vecino.	
	Unos con otros traen sangrienta guerra	
	por la muerte de un moro, su pariente,	
	y si prendes a Brahén, Sultán, haces	1155
	a tu rey el servicio más notable	
	por ser aquese jeque el que perturba	
	la paz que gozan los demás alarbes	
	que viven con seguros de estas plazas.	
MARQUÉS.	¿Qué hombre es Ben Boraz?	
MACOR.	Hombre viejo,	1160
	y rico.	
AYÉN.	No hay riqueza entre los moros.	
MARQUÉS.	Será porque la tienen los judíos.	
	Capitán, ¿qué os parece aqueste moro?	
	¿Dice verdad?	
GIL.	Ninguno hay que la diga,	
	mas bien ha respondido a tus preguntas,	1165
	y sé que es este jeque un bravo moro	
	y que ha traído contra aquestas plazas°	
	mil mahalas de turcos a su costa.	
MARQUÉS.	¿Que tanto poder tiene?	
AYÉN.	Yo te ofrezco	
	por él un gran rescate.	
MARQUÉS.	No me mueve,	1170
	judío, el interés sino el servicio	
	de Dios y el Rey, que aquesto le antepongo	
	al tesoro mayor que el mundo encierra.	
	Advierte, moro, bien lo que me has dicho,	
	pues sabes el peligro que te pones,	1175
	que perderás la vida si me mientes.	
MACOR.	Digo, señor, que quiero que me cortes	
	mil veces la cabeza si la errares,	
	que dentro el adüar dejo otro moro	
	que saldrá a darme aviso.	

1154. por muerte *MS*.

1155. Sután [*sic*] *MS*.

1159. esta plaza *MS*.

1167. Falta «y» en *MS*.

1171. intereses *MS*.

1179. dentro del *MS*.

MARQUÉS.	Maniatado	1180

has de ir, como es costumbre.
MACOR. Y con cadenas
porque entiendas, Sultán, si verdad trato.
MARQUÉS. Pues vuélvete a Tanira y asegura
el aduar que no se haya regalado,
como suelen hacerlo cada día, 1185
y tráeme la respuesta.
MACOR. ¿Qué has de darme
por cada moro?
MARQUÉS. Daréte cuatro doblas.
MACOR. Guárdete Alá, que dentro de tres días
me verás en Orán. *Vase.* f
MARQUÉS. Ayén, regala
a aquese moro.
AYÉN. Yo tendré cuidado. 1190
MARQUÉS. Si no se nos despinta,° Gil Hernández,
ha de ser de importancia esta jornada.
GIL. Sucédate, señor, como deseo.
MARQUÉS. Idos a buenas noches. ¡Hola! Una haca
haz que me den, y avisa. Salgo fuera, 1195
que tengo de rondar la noche entera. *Vanse.* g

    Salen DON LOPE *y* MAHAGÚN, *de noche.* h

DON LOPE. Paréceme que es temprano.
MAHAGÚN. Al moro no, porque estar
cansiado para rondar.
Dormir, senior, ser mais sano, 1200
que tener la calentura.°
DON LOPE. Yo te quitaré el beber.
MAHAGÚN. Pos logo poder hacer
al esclavo sepoltora,
que darme, después de Alá, 1205
la vida aquesta botilia.°

1182. entienda, Sultán, que verdad *MS.*

1184. rehalado [*sic*] *CV, MS.*

1186. traime *CV.*

1194. Un haca *MS.*

g, h. *Vase, y sale . . . MS.*

1204. a el esclavo sepotura *MS.*

1206. butiya *MS.*

Don Lope.	No bebas.
Mahagún.	Una gotilia no máis, senior.

(Saca la bota y bebe.) i

Don Lope.	Bueno está. No he visto moro en mi vida que tan bien le sepa el vino. 1210
Mahagún.	Esto ser con el tocino, don Lopo, bona comida, más saber que alcuzcuzú e que manteca, senior.°
Don Lope.	Y aun por saberte mejor, 1215 la comes y bebes tú.

Pónese a la ventana Elvira. j

Elvira.	¡Ce!
Don Lope.	La ventana han abierto.
Elvira.	¿Quién es?
Don Lope.	Don Lope.
Elvira.	Aún no es hora. Volved de aquí a media hora, que está mi padre despierto. 1220
Don Lope.	Sí haré. Mahagún, cuidado mientras vuelvo con la puerta. Levántate. *Vase.* k

(Échase Mahagún al pie de la puerta.) l

1207. gotiya *MS.*

i. *Bebe. CV.*

1211. tocinio *MS.*

1212. Lope *MS.*

1213. el alcuzcuzo *MS.*

1214. jenui *CV.* senui *MS.*

j. *Sale a una ventana Elvira. MS.*

1217. Elvira. Ce, ce *MS.*

1218. Don Lope. ¿Quién es? Don Lope. Don Beltrán. No es hora *CV.* Lope. ¿Qui es? Elvira. Don Lope, aun no es hora *MS.*

k. Falta en *MS.*

l. *Échase al... CV.*

MAHAGÚN.   Estar alerta
           mejor así que empinado.
                Perder temor tanto cuanto,   1225
           aunque quedar con fatiga.°

                Sale DON LEONARDO.   m

DON LEONARDO.   Agradable noche, amiga,
           cobíjame con tu manto.
                Bien sé tienes amistad°
           con el Amor. Si él me ampara   1230
           mientras hablo a doña Clara,
           hallo en ti conformidad,
                que, pues avisado vengo
           de don Beltrán, y procura
           mi remedio, mi ventura   1235
           por cierta y segura tengo.
                Tarde pienso que he venido.
           Quiero ver si tiene abierta
           la ventana.
MAHAGÚN.   (*Ap.*: Guardar puerta,
           Mahagún, y hacerse dormido,   1240
                que estar aqueste enemigo
           por Clara con mi senior.)°
DON LEONARDO.   Parece siento rumor.
MAHAGÚN.   Callar e ser bon testigo.°

                (*Pónese a la ventana* ELVIRA.)   n

DON LEONARDO.   Ya han abierto.
ELVIRA.   ¿Sois don Leonardo?   1245
DON LEONARDO.   Don Leonardo soy, señora.
ELVIRA.   Tarde venís, porque ha un hora
           que en esta reja aguardo.
DON LEONARDO.   No creí que Amor me hiciera

---

m. *Sale*. *MS*.   1240. Falta en *MS*.

1227. Grande noche *MS*.   1246. Soy, señora, don Leonardo *MS*.

1239. Falta *Ap*. en *CV*, *MS*. 1247. porque un *MS*.

		este favor.	
ELVIRA.		¿Por qué no?	1250
DON LEONARDO.		Porque mi fe no entendió	
		que con vos tanto valiera.	
ELVIRA.		Basta quererlo mi primo	
		y estar tan bien informada,	
		que una voluntad honrada	1255
		todo lo que puedo estimo.	
MAHAGÚN.	(*Ap.*:	¡Ah, mojer, pota estar vos!	
		Don Lopo lo ha de saber	
		que honrada no puede ser	
		e mostrar amor a dos.)º	1260
DON LEONARDO.		¿Decíslo, mi bien, de veras?	
ELVIRA.		Con toda al alma lo digo.	
	(*Ap.*:	Más ha de ser, enemigo,	
		para que a mis manos mueras.)	
DON LEONARDO.		¿Y podré vivir seguro	1265
		de ese amor?	
ELVIRA.		Como lo esté	
		el mío de vuestra fe.	
DON LEONARDO.		De que es verdadero juro.	
ELVIRA.	(*Ap.*:	¡Ay, falso!, ¿quién te creyese?)	
		Rüido siento.	
DON LEONARDO.		¿Os vais?	
ELVIRA.		Sí.	1270

Quítase de la ventana.   o

Sale DON LOPE.   p

DON LOPE.	¿Qué hombre es aquel?
DON LEONARDO.	¡Ay de mí!
	Doña Clara, amigo, fuése.
	De don Beltrán es mi vida.

1250. aqueste *MS*.   1263. Falta *Ap*. en *CV*.

1255. volienta [*sic*] *MS*.   1268. verdaro [*sic*] *MS*.

1257. Falta *Ap*. en *CV, MS*.   mala estar   1269. Falta *Ap*. en *CV, MS*.
tu *MS*.

                                                                                   o. Falta en *CV*.

1262. alma os lo dego *MS*.

	Ya deseo que amanezca,	
	que es razón que le agradezca	1275
	esta merced recibida. *Vase.*	q
Don Lope.	Ya se fue. ¿Si estaba hablando	
	con doña Clara? ¿Qué es esto?	
	¿Mahagún?	
Mahagún.	Saberlo ben presto°	
	que ya te estar esperando.	1280
	Clara no me contentar.	
	Con don Leonardo ha parliado,	
	que allí estar tu esclavo echado	
	y todico lo escochar,	
	que aquel su primilio ha hecho	1285
	aquesta alcagotería.	
Don Lope.	¿Aquesto me prometía	
	la constanza° de su pecho?	
	¡Ah, crüel! ¡Ah, tigre! ¡Ah, fiera!	
	¡Ah, Circe falsa y liviana,	1290
	nueva Calipso inhumana	
	y otra Alcina lisonjera!°	
	¡Ah, rejas, puertas, paredes,	
	casa y calle, que habéis sido,	
	para traerme perdido,	1295
	hechizos, lazos y redes!	
	¡Mis celos, mi rabia y fuego	
	os consuma y os abrase!	
Mahagún.	¡Ojalá, e que no quedase°	
	en qué tropezar un ciego!	1300

Pónese Doña Clara a la ventana.   r

Doña Clara.	¿Qué voces oigo en la calle?
	¿Si es pendencia? ¡Ay, Dios, no sea
	don Lope! ¡Ce!
Mahagún.	¿Quién cecea?
Doña Clara.	¿Eres Mahagún?

1276. merecida *CV.*   1288. constancia *MS.*

1281. contetar [*sic*] *MS.*   1298. brase *MS.*

1282. Loniardo [*sic*] *MS.*   r. *Sale*... *MS.*

1284. todo *CV.*   ecochar [*sic*] *MS.*

Mahagún.	No hay hablalle.	
	Allí estar Clara, senior.	1305
Don Lope.	¡Mujer aleve y perjura	
	sin recato ni cordura,	
	sin vergüenza ni temor,	
	para mí ingrata, no es hora,	
	y lo es para quien quieres!	1310
	¡Ya sé, mudable, quién eres!	
	¡No más engaños, traidora,	
	no más, ingrata mujer,	
	por ti penar y sufrir,	
	desvanecer y sentir,	1315
	desvelarme y padecer!	
	¡Goza, aleve, enhorabuena	
	de don Leonardo, que es justo	
	varïar de fe y de gusto,	
	que el ordinario da pena!	1320
Doña Clara.	¿Qué es esto, don Lope amigo?	
	Vuelve en ti, cuando...	
Don Lope.	No hay cuando.	
	Todo lo he estado escuchando.	
	De tu infamia soy testigo.	
	Quédate, y sin esperanza	1325
	de jamás volver a verte. *Vase.*	s
Doña Clara.	Don Lope, señor, advierte.	
	¡Qué rigor y qué mudanza!	
Mahagún.	Tú tener, Clara, la culpa.	
Doña Clara.	¿Fuése, Mahagún?	
Mahagún.	Ya se fue.	1330
Doña Clara.	¡Ay, triste de mí! ¿De qué?	
Mahagún.	De lo que no haber disculpa.	
	Andar para roín mojer	
	e querer a don Leonardo.°	
Doña Clara.	Oye, amigo.	
Mahagún.	No te aguardo.	1335
Doña Clara.	Responde.	
Mahagún.	No hay responder,	
	que venir Marqués rondando. *Vase.*	t
Doña Clara.	Todos me dejan confusa.	

1305. está *MS.*

1326. vover [sic] *MS.*

1332. desculpa *MS.*

1333. ruín *CV.*

                    Quiero entrarme. No se escusa
                    el vivir triste y penando.   *Vase.*   1340/u

           Sale el MARQUÉS, *de ronda,* DON DIEGO DE PORTUGAL, *y*   v
           UN SOLDADO, *con una alabarda, y el* SARGENTO MAYOR.

MARQUÉS.   ¿Qué cuarto es este, don Diego?
DON DIEGO.   Señor, el de la modorra.º
MARQUÉS.   Esta posta se recorra.
                   [...]º

           Pone en lo alto UN SOLDADO *con una pica.*   w

SOLDADO.   ¿Quién va allá?
SARGENTO.   Amigos.
SOLDADO.   ¿Quién vive?   1345
SARGENTO.   San Pedro.º
SOLDADO.   Pase.
MARQUÉS.   Sargento,
                   guardad vuestro alojamiento.
SARGENTO.   A servirte se apercibe.   *Vase.*   x

                       FIN DEL ACTO PRIMERO*

   u. *Éntrase.* MS.   1348. MAYOR. A servirte voy delante   MS.

   v. ... DON DIEGO. CV.   x. Falta en MS.

   w. *Sale en un alto* ... MS.   * Falta en CV, MS.

   1345. MAYOR. ¡Amigos! MS.

ACTO SEGUNDO**

Salen MACOR *y* AYÉN. y

AYÉN.	Has hecho, Macor amigo,	
	un gran servicio al Marqués.	1350
MACOR.	Vengarme de mi enemigo	
	es el mayor interés	
	que de esta empresa consigo.	
	¿Saldrá presto?	
AYÉN.	Un poco aguarda,	
	que no tardará en salir.	1355
MACOR.	Para mí mucho se tarda.	
AYÉN.	Él debe ya de venir.	
MACOR.	¿Qué gente es esta?	
AYÉN.	Su guarda.	
MACOR.	¡Qué buen talle de cristiano!	
	¡Por Alá, es soberano,	1360
	y que sola su presencia	
	es digna de reverencia,	
	y del imperio africano!	

Sale el MARQUÉS, *y échase en el suelo* MACOR *para besarle los pies.* z

MARQUÉS.	Levanta, moro, del suelo.	
	¿Qué hay en Tanira?	
MACOR.	Sultán,	1365
	en tu favor está el Cielo.	
	Bien puedes partir de Orán	
	y acometer sin recelo.	
	La vitoria está segura.	
	Gozar la ocasión procura,	1370
	que Tanira está, señor,	

** JORNADA SEGUNDA. *CV, MS.*   1369. victoria *MS.*

z. Falta «MACOR» en *CV.*   . . . *el suelo para besarle los pies* MACOR. *MS.*

pacífica y sin temor
de su daño y desventura.
  Junto a Melge está asentado
el adüar, y su jeque,   1375
de tu poder, descuidado,
sin temor que le derrueque°
la Fortuna de su estado.
  Sal luego con tus cristianos,
que, por Mahoma, en tus manos   1380
te he de poner la vitoria,
aunque me niegue su gloria
y sus cielos soberanos.
  Que aunque Tanira me nombre
infame y me dé renombre   1385
de traidor, crezcan sus duelos,
que traición hecha con celos
infama menos a un hombre.

MARQUÉS.   De tu verdad, moro, has hecho
hidalga prueba, y de ti   1390
estoy, Macor, satisfecho,
que en la frente te leí
el conceto de tu pecho.
  Resuelto estoy de salir
a esta jornada y cumplir   1395
tu venganza y mi deseo,
que cuanto me has dicho creo,
aunque te puedes mentir.
                    ¡Hola!
PAJE.   ¡Señor!
MARQUÉS.   Encerrado
esté aqueste moro. Ayén,   1400
vete con ese soldado.
MACOR.   Hoy de Ambrán y de Filayla
tengo de quedar vengado.°   *Vase.*   AA
MARQUÉS.   Ayén, ¿de este moro has hecho
experiencia?°
AYÉN.   De su pecho   1405

1374. sentado *MS.*   1398. se *CV.*

1381. victoria *MS.*   AA. Falta en *CV.*

1393. concepto *MS.*

	LOS SUCESOS EN ORÁN	
	estoy, señor, informado, y, a fe de judío honrado, que estar puedes satisfecho.	
Marqués.	Vete, y uno de mi guarda llame al Sargento Mayor, que para mí el Cielo guarda esta empresa, que el temor ni el peligro me acobarda.	1410

Vase el Judío.   BB

Entra Un Paje.   CC

Paje.	Ya le dejé en mi aposento.	
Marqués.	Haz prevenir al momento	1415
	las puertas. ¡No den lugar	
	que dejen salir ni entrar	
	moro que impida mi intento!	
	¡No salgan a dar aviso!	
	Que esta bárbara nación	1420
	es desleal, y pues quiso	
	darme el Tiempo esta ocasión,	
	con él no he de ser remiso.	

Entra el Sargento Mayor.   DD

Marqués.	Sargento Mayor, la gente	
	se aperciba conveniente,	1425
	y de cada compañía	
	saquen treinta,° y querría	
	que fuese la más valiente,	
	y al Marzaquivir° avisad	
	que salgan con brevedad	1430
	de su guarnición sesenta,	
	y el bagaje° tened cuenta	
	que suba de la ciudad.	
	Y vayan las compañías	

BB. *Vase. CV.*
CC. *Sale... MS.*
1415. monto [sic] *MS.*

DD. *Sale Un Soldado o Paje. MS.*
1429. Marzaquiví *CV.*

	en orden, no se detengan,	1435
	y atajadores y espías	
	haced luego que prevengan	
	mochila por cuatro días.	
SARGENTO.	¿Mándame vuestra excelencia	
	otra cosa?	
MARQUÉS.	La asistencia	1440
	en cargar es escusado°	
	a un tan honrado soldado,	
	y de tan larga experiencia.	
SARGENTO.	Bésote los pies,° señor,	
	por la merced que me has hecho.	1445
MARQUÉS.	¡Ea, Sargento Mayor,	
	acabad, que vuestro pecho	
	merece cualquier favor!	

Vase el SARGENTO.   EE

Entran DON PEDRO *y* DON DIEGO.   FF

MARQUÉS.	¡Caballeros!	
DON DIEGO.	¿Qué es esto,	
	señor? ¿Tenemos jornada?	1450
MARQUÉS.	Habrála, don Diego, presto.	
DON PEDRO.	La gente está alborotada	
	y vese el gozo en su gesto,	
	que, en sabiendo que las puertas	
	están tomadas, por ciertas	1455
	tienen estas ocasiones,	
	que aguardan como leones	
	la presa a manos abiertas.	
MARQUÉS.	¿Tanto, don Pedro, desean	
	pelear?	
DON PEDRO.	Como hay ganancia,	1460
	con gusto, señor, se emplean.	
MARQUÉS.	En la guerra es de importancia	
	el premio.	
DON PEDRO.	Por él pelean,	

1439. Mayor. ¿Mándame vueseñoría MS.

1444. Mayor. MS.

1446. Macor. CV.

EE, FF. . . . SARGENTO MAYOR, *y salen* . . . MS.

	y son aquestos soldados	
	diestros, bien ejercitados,	1465
	y aunque pocos, escogidos,	
	nunca en África vencidos,	
	y a vencer acostumbrados.	
Marqués.	Bien conocéis esta gente.	
Don Pedro.	Prueba he hecho suficiente	1470
	en seis años que aquí estoy,	
	con que puedes, desde hoy,	
	estimarla por valiente.	
Marqués.	Con tal gente estoy contento,	
	que, si son fuertes y honrados,	1475
	¿qué ilustre hazaña no intento?	
	Que el brío de los soldados	
	dan al capitán aliento.	
Don Pedro.	No es mucho que tus pendones	
	en África mil blasones	1480
	ganen, y eterna opinión,	
	que hace un capitán león	
	a sus soldados leones.	
Marqués.	Don Diego, mirad que hacéis	
	oficio y no de pariente,	1485
	que si me desvanecéis	
	por dar muestra de valiente,	
	en peligro me pondréis.	
	Y porque seáis testigo	
	de lo que por vos me obligo,	1490
	en Orán en mi lugar	
	hoy os pretendo dejar.	
Don Diego.	Tomarélo por castigo.	
	Permita vuestra excelencia	
	que en esta honrada ocasión	1495
	le sirva.	
Marqués.	Vuestra presencia	
	importa a mi obligación,	
	que breve será mi ausencia.	
	No tenéis que replicar,	
	y que no sintáis os ruego,	1500
	porque el saber gobernar	

1474. Macor. *CV*.   1494. vueseñoría *MS*.

1476. intenta *MS*.

	importa tanto, don Diego,	
	como saber pelear.	
Don Diego.	Señor, en Orán se encierra	
	hombre más cuerdo y capaz	1505
	para gobernar la tierra,°	
	y al viejo deja en la paz	
	y al mozo lleva a la guerra.	
Marqués.	Aquesto, don Diego, es justo.	
Don Diego.	No te quiero dar disgusto.	1510
	Quedaréme en la ciudad,	
	mas no de mi voluntad,	
	sino por hacer tu gusto.	

Sale Un Criado del Marqués.   GG

Criado.	Vuecelencia, ¿en qué caballo	
	ha de salir?	
Marqués.	En Costilla	1515
	bien caminando me hallo,	
	y de una brida una silla	
	poned también al Vasallo,	
	pero para pelear,	
	de diestro pueden llevar	1520
	a Estepa, Turco y Villano.	
Criado.	No está de los brazos sano.	
Marqués.	Arcos vaya en su lugar,	
	y ensillen a los crïados	
	de los moriscos al punto	1525
	los más fuertes y alentados.	
Criado.	Todos estarán a punto	
	ensillados y enfrenados. *Vase.*	HH
Marqués.	Id, don Pedro, a prevenir	
	los vuestros, que he de salir	1530
	dentro de un hora de Orán.	
Don Pedro.	Tres que tengo en el zaguán	

1502. importas *MS.*   1520. del *MS.*

1507. a el *CV.*   1522. sanos *MS.*

1514. Vueseñoría *MS.*   1528. ensellados *MS.*

1517. brida me hallo *MS.*   1529. prevenid *MS.*

LOS SUCESOS EN ORÁN

	están para te servir,
	que como las ocasiones
	están vivas, por lo menos 1535
	nos fuerzan obligaciones
	a tener puestos los frenos
	y adargas en los arzones.
Marqués.	La prevención y el cuidado
	es de caballero honrado. 1540
	Vamos, y saldrá la gente,
	que, en la jornada presente,
	se ha de ver el que es soldado. *Vanse.* II

Salen Doña Clara *y* Don Beltrán [Elvira]. JJ

Don Beltrán [Elvira].	¿Que tan ofendido, prima,
	está don Lope?
Doña Clara.	¡Ay de mí!, 1545
	que no sé en qué le ofendí,
	que esto el alma me lastima,
	y pues de mi pensamiento
	te he dado parte, verás
	si puede llegar a más 1550
	mi pena y mi sentimiento.
Don Beltrán [Elvira].	¿Que no lo sabes?
Doña Clara.	Ignoro
	la causa donde ha nacido.
	Solo sé que con su olvido
	me mata, y yo le adoro. 1555
	Una queja mal formada
	me dijo al partir.
Don Beltrán [Elvira].	¿Qué fue?
Doña Clara.	Un recelar de mi fe,
	queja en el viento fundada,
	que con Leonardo había estado 1560
	hablando la noche entera,
	y a sus manos, primo, muera,
	si no está muy engañado.

1538. en en los *MS*.   1544. ofendida *MS*.

1543. ver que *MS*.   1550. llegar más *MS*.

JJ. Falta en *MS*.   1559. funda *CV*.

Don Beltrán [Elvira].	Yo te creo, mas los celos	
	traen consigo aquesa calma,	1565
	y si han tocado en su alma,	
	desengáñenle los cielos.	
Doña Clara.	Bien consuelo a mi dolor	
	aplicas de aquesta suerte.	
Don Beltrán [Elvira].(*Ap.*:	Como es el mío más fuerte,	1570
	siento menos su rigor.)	
	Yo quiero tomar la mano	
	en estos dulces enojos.	
Doña Clara.	Hazlo, Beltrán, por tus ojos,	
	ablanda aquel inhumano,	1575
	desengaña y asegura	
	con mi verdad su mentira.	
	Dile, primo, que me admira	
	su imprudencia y su locura,	
	y que no dé fe en mi ofensa	1580
	al engaño, que me mata,	
	que no me culpe de ingrata,	
	que él es toda mi defensa.	
	Y si te responde, primo,	
	con rigor, deja al crüel,	1585
	no te atravieses con él,	
	que, aunque me ofende, le estimo.	
Don Beltrán [Elvira].	Yo le sabré reducir.	
	No te aflija su desdén,	
	que el hombre que quiere bien	1590
	es fácil de persuadir,	
	que todos estos enojos	
	suelen parar, prima mía,	
	en dar al gusto un buen día	
	y un alegrón° a los ojos.	1595
(*Ap.*:	Voyme, que también mortal	
	me tiene aquel enemigo,	
	que le adoro y le persigo,	
	como a mi bien y mi mal.) *Vase.*	

Sale Mahagún.

1568. consejo *MS*.   1581. a el *MS*.

1574. mis *MS*.

Mahagún.	¡Pues, Clara!	
Doña Clara.	¡Amigo!	
Mahagún.	¡Apartar!	1600

¡No llegar al moro, no,
que quien el amo engañó
al esclavo ha de engañar!°

Doña Clara. ¿Que también estás conmigo
como a tu amo he encontrado? 1605

Mahagún. Tratar con término honrado,
e ser, Clara, bono amigo.
 ¿Pensar que yo no saber
todas vuestras parlerías?
¿Que a decir beliaquerías 1610
no afrontar la mojer?°

Doña Clara. ¿Qué sabes de mí?

Mahagún. ¡Ah, Mahoma!,°
¿cómo no tragar la terra?
Porque estar, Clara, tan perra
que haber menester a Roma. 1615
 Que saber estar contigo
parliando toda la noche
don Leonardo, e que trasnoche
don Lopo siempre conmigo.

Doña Clara. ¿Quién ha esparcido este fuego? 1620
¿Qué es esto? ¿Quién engañado
al amo trae, y crïado,°
y a mí sin gusto y sosiego?
 Mahagún, ¿tú me has visto hablar
con él por ventana o reja? 1625

Mahagún. No ver, mas con tanta oreja
el esclavo te escochar,

1600. Falta «Mahagún. ¿Pues Clara?» en *MS*.

1601. a moro *MS*.

1603. a el *MS*.

1605. como tu *CV*. amo encontrado *MS*.

1610. bellaquerías *MS*.

1611. afrentar *MS*.

1612. sabéis *MS*.

1613. tierra *MS*.

1616. está *MS*.

1617. toda noche *MS*.

1618. Lionardo *MS*.

1621. Qué esto *CV*.

	y aquel primilio, sospecho	
	que es un beliaco picanio,	
	que hacer a don Lope danio,	1630
	y al otro dar el provecho.º	
DOÑA CLARA.	Engaño, sin duda, ha sido.	
MAHAGÚN.	¿Que no ser tú?º	
DOÑA CLARA.	Si lo fuera,	
	luego al punto lo dijera	
	al que vive en mi sentido,	1635
	porque mi pecho fié a él,	
	que cosa tiene encubierta,	
	ni jamás en reja o puerta	
	me he visto, Mahagún, con él.	
	Mas, de don Lope, imagino	1640
	que por mudar de afición	
	ha buscado otra ocasión	
	por tan áspero camino.	
	Déjeme muy en buen hora,	
	que mis ojos pagarán	1645
	el daño que hizo en Orán	
	en un alma que le adora.	
MAHAGÚN.	No llorar, Clara coitada.º	
	¡Mucho, por Alá, poder	
	las lágrimas de mojer	1650
	que estar todo alborotada!	
	¡Ah, Mahoma, sofrimiento	
	con aquesta tentazón	
	que alegrar el corazón,	
	seniora, e tener contento,	1655
	que estar don Lope escochando!	
DOÑA CLARA.	¿Dónde está?	
MAHAGÚN.	Verle venir.º	

1629. villano pícarco [sic] *MS.*

1630. Lopo *CV.*

1637. causa *MS.*

1639. ha visto *MS.*

1644. horabuena *MS.*

1648. Non *MS.*

1650. Falta «las» en *MS.*   lagrimillas *MS.*

1651. alborotado *CV.*

1653. tentación *MS.*

1654. Falta «que» en *CV.*   aliegrar [sic] *MS.*

1656. eschochando [sic] *MS.*

LOS SUCESOS EN ORÁN

Entra Don Lope. MM

  ¡Ah, senior, presto acodir,
que estar Clara sollozando!
  ¡A qué bonas lagrimilias 1660
allegar, no estar mohíno!
¡Quién pudiera, a ser de vino,
beberse dos escodilias!°

Don Lope.   ¿Qué es esto, mi bien?
Doña Clara.   Deshago
mi vida en justo lamento, 1665
y con este sentimiento,
lo que no debo te pago.
  ¿Es posible que de mí
presumas lo que no fue,
y que a un esclavo se dé 1670
más crédito que no a mí?
  ¿Es posible que tres años,
larga experiencia has° hecho
de que vives en mi pecho,
sin doblez y sin engaños? 1675
  ¿Es posible...

Don Lope.   Basta, amiga,
que, a ser posible, me vieras
por esas calles de veras
publicando mi fatiga.
  No hay más, por vida mía, 1680
que como es mi amor estremo,
en el mismo grado temo
de perderte, aunque eres mía,
  que, como un hombre embozado
vi a tus puertas, mis celos 1685
vinieron a dar en celos,
que estoy muy enamorado,
  y aunque firme esté tu amor,
como sé que te desea
don Leonardo, y te pasea, 1690
es fuerza tener temor.

Doña Clara.   Bien puedes asegurarte

MM. *Sale* ... *MS.*   1660. lagrimillas *MS.*

1658. acudir *MS.*   1663. escodillas *MS.*

	de mi amor y de mi pecho.	
Don Lope.	Por la merced que me has hecho	
	quiero mil abrazos darte,	1695
	y dame tu bendición,	
	que hoy el Marqués sale fuera.	
Doña Clara.	¡Ay de mí!	
Don Lope.	Pues ¿qué te altera,	
	si es aquesta obligación!	
Doña Clara.	Ya lo veo. Aquesta tierra	1700
	culpo, amigo, que el amor	
	se goza mucho mejor	
	en la paz que no en la guerra.	
	Aguárdate, que una espada	
	has de llevar en mi nombre,	1705
	que ha sido del mejor hombre	
	de Orán, y en más estimada.	
Don Lope.	¿Quién es?	
Doña Clara.	Mi padre.	
Don Lope.	Por ella…	
Doña Clara.	¡Ve luego, por vida tuya!	
Don Lope.	…porque me dará, en ser suya,	1710
	valor para merecella.	

Vase Clara.   NN

	Mahagún, ¿qué te ha parecido	
	de este amor y de esta firmeza?	
Mahagún.	Que el amor la cabeza,	
	después de haberla rompido,	1715
	no tener ley con mojeres,	
	gemir fe ni voluntad,	
	que cuando decer verdad,	
	mentir más.º	
Don Lope.	¡Estraño eres!	

1707. y más *MS*.

1708. Pon ella *MS*. Tras el verso *MS* inserta una línea: seré un rayo de la esfera

1709. Baila pues, por vida tuya *MS*.

1711. merecerla *MS*.

NN. *Vase*. *CV*.

1713. amor de esta fineza *MS*.

1714. al amor *MS*.

1717. fe, ni voluntad, gemir *MS*.

Sale Doña Clara, con una espada en la mano. OO

Doña Clara.	¡Vesla aquí!	
Don Lope.	¡Gallarda pieza!	1720
Doña Clara.	No me la hagas cobarde.	
Don Lope.	Dios, doña Clara, me guarde de venir a tal bajeza.	
Doña Clara.	Ceñírtela también quiero.	
Don Lope.	Dame tres golpes con ella,	1725
	porque de tu mano bella	
	salga armado caballero,	
	que vesme aquí de rodillas.	
	Hazme, amiga, este favor,	
	que finezas son de amor,	1730
	de mi fe, maravillas.	

(*Dale tres golpes en la cabeza.*) PP

Doña Clara.	¿Doylos bien?	
Don Lope.	Muy bien.	
Doña Clara.	Levanta, pues eres ya caballero.	

(*Aparte.*) QQ

Don Lope.	Más bien recibir espero	
	de hermosura y gracia tanta.	1735
Mahagún.	¡Ah, senior, que más valiera	
	dárselos tú sin la espada,	
	e Clara quedar armada	
	de tu mano cavaliera!	
Don Lope.	No me faltará ocasión.	1740
Mahagún.	¡Oh, qué poquilio saber!	
	¡A fe, que no la perder,	
	a tener mi condición!° *Vase.*	RR
Don Lope.	Adiós, mi bien.	

OO. . . . uno [sic] . . . CV.

PP. Falta en CV.

QQ. Falta en MS.

1739. cavalleira [sic] MS.

1740. CV acota: *Ap.*

1741. poquillo MS.

1742. porder [sic] MS.

RR. Falta en CV, MS.

                              Vase DON LOPE.   SS

DOÑA CLARA.   ¡Vitorioso
                              te traiga a mi vista el Cielo!   1745

                              Entra DON LEONARDO.   TT

DON LEONARDO.   ¿Quién puede, cual yo, en el suelo
                              llamarse, mi bien, dichoso?
                                Que, con la noche pasada,
                              quedé tan agradecido
                              que, sin verte, no he querido   1750
                              salir a aquesta jornada,
                                que quien gozó tal favor,
                              es justo pague, señora,
                              favor y gusto de un hora,
                              con cien mil años de amor.   1755
DOÑA CLARA.   Don Leonardo, ¿qué decís?
                              ¿Qué favor y gusto os he hecho?
                              ¡Andad con Dios, que sospecho
                              que fuera de vos venís!
DON LEONARDO.   Verdad es, vengo sin mí,   1760
                              porque el alma que vivía
                              en mi pecho ya no es mía
                              después que te la ofrecí.
                                Mas la merced recibida,
                              señora, y la fe jurada,   1765
                              ¿no obliga a ser estimada
                              lo que durare la vida?
DOÑA CLARA.   Mirad que os traen engañado
                              vuestros livianos antojos.
                              Abrid con tiempo los ojos,   1770
                              que vendréis a un triste estado,

---

SS. Falta en *CV.*

1744. Victorioso *MS.*

TT. *Sale . . . MS.*

1747. llamans [*sic*] *MS.*

1751. salir aquesta *MS.*

1753. page *CV.*

1757. os hecho *CV, MS.*

1768. engañada *CV.*

1770. Abrí *MS.*

1771. trite [*sic*] *MS.*

	que vos mismo poco a poco		
	os vais echando a perder,		
	y pesárame de ver		
	de que os castiguen por loco.	1775	
Don Leonardo.	Luego, ¿me quieres negar		
	que no te hablé anoche?		
Doña Clara.	¿A mí?		
Don Leonardo.	A ti, pues.		
Doña Clara.	Pobre de ti,		
	¿quién te ha querido engañar?		
(Ap.:	Más con la pena me aflijo,	1780	
	que si en que me habló se afirma,		
	llanamente se confirma		
	lo que don Lope me dijo.		
	¿Quién le ha podido traer		
	engañado? ¡Estoy confusa,	1785	
	aunque sé que no se escusa,		
	por quien soy, corresponder!)		
	Venís tan inadvertido,		
	que para daros ejemplo		
	mi justa cólera templo,	1790	
	y como a necio os despido.		
Don Leonardo.	¡Aguarda!		
Doña Clara.	No hay para qué.	Vase.	UU
Don Leonardo.	¡Ah, fiera!, ¿cébate en mí?		
	¿Con qué razón la ofendí		
	que así me dejó y se fue?	1795	
	¿Que esta fue desdicha mía?		
	¿Quieres que pierda el sentido,		
	de noche favorecido,		
	y desechado de día?		
	¡Ah, Fortuna varïable!,	1800	
	¿por qué me ensalzaste ayer,		
	si hoy me habías de traer		
	a estado tan miserable?		

Sale Don Beltrán [Elvira].   VV

1781. que en si que *MS.*   UU. Falta en *CV, MS.*

1784. Qué *MS.*   1796. discha [*sic*] *MS.*

1788. inavertido [*sic*] *MS.*   1814. fijera [*sic*] *MS.*

Don Beltrán [Elvira].	Don Leonardo, ¿no salís con el Marqués?	
Don Leonardo.	¡Ay, amigo, para servir de testigo de mi tormento venís!	1805
Don Beltrán [Elvira].	¿Qué hay de nuevo?	
Don Leonardo.	A doña Clara a hablar vine, don Beltrán, por salir un día de Orán, alegre con ver su cara, y me ha tratado de suerte como si anoche no fuera la que me habló menos fiera, y me escuchó menos fuerte.	1810

1815 |
| Don Beltrán [Elvira]. | (*Ap.:* ¡Qué bien entablé mi engaño! Mas allí será el dolor cuando conozca el traidor, por su mal, el desengaño.) No desmayéis, que esto ha sido traza mía, y la ocasión, y si os tiene o no afición sabréis después de venido, y entretanto podéis creer que no seré don Beltrán, si antes que salga de Orán no os diere hermosa mujer. | 1820

1825 |
Don Leonardo.	Iré con esa esperanza contento a aquesta jornada. ¿Vais vos?	
Don Beltrán [Elvira].	¿Pues no ciño espada y empuño también mi lanza?	1830
Don Leonardo.	Yo lo creo así. ¿Tenéis caballo?	
Don Beltrán [Elvira].	Por él han ido.	
Don Leonardo.	Si no le hubieran traído, uno mío llevaréis, que es el mejor animal	1835

1822. Falta «y» en *MS*.   1827. nos os   *MS*.

1824. podréis crer   *MS*.   1829. contento aquesta   *MS*.

1825. ser   *MS*.   1833. caballos   *MS*.

	que hay en Orán.	
Don Beltrán [Elvira].	¿Qué color?	
Don Leonardo.	Rucio, lindo corredor,	
	firme, seguro y leal.°	
Don Beltrán [Elvira]. (*Ap.:*	No es poco, pues no ha tomado	1840
	los resabios de su dueño.)	
Don Leonardo.	Es el que estaba en empeño,	
	ya le tengo rematado.	
	¿Queréisle?	
Don Beltrán [Elvira].	Hacelde traer	
	mientras mi mochila apresto.	1845
Don Leonardo.	Ya voy.	
Don Beltrán [Elvira].	Ha de ser de presto.	
	Yo le haré desvanecer. *Vanse.*	WW

Sale el Marqués, *con los* Capitanes *y* Caballeros, *dos estandartes   XX
rojos y blancos,* Un Paje, *con un guión, pintadas las armas
del Rey por la una parte, y las suyas por la otra.*

Marqués.	Camine la infantería,	
	Sargento Mayor, que es tarde.	
Sargento.	Saldrá la caballería.	1850
	Vuecelencia un poco aguarde,	
	que parte queda del día.	
Marqués.	El infante y escudero	
	a su estandarte y bandera	
	no ha de acudir el postrero.°	1855
	Sino es en saliendo fuera,	
	esté en el campo° primero.	
	Gil Hernández, reprended	
	lo que veáis con disimulo.	
	Este cuidado tened.	1860
	Y vos, capitán Angulo,	
	lo mismo también haced.	

1839. seguro, leal *MS.*

1844. Hacedle *MS.*

WW. Vase. *CV.*

XX. *Sale el* Marqués, *los* Capitanes... *parte,
y por la otra las armas del* Marqués. *MS.*

1851. vueseñoría *MS.*

1857. campo el primero *CV.*

1858. reparan *MS.*

1859. veis *CV.*

1861. Augusto *MS.*

	¿El moro, Ayén, va delante?	
Ayén.	Sí, señor.	
Marqués.	¿Quién va con él?	
Ayén.	La guarda, que es importante.	1865
Marqués.	De aquella gente infiel, no hay seguridad bastante.	

        Salen Don Lope, Don Leonardo, *y* Don   YY
        Beltrán [Elvira], *y* Mahagún, *con lanzas.*

Don Pedro.	Caminar, señor, podemos, que junto está el escuadrón.	
Marqués.	Enbuenhora caminemos. ¿Qué hora será?	1870

        (Toca una campana tres veces.)   ZZ

Don Lope.	A la oración tocan en Orán.	
Marqués.	Recemos.	

        (Híncanse Todos *de rodillas.)*   aa

        Dios nos traiga con vitoria.

        *(*Todos *responden.)*   bb

Juntos.	¡Amén!	
Marqués.	¡Marche todo hombre, y tengan en la memoria San Josef, que aqueste nombre les doy para mayor gloria, y tome de mano en mano el nombre la infantería!	1875
Juntos.	¡San Josef de mano en mano!	1880

1865. La guarda que va con él *MS.*

YY. *Sale* ... *MS.*

1870. buena *MS.*

aa. *De rodillas. MS.*

1873. victoria *MS.*

bb. Falta en *MS.*

1874. Todos. *MS.*

1875. tengan la *MS.*

LOS SUCESOS EN ORÁN 131

MARQUÉS. ¡Pase a la caballería!
JUNTOS. ¡San Josef de mano en mano!

  Tocan cajas a marchar. Vanse TODOS *menos*   cc
  LEONARDO *y* DON BELTRÁN [ELVIRA].

DON LEONARDO.   Don Beltrán, tras mí vení,
  que es áspera aquesta tierra.
  No os perdáis.
DON BELTRÁN [ELVIRA].   Harélo así.   1885
DON LOPE.   Bien podéis en esta guerra
  serviros también de mí.
DON BELTRÁN [ELVIRA].   De entrambos me he de valer
  si se ofreciere ocasión,
  mas no será menester,   1890
  que me comeré un león
  si me quisiere ofender.   *Vanse.*   dd

  Salen FILAYLA, AMBRÁN, ABRAHOMO, SOLIMÁN *y* BRAHÉN BEN BORAZ,   ee
  los MÚSICOS *tocando las guitarras o tañendo unas panderetes.*

ABRAHOMO.   Ambrán, de Filayla hermosa
  goza mil años en paz,
  y de tan gallarda esposa   1895
  vea Brahén ben Boraz
  sucesión maravillosa.
BRAHÉN.   De ella, como fértil planta,
  salga tal fruto, y sea° tanta
  su dicha como deseas,   1900
  y hijos y nietos veas
  alfaquís° de Meca santa.
SOLIMÁN.   Véala yo de Sevilla
  reina, y rey el fuerte Ambrán.
  Feudo les pague Castilla,   1905
  y de Tremecén y Orán
  tengan el cetro y la silla.
ABRAHOMO.   A los dos su bendición,

---

cc. ... *marcha*... MS. *Vanse sin tocar.* CV.   1898. ABRAHOMO. MS.

ee. ... MÚSICOS *tocando y bailando con*   1902. *alfaquíes* MS.
música de flautas y panderetes. MS.
                    1904. *al* MS.

	desde su trono y religión,	
	os eche Alá, y de manera	1910
	que alcance hasta la postrera	
	la última generación.	
AMBRÁN.	Si todo, amigos, sucede	
	como se pinta, bien puede	
	rendirse a mis pies España,	1915
	mas siempre el deseo engaña	
	porque a las fuerzas excede.	
ABRAHOMO.	¡Ea,° hermano Solimán,	
	celébrese el bien de Ambrán,	
	suene el alegre rumor!	1920
AMBRÁN.	¿Cómo no viene Macor?	
SOLIMÁN.	Sus penas le detendrán,	
	que en su tienda, de corrido,	
	se habrá por dicha escondido,	
	si no está en el adüar	1925
	de Ben Zuleyla.	
BRAHÉN.	El pesar	
	le trae, Solimán, perdido.	
	Sentaos,° que para este día	
	los árboles dan sus sombras	
	y los cielos su alegría,	1930
	los prados, verdes alfombras,	
	y estas aves, su armonía.	
SOLIMÁN.	¡Canten Hazén y Otomano!	
	¡Ah, hija, baile a lo cristiano	
	con Muley, y a nuestra usanza	1935
	hacer podrán una mudanza,	
	que, aunque de noche, es temprano!	

(Bailan Dos Moros, hombre y mujer, a la española, y después, forman una contradanza a lo morisco.)   ff

Cantan: *Casar Filayla y Ambrán,*   gg
                 y Alá quivir prometer,

1910. de su *MS.*   región *CV.*   1934. y a hija *CV.*

1918. Ah *MS.*   1936. podrán una danza *MS.*

1933. Hozén *CV.*   ff. *Cantan, y bailan esto. CV.*

	por Mahoma, que han de ser,	1940
	ella, soltana, y él, soltán	
	de Guaharán, de Guaharán.	
	Hijos tener tan bonilios,	
	de Filayla en este suelo,	
	que de Mahoma en el cielo,	1945
	han de ser sus angelilios.	
	Bendecer la tierra Ambrán,	
	porque tener tal poder,	
	que al cristianilio vencer	
	y captivar al soltán	1950
	de Guaharán, de Guaharán.	
	Llevar a Meca bendita,	
	las cristianas banderilias	
	e poner nostras lunielias	
	en su alcázar y mezquita.	1955
	Quitar e poner Ambrán	
	en su silia a so mojer,	
	e bajo sos pes poner	
	la cabeza del soltán	
	de Guaharán, de Guaharán.	1960
Brahén.	¡Bien, por Mahoma, han cantado!	
Solimán.	No he visto voces mejores,	
	que estoy, Brahén, espantado,	
	como no los ha llevado	
	a su gloria por cantores.	1965

Salen Macor *y* Uno *o* Dos Cristianos, *con ballestas, agazapados.* hh

1941. soltana, él MS.

1942. Guaharam, de Guaharam MS.

1943. bonillos MS.

1945. suelo MS.

1946. angelillos MS.

1948. cristianillo MS.

1951. Guaharam, de Guaharam MS.
Falta el segundo «de Guaharán» en CV.

1953. banderillas MS.

1954. lunillas MS.

1957. silla MS.

1958. pies MS.

1960. Guaharam, de Guaharam MS.
Falta el segundo «de Guaharán» en CV.

1961. Mahoma cantado MS.

hh. ... u Dos... CV.   Sale ...y Dos ... MS.

Macor.	Paso, cristiano, ¿no ves / su algazara y su contento? / Pintada° la ocasión es.	
Soldado.	Vuelve, Macor, y al momento / demos aviso al Marqués.	1970
Macor.	Asegúrate, cristiano, / tienta bien el adüar.	
Soldado.	Mira si mi intento es vano. / No hay más, Macor, que tentar. / Todo está seguro y llano. / Bien sé que una noche mala / se les espera.	1975
Macor.	(*Ap.*: ¡Ya muero / por vengarme de Filayla, / que de Ambrán el pecho fiero / ha de romper una bala!) *Vanse.*	1980/ii
Filayla.	Mira, Brahén, no te ofenda / la noche.	
Brahén.	Ya sé que es tarde. / Id cantando hasta su tienda.	

(*Levántense.*)   jj

Ambrán.	Alá, Ben Boraz, te guarde.	
Abrahomo.	Mahoma a ti te defienda.	1985

Vanse cantando.   kk

Sale el Marqués, *con* Toda la Gente, *guión y banderas, en el guión*   ll
pintadas las armas reales, y las de los Guzmanes, y el Marqués,
armado de peto y espaldar y una rodela acerada.

Marqués.	Haz alto con el guión, / paje, y la caballería, / si se ofreciere ocasión, / abrigue a la infantería

---

1972. a el *CV*.   1985. Ambr n. *MS*.

ii. *Vase. CV*.   ll. *Salen . . . banderas, el* Marqués, *con peto . . . MS*.

1984. Abrahomo. ¡Ben Boraz, te guarde! *MS*.

LOS SUCESOS EN ORÁN

	y haga frente el escuadrón,	1990
	y tenga con su caballo	
	el escudero gran cuenta,	
	que mandaré jarretallo	
	si relincha, que es afrenta	
	oíllo y no remediallo.	1995
Don Pedro.	Ha de atajar mil errores	
	con el castigo, vuecelencia.	
Marqués.	Marchar sin rumor, señores.	
	Sabremos la diligencia	
	que han hecho los tentadores.	2000

Empiezan a marchar, y entra MACOR, y el SOLDADO. mm

Sargento.	¿Ya están aquí?	
Macor.	Sin temor	
	puede el campo° acometer.	
	Haz que camine, señor,	
	que no te puede ofrecer	
	el Cielo ocasión mejor.	2005
Soldado.	Seguro está el adüar.	
	Camine, vuecelencia.	
Marqués.	¿Es grande?	
Soldado.	Como un lugar.	
Marqués.	¡Ea, poned diligencia	
	en saberle bien cercar!	2010
	¡Camine la infantería,	
	y en dándole «Santïago»,	
	saldrá la caballería!	
	¡Ea,° soldados, Santïago	
	vaya en vuestra compañía!	2015
	¡Ea, señores, piquemos,	
	para que con los caballos	
	los que huyeren alcancemos!	

1995. oírlo y no remediarlo *MS.*

1996. arrojar *MS.*

1997. vueseñoría *MS.*

2001. Mayor. . . . Marqu s. *MS.*

2007. vueselencia *CV.* vueseñoría *MS.*

2009. poner *CV.*

mm. *Empiezan a marcha, y salen al paso los SOLDADOS y MACOR. MS.*

       Vanse Algunos Soldados.   nn

Don Beltrán [Elvira]. ¿Si hicieren rostro?
Marqués.   ¡Matallos
       alcanzados!
Sargento.   ¡Caminemos!   2020
Marquéss.   En la falda de esta sierra
       está el adüar, sin duda.

    (De adentro dicen «Santiago», y los Otros *dicen* oo
    «Alá vigera», tocando arma cajas y trompetas.)

Marqués.   ¡Pique la caballería!
       [............................]º
Todos.   ¡Santïago, cierra, cierra! *Vanse.* 2025/pp

    Sale Don Lope *tras* Solimán, *a cuchilladas.* qq

Don Lope.   ¡Ríndete, perro!
Solimán.   Cristiano,
       ¿qué has visto en mí que rendido
       esté a tu cobarde mano?,
       porque para ser vencido
       es poco el poder humano.   2030
Don Lope.   ¡Oh, perro!
Solimán.   ¡Estraño valor!
       Si eres el Marqués, espera.
       Detén la espada, señor.
Don Lope.   Si el Marqués de Ardales fuera,
       te hubiera muerto el temor,   2035
        que él no estima el vencimiento
       de un moro solo, que ciento
       son para él pequeña hazaña.
Solimán.   ¡Bravos hombres cría España!
       ¡Notable encarecimiento!   2040

 nn. *Pasen* Todos los Soldados *delante. MS.* qq. ... *acuchillándose. MS.*

 2019. hiciere *CV.* Matarlos *MS.*   2026. Rinde *CV.*

 2020. alcanzadas *CV.*   2036. al valimiento *MS.*

 oo. ... *«Santiago», y* Otro *dicen «Alá vigera», y toque cajas y trompetas al arma. MS.*

Don Lope.	Y es poco, si tiene airada	
	su frente, que da mil muertes	
	cuando la muestra turbada,	
	porque mata de dos suertes,	
	con la vista, y con la espada.	2045
	Y no gastemos en vano	
	el tiempo, moro. A mis pies	
	te rinde o meto la mano.	
Solimán.	¿Qué más dijera el Marqués	
	que tanto alabas, cristiano?	2050
Don Lope.	¡Oh, cobarde!	
Solimán.	No te espero.	
Don Lope.	¿Huyes, alarbe?	
Solimán.	La vida	
	es amable. Vivir quiero.	
Don Lope.	¡Detendrá tu infame huída	
	los filos de aqueste acero!	2055

Vase tras de Solimán, *que huye, y salen* Don Pedro rr
y Don Leonardo *tras de* Algunos Moros.

Don Leonardo.	¡A ellos, don Pedro, amigo,	
	antes que tomen la sierra! *Vanse.*	ss

Sale Filayla, *y* Don Beltrán [Elvira]. tt

Don Beltrán [Elvira].	¡Ríndase el perro, le digo!	
	¡Ande, camine la perra,	
	que segura va conmigo! *Vanse.*	2060/uu

Sale atado Brahén *de una cuerda, tras* Un Soldado. vv

Brahén.	¡Alá, vijera!	
Soldado.	¡Justicia	
	pide a Dios el moro! ¡Acabe,	
	y apele de esta justicia	

---

rr. *Va tras él, y sale... tras* Otros Moros.   uu. *Vase.* CV.
CV.

                                                      uu, vv. *Vanse, y sale* Brahén Boraz, *atado*
tt. ... Elvira *y* Filayla. MS.   *de una cuerda tras de* Un Soldado. MS.

2060. como amigo CV.   2063. Falta «y» en MS.

                              a Mahoma si no sabe
                              las leyes de la milicia!   *Vanse.*   2065/ww

                    Sale MAHAGÚN, *con* DOS CHIQUILLOS *en cueros.*   xx

MAHAGÚN.   ¡No ladrar tanto, perrilios,
                              caliar y no me enojar!
                              ¡Comer de aquestos hijilios,
                              e andar, comendo, e caliar,
                              que estar cerca los gozquilios!º   2070

                              Vanse con ellos.   yy

                    Sale el MARQUÉS *acuchillando a* AMBRÁN.   zz

AMBRÁN.   ¡Detén la espada, cristiano,º
                              que, por Alá, que te temo,
                              según te me representas,
                              armado, terrible y fiero!
                              A tus pies estoy rendido,   2075
                              porque en tu presencia veo
                              que eres ministro de Alá,
                              pues te adoro y te respeto.
                              Usa bien de la vitoria,
                              no hagas vencedor soberbio,   2080
                              y mi dolor y desdicha
                              halle acogida en tu pecho.
MARQUÉS.   ¿Quién eres, moro?
AMBRÁN.   Una sombra
                              del que fui, dichoso un tiempo,
                              y agora el más desdichado   2085
                              que el sol mira y tiene el suelo.
                              Y no es, valiente cristiano,
                              la mayorº mi captiverio

---

ww. *Vase. CV.*   2078. respecto *MS.*

xx. *Salen... CV. ...Dos* MORILLOS*... MS.*   2079. victoria *CV, MS.*

2068. hijillos *MS.*   2082. su *CV.*

2070. gozquillos *MS.*   2085. aora *CV.*   ahora *MS.*

yy. *Vanse. CV.*   2088. cautiverio *MS.*

sino verme sin mi esposa,
que esto lloro y esto siento, 2090
que con ella, aunque captivo,
viviera alegre y contento,
que ni sintiera mi daño
ni la libertad que pierdo.
Dos años ha que la adoro, 2095
y cuatro mil que padezco,
porque eran los días años,
los años siglos eternos,
y al tiempo que el Cielo quiso
dar a mi amor justo premio, 2100
la Fortuna, o mi desdicha
—que esto debe ser más cierto—,
esta noche que era el día
de mi alegre boda, el Cielo
te trujo a aquese adüar 2105
para mi pena y tormento,
porque apenas de Filayla
—que este es su nombre—, en el lecho,
aunque duro, regalado,
por conformarse los dueños 2110
de mi prolijo penar,
cogía el fruto primero
cuando en la guerra de Marte
se trocó la paz de Venus.°
Al ruido dejé mi esposa 2115
y acudí a las armas presto,
dejándola sola y triste
en confusión y en aprieto.
Un moro nos ha vendido,
cristiano, a lo que sospecho, 2120
que de Filayla era amante,
y aborrecido en estremo,
porque aquesta hazaña es hija
de su envidia y de sus celos,
a quien Mahoma maldiga 2125
por traidor y lisonjero.
Muévate mi desventura,

2091. cautivo *MS*.   2116. Falta «y» en *MS*.

2106. tormenta *MS*.

	si eres noble y caballero,	
	para que busque a mi esposa	
	entre las armas y el fuego,	2130
	que, en hallándola, te juro,	
	y por Alá te prometo,	
	de ir a Orán y allí ofrecerte	
	a una cadena dos cuellos.	
MARQUÉS.	Tu historia me ha enternecido,	2135
	y lastimado, el suceso,	
	y de vencedor, vencido	
	me tiene tu humilde ruego.	
	Levántate, hidalgo moro,	
	que la libertad te ofrezco,	2140
	y el favor, para que halles	
	tu Filayla y tu remedio,	
	que, si todos los cristianos	
	que hay en Orán y aquí tengo	
	estuvieran como estás,	2145
	de tan puro amor sujetos,	
	por vida del rey de España	
	—que es lo más que jurar puedo—,	
	que hiciera con todos juntos	
	lo que contigo hoy he hecho.	2150
AMBRÁN.	¡Dame tus pies, gran señor,	
	y dime quién eres luego,	
	para que, en mi pobre tienda,	
	como a Alá, te ofrezca incienso!	
MARQUÉS.	El Marqués de Ardales soy.	2155
	Esto basta, y vete presto.	
AMBRÁN.	¡Déjame que tus pies bese,	
	oh, gran general, de nuevo!	

Salen DON BELTRÁN [ELVIRA] *y* FILAYLA. Aa

DON BELTRÁN [ELVIRA].	No lloréis, hermosa mora,	
	que el llanto no es de provecho.	2160
FILAYLA.	Si no lo fuere, cristiano,	
	serviráme de consuelo.	
AMBRÁN.	¡Filayla!	

2136. subceso [*sic*] MS.

2155. Marqué [*sic*] CV.

2154. como Alá CV.

2159. llores MS.

LOS SUCESOS EN ORÁN

FILAYLA. ¡Esposo querido!,
¿que te miro?
AMBRÁN. ¿Que te veo?
Señor, aquesta es mi esposa, 2165
por quien yo suspiro y peno.

(Híncase de rodillas.) Bb

Tus esclavos, tus cautivos
somos los dos, que tendremos
el cautiverio por gloria,
y por sabrosos los hierros. 2170
MARQUÉS. Don Beltrán, aquesa mora
dejad libre.
DON BELTRÁN [ELVIRA]. Eso deseo,
que su dolor me tenía
triste, lastimado y tierno.
MARQUÉS. La ofrecida libertad 2175
gozad los dos, que más precio
que la goces con tu esposa
que el tesoro más inmenso.
Idos en paz.

Vanse Los Dos. Cc

DON BELTRÁN [ELVIRA]. ¡Gran valor!
AMBRÁN. Esta hazaña guarde el Tiempo 2180
en sus secretos archivos
para que sirva de ejemplo,
que yo dos veces vencido
de tu mano me confieso,
la una, con esta hazaña, 2185
la otra, con ese acero,
pero de entrambos rescate,
sultán valiente, te ofrezco. *Vanse.* Dd
MARQUÉS. ¡Notable amor!
DON BELTRÁN [ELVIRA]. ¡Estremado!
[.........................]° 2190
La mora me lo contó,

2163. Esposo mío *MS.*   Cc. Vanse. *CV.*

Bb. *De rodillas. MS.*   Dd. *Vase. MS.*

	que de sus labios suspenso
	me tuvo un rato.
MARQUÉS.	Y a mí
	me ha sucedido lo mesmo.

Sale TODA LA GENTE tocando cajas a marchar, con los estandartes y guión, y BRAHÉN BEN BORAZ, cautivo.   Ee

SARGENTO.	Camine vuecelencia,	2195
	que ya han marchado los tercios.	
MARQUÉS.	¿Los cautivos y despojos?	
SARGENTO.	El escuadrón lleva en medio.	
GIL.	¡Terrible, señor, ha sido	
	la resistencia que han hecho!	2200
DON PEDRO.	Y la vitoria de hoy	
	milagrosa, que no han muerto	
	ni herido ningún soldado.	
MARQUÉS.	Por tal la estimo, don Pedro.	
	¿Quién es ese moro?	
DON PEDRO.	El jeque.	2205
MARQUÉS.	Muestra valor, aunque viejo.	
	¿Que este es Brahén ben Boraz?	
BRAHÉN.	Brahén soy.	
MARQUÉS.	¿Cómo en tu gesto	
	no muestras esta desdicha?	
BRAHÉN.	Son de la guerra sucesos,	2210
	que igual rostro ha de mostrar	
	en los prósperos y adversos,	
	Sultán, el fuerte varón	
	que se preciare de serlo.	
MARQUÉS.	Tienes razón. A este moro,	2215
	haced muy bien tratamiento.	
	No vaya a pie. En un caballo	
	le acomodad, y marchemos.	
DON LEONARDO.	¿Qué os parece, don Beltrán,	
	de esta guerra?	
DON BELTRÁN [ELVIRA].	Bien, por cierto,	2220
	a ser el provecho igual	
	al trabajo, que es inmenso.	

Ee. *Tocan cajas, y sale TODA LA GENTE, con estandartes y guión, y BRAHEM BEN BORAZ, preso.* MS.

2195. *vueseñoría* MS.

LOS SUCESOS EN ORÁN

Vanse tocando cajas.   Ff

Sale Solimán, *con lanza y adarga, alborotado.*   Gg

Solimán.
    ¡Al arma, al arma, fuertes africanos,
dejad de presto las deshechas tiendas!
¡Mirad que se adelantan los cristianos,   2225
y van cautivos nuestras dulces prendas!
¡Las presas les quitemos de las manos!
¡No aumente su poder nuestras haciendas!
¡Deje la sierra y muestrese en la plaza
quien lanza empuña y el que adarga embraza!   2230
    ¡Volved los ojos y escuchad el llanto
que hay en Tanira, por quien yo me aflijo,
y veréis cómo aquel con su quebranto
consuela al otro que perdió su hijo!
Y yo, que pierdo más, haré otro tanto,   2235
si no convierto en llanto el regocijo
que con vuestro valor haráse trueque
la suerte triste de mi hermano, el jeque.

Sale Un Moro, *con su lanza.*   Hh

Hamete.
    Presto en Tanira tomarán venganza,
que antes que salgan de su propia tierra   2240
han de probar el brío y la pujanza
que aqueste brazo y este pecho encierra.
No hay moro que no apreste adarga y lanza,
el que vive en el llano y en la sierra,
que aprisa todos sus caballos cinchan,   2245
y ellos, furiosos, por correr relinchan.
    ¡Embiste, Solimán, que hoy te promete
vitoria Alá, y su poder Mahoma!
¡Ponte a caballo y pica tu jinete,
y la fuerza cristiana rinde y doma!   2250

Solimán.
El tuyo toma presto, bravo Hamete,
que el cristiano se ve desde esta loma.

Ff, Gg. . . . *cajas, y sale* . . . *MS.*   2236. haránse *MS.*

2224. dejar *MS.*   2239. tomará *MS.*

2238. tanto *MS.*   2248. victoria *MS.*

¡Ea, alarbes, picad, que seis cristianos
no es hazaña morir a nuestras manos! *Vanse.* Ii

Sale el MARQUÉS, *con su* GENTE *tocando cajas.* Jj

DON LOPE.	Aquí en Maquerra vuecelencia puede	2255
	descansar con la gente.	
MARQUÉS.	¿A quién le toca	
	alojar hoy el campo?	
SARGENTO.	A Gil Hernández.	
MARQUÉS.	Capitán, alojadnos de manera	
	que tengamos seguras las espaldas.	
	Poned largas las postas, y dobladas.	2260
	No venga, como suele, alguna tropa	
	de estos alarbes.	
GIL.	Yo tendré cuidado.	
MARQUÉS.	Los esclavos guardará Juan de Sosa,	
	y téngase cuidado con el jeque.	
DON PEDRO.	Ya está armada la tienda. Vuecelencia	2265
	entre a descansar.	
MARQUÉS.	Veré primero	
	cómo están repartidos los cuarteles. *Vase.*	Kk
DON LOPE.	Sed esta noche, don Beltrán, mi huésped.	
DON BELTRÁN [ELVIRA].	Tiéneme ya acogido don Leonardo.	
DON LEONARDO.	A mí me hace merced.	
DON BELTRÁN [ELVIRA].	Ya la recibo	2270
	mas todos tres haremos compañía.	
DON LOPE.	Sea como mandares.	

Vanse, y salen DOS SOLDADOS, *con una caja de atambor.* Ll

SOLDADO 1.º La caja°
servirá de tablero, sor° mercante.

2253. picar; que sois *CV.*

Ii. Falta en *MS.*

Jj. *Sale el* CONDE... *CV. Tocan cajas,
y sale el* MARQUÉS, *con su* GENTE. *MS.*

2255. vueseñoría *MS.*

2260. poner *MS.*

2263. guarde *MS.*

2265. vuesseñoría *MS.*

2268. LEONARDO. *MS.*

2273. seor *MS.*

SOLDADO 2.º	Tome el dado si quiere.
SOLDADO 1.º	Buenas doblas.
SOLDADO 2.º	Ya sabe que se juega cada una 2275
	a nueve reales.
SOLDADO 1.º	¿Son de la galima?º
SOLDADO 2.º	No soy tan venturoso como el otro
	que pescóº setecientos.
SOLDADO 1.º	¡Buena suerte!
SOLDADO 2.º	Un real a nueve.
SOLDADO 1.º	Doce tomo, y digo.

Salen OTROS DOS, *con naipes.*

SOLDADO 3.º	Cereceda, sentaos, y a las pintillasº 2280
	se juegue la pobreza, que entretanto
	estarán las tortugasº en su punto.
SOLDADO 4.º	¿Quién es el cocinero?º
SOLDADO 3.º	Galatea.
SOLDADO 4.º	Guísalos en estremo. Por el naipe
	alce vuacé.
SOLDADO 3.º	Un rey.
SOLDADO 4.º	¡Yo, oh, una cotorra!º 2285
	¡Toda la vida me persiguen sotas!
SOLDADO 1.º	A real paro.
SOLDADO 2.º	¡Qué azarº ha apuntado!

Sale MAHAGÚN.

MAHAGÚN.	¡A bon punto liegar!º
SOLDADO 1.º	¡A doce!
SOLDADO 2.º	¡Topo!
SOLDADO 3.º	¡Sencilla, juro a Dios!
SOLDADO 4.º	¿Qué para el perro?
MAHAGÚN.	Lo que tener no más.º
SOLDADO 3.º	¡Váyase el galgo 2290

2274. quieres *MS.*

2279. SOLDADO 1.º Un real *CV.*

2281. probeza *MS.*

2284. Pon *MS.*

2285. vusarced *MS.*

2288. llegar *CV.*

2290. tener *MS.*

	a jugar con Mahoma!	
MAHAGÚN.	¡Caliar, liebre, que tan buenos estar mis ochavilios como los tuyos!º	
SOLDADO 1.º	¿Para, soº mercante?	
SOLDADO 2.º	¡A diez dos reales!	
SOLDADO 1.º	Doce quiero, y digo.	
MAHAGÚN.	Un cuartilio parar.º	
SOLDADO 2.º	Topo con todos.	2295
SOLDADO 3.º	¡Diez y seis pintas! ¡Juro a Jesucristo, que tiene más ventura que un judío!	
SOLDADO 2.º	Siete, y llevar.	
SOLDADO 1.º	No digo, pase el dado.	
MAHAGÚN.	¡Para!	
SOLDADO 2.º	¿Qué han de parar?	
MAHAGÚN.	¡Con un cuartilio topar con todo el mundo, y pare luego!º	2300

Salen DON LOPE *y* DON BELTRÁN [ELVIRA].   Oo

DON BELTRÁN [ELVIRA].	Gustaré de saber, a fe de hidalgo, la causa principal, señor don Lope, de este vuestro destierro, que deseo veros contento, libre y empleado en quien sé que os merece, por lo mucho que estima doña Clara vuestras cosas.	2305
DON LOPE.	Vos y ella me hacéis dos mil mercedes, y así, por daros gusto, hacia este lado, que hay menos gente…	
SOLDADO 3.º	Barajar reniego.	

(*Apártense.*)   Pp

| DON LOPE. | …podréis oír de un hombre desgraciado una terrible y peregrina historia. | 2310 |

2292. ochavillos *MS.*

2293. seor *MS.*

2296. cuartillo pariar *MS.*

2296. pintos *CV.*

2299. MAHAGÚN. ¡Con un chavo *MS.*

2300. a pare *MS.*

2303. destiero [*sic*] *CV.*

Pp. *Apártanse. MS.*

Don Beltrán [Elvira].	Bien estamos aquí.
Soldado 4.º	¡Cuatro sencillas!
	¡Ah, naipe bujarrón!
Don Lope.	Estadme atento.
Soldado 1.º	¡Oh, pese!
Mahagún.	¡Que pesa más sufrimiento!
Don Lope.	De la noble Salamanca,

       De la noble Salamanca,   2315
madre ilustre de las ciencias,
a quien con oro y cristal
Tormes la corona y cerca,
soy natural, don Beltrán.
Mi apellido y mi nobleza   2320
en España es estimado,
que soy Monroy y Fonseca.
Mi padre, en su mocedad,
tuvo ciertas diferencias
con un caballero igual   2325
en calidad y en hacienda.
Duraron las pesadumbres
hasta que pusieron treguas
los años y la vejez
—que no hay venganza sin fuerzas—,   2330
mas las secretas pasiones
que se juzgaron por muertas
renacieron en sus hijos,
que con la sangre se heredan.
Uno tuvo su contrario   2335
que, a ser dichoso, pudiera
honrar a su dulce patria
con su espada y su presencia.
Mi padre, sin mí, una hija,
en estremo hermosa y bella,   2340
que lo que el Cielo le dio
de hermosa, le dio de necia.
En ella puso los ojos
mi enemigo, de manera
que, temerario, intentó   2345
hacer voluntad la fuerza.
Si era trato entre los dos,
bien entender se pudiera,

2314. Soldado 2.º ¡Qué pesar más sufri-   2326. en la calidad y hacienda *MS.*
miento! *MS.*

                    que eran mozos, y entre mozos
                    no hay recato ni prudencia.   2350
                    Tuve noticia del caso,
                    procuré su muerte fiera,
                    que ha de ser grave el castigo
                    cuando lo ha sido la ofensa.
                    No pudo ser por entonces,   2355
                    por llegar a las orejas
                    de nuestros ya viejos padres
                    mi venganza y su flaqueza.
                    Metiéronse de por medio,
                    por atajar esta guerra,   2360
                    algunas personas graves,
                    y quedó la paz suspensa.
                    Tratóse que por seis meses
                    hiciese el contrario ausencia.
                    Fuése a Toro, y por mi gusto,   2365
                    yo también dejé la tierra.
                    A Alba me fui, de Tormes,
                    y allí su casa y su mesa
                    me ofreció su insigne Duque
                    con majestad y grandeza.   2370

                        (Tocan al arma.)   Qq

                    Después... ¡Pero, al arma tocan!
                    Aquí, don Beltrán, se queda
                    la historia. ¡A tomar caballos!   Vanse.   Rr
SOLDADO 3.º   ¡Muestre el dado!
SOLDADO 4.º   ¡Gentil flema!
                    ¿Húndese con arma el mundo,   2375
                    y pide el dado?
MAHAGÚN.   ¡Sargenta,
                    eso sí, pesia Mahoma!º
SOLDADO 1.º   ¡Siete pintas!
SOLDADO 2.º   ¡Ni ochenta!
                    ¡Cinco son!

                Sale el MARQUÉS, con TODA LA GUARDA.   Ss

MARQUÉS.   ¡Ea, soldados,

2374. SOLDADO 1.º ... SOLDADO 2.º MS.   2378. SOLDADO 3.º ... SOLDADO 4.º MS.

LOS SUCESOS EN ORÁN

	tomar las armas apriesa!	2380
SOLDADO 1.º	¡Oh, pesia tal el Marqués!	
MARQUÉS.	¡Enciendan todas las cuerdas!	
SARGENTO.	¡Apriesa a tomar caballos,	
	que el enemigo se acerca!	
MARQUÉS.	¿Cuántos caballos serán?	2385
SARGENTO.	Docientos.	
MARQU S.	¡Pues, todo muevan!	
	¡Don Fernando Navarrete,	
	con su estandarte, acometa,	
	y acompáñale Gallego,	
	y denme un caballo apriesa,	2390
	que he de ver de aquestos moros	
	la celebrada destreza,	
	que también el andaluz	
	se revuelve en la jineta!	
DON PEDRO.	Ya andan, señor, a las manos.	2395
	Tómele vuestra excelencia.	
MARQUÉS.	¡Caminar y pelear!	
TODOS.	¡Santïago, España, cierra! *Vanse.*	Tt
	Salen SOLIMÁN *y* HAMETE, *huyendo.*	Uu
SOLIMÁN.	¡Ah, venturosos cristianos,	
	y desdichados nosotros	2400
	alárabes africanos,	
	que siempre contra vosotros	
	Alá nos ata las manos!	
	¡Maldito seaº el inventor	
	primero que dio calor	2405
	a este nuevo contrahecho,	
	porque sin duda, sospecho	
	que era cobarde y traidor!	
	Que si no hubiera este día	
	en su defensa arcabuces,	2410

2380. tomad *MS.*

2382. la *MS.*

2383. MAYOR. Aprisa *MS.*

2386. MAYOR. Docientos *MS.*

2396. vueseñoría *MS.*

2398. Santiago y España *MS.*

Tt. Falta en *CV, MS.*

2401. alarbe *CV.*   alabares [*sic*] *MS.*

	no temiera Berbería	
	sus banderas ni sus cruces,	
	su valor ni valentía.	
HAMETE.	¡Huye, Solimán! ¡No esperes	
	la furia del General!	2415
SOLIMÁN.	¡Con su nombre no me alteres,	
	que por Alá estoy tal,	
	que su sombra pienso que eres!	
	¡Pica, Hamete, que es error	
	querer, con fuerza y valor,	2420
	rescatar a Ben Boraz!	
	Tratar su rescate en paz	
	sería mucho mejor. *Vanse.*	Vv

Sale el MARQUÉS, *con* SU GENTE, *tocando cajas.*   Ww

MARQUÉS.	¿Cuántos cayeron, Gallego?	
SOLDADO 1.º	Seis.	
MARQUÉS.	¡Gente cobarde,	2425
	de esta canalla reniego!	
	¡Marche el campo, que es muy tarde,	
	y tomará algún sosiego,	
	que le ha sido un bravo día!	
	Don Pedro, la infantería	2430
	me contenta.	
DON PEDRO.	Es estremada.	
	De su brazo y de su espada,	
	tiembla toda Berbería.	
MARQUÉS.	Hoy muy bien han peleado.	
DON LEONARDO.	¡Ya veo a Orán!	
MARQUÉS.	¡Buenas nuevas!	2435
DON LOPE.	En viéndole, no hay soldado	
	que se queje ni se atreva	
	a decir «Vengo cansado».	
MARQUÉS.	¡Priesa, soldados, lleguemos	

2412. ni su *MS.*

Vv. *Vase. CV.*

Vv, Ww. *Vanse, y vuelve a salir el* MARQUÉS, *al son de cajas, con su* GENTE. *MS.*

2424. cayeron, Leonardo *MS.*

2425. LEONARDO. *MS.*

2436. LEONARDO. *MS.*   nu *CV.*

2439. Aprisa *MS.*

	temprano esta noche a casa! *Vanse.*		2440/Xx
Don Beltrán [Elvira].	Don Lope, atrás nos quedemos,		
	y mientras el campo pasa,		
	hablar un rato podremos,		
	y acabadme de contar		
	aquella famosa historia.		2445
Don Lope.	No sé si me he de acordar,		
	que tengo flaca memoria		
	en cosas que traen pesar,		
	mas creo que dejé el cuento		
	cuando tracé a mi enemigo		2450
	su muerte y su fin sangriento,		
	y temí el justo castigo		
	de mi fiero pensamiento.		
Don Beltrán [Elvira].	Que os apunte es necesario,		
	porque amigos y conformes,		2455
	por camino estraordinario,		
	os fuistes a Alba de Tormes,		
	y a Toro, vuestro contrario.		
Don Lope.	Ya me acuerdo. En ese estado		
	quedamos los dos. Oí		2460
	su suceso desdichado,		
	que de él, sin pensar, me vi,		
	por atrevido, vengado.		

Don Lope, atrás nos quedemos,
y mientras el campo pasa,
hablar un rato podremos,
    y acabadme de contar
aquella famosa historia.
    Después que estuve dos meses,
por huésped del Duque de Alba,
recibiendo mil mercedes
de su mano y de su casa,
por ir a ver a mi padre
que estaba enfermo en la cama,
en un cuartago° en un hora
di conmigo en Salamanca.
En llegando me apeé,
y a pie, con sola esta espada,
a la hora que tañían
a maitines las campanas,
llegué a mi casa contento,
y a diez pasos de distancia
de las puertas, sentí gente

2445. historia famosa   *CV, MS.*   2477. paso   *MS.*

2467. de mi casa   *MS.*

    y cerrar una ventana.
Acudí presto al rüido,   2480
y de la reja más alta
vi bajar un hombre aprisa
—que al temor pintan con alasº—.
Llegué a reconocer,
tiróme dos puñaladas,   2485
retiréme y metí mano
a mi espada y a mi daga.
Él metió mano a la suya,
y de la primera instancia
me dio dos malas heridas   2490
en la cabeza y garganta.
Tentéle el pecho dos veces,
y halléle con buena guarda,
porque sobre un ante doble,
traía un jaco de malla.   2495
Temíle, pero su suerte
le fue infelice y contraria,
que por el ojo derecho,
le pasé de una estocada,
que, cuando ha de suceder,   2500
don Beltrán, una desgracia,
no aprovechan los preceptos
de Pacheco ni Carranza,º
cayó luego, repitiendo:
«¡Jesús, muero! ¡Doña Eufrasia!»,   2505
y conocí el nombre y voz
de mi enemigo y mi hermana.
Quisiera darle el remedio,
que es medicina del alma,
mas hallo la puerta abierta,   2510
y dejo yerma la casa.
Cargué el cadáver pesado
sobre mis hombros y espaldas
—que llevar un cuerpo a cuestas
es tolerable carga—,   2515
y llegando a un monasterio
con él, le dejé en las gradas

2484. reconcerle [*sic*] MS.   2531. ampla [*sic*] CV.

2497. infeliz MS.   2541. plazas MS.

y di la vuelta de presto
para hacer mejor la hazaña,
que, a darme lugar la ronda 2520
de la ciudad, ordinaria,
fuera crüel fratricida
de mi mal nacida hermana.
Partíme luego al mometo
a Alba, y a la mañana 2525
hallaron el cuerpo muerto,
y revuelta Salamanca.
Hicieron sus diligencias
y, para apurar la causa,
vino un alcalde de Corte 2530
con la comisión bien amplia.
Prendiéronme por indicios
y, haciendo mayor probanza,
y por mi descargo leve,
fue la sentencia pesada. 2535
En este trance,° su padre,
viendo no resucitaba°
con mi muerte su hijo muerto,
se apartó de la demanda,
y el Rey desterróme a Orán, 2540
donde sirvo con dos lanzas,
y con el alma y la vida,
a una gallarda africana.
Esta es, galán don Beltrán,
vuestra prima doña Clara, 2545
y de quien tengo, de esposa,
fe cierta y firme palabra.
Por seis años vine a Orán
y en este tiempo, en España,
muriendo mis padres, monja 2550
mi hermana se entró, descalza.
Para cumplir mi destierro,
solos dos meses me faltan
y, en cumpliéndolos, querría
partirme a mi dulce patria. 2555
Y entretanto, a vuestro tío
le podréis dar cuenta larga
sin alterarle, que es viejo,

2551. de descalzas *MS*. 2554. quería *MS*.

	de lo que entre los dos pasa.	
	Esta es mi trágica historia,	2560
	parte dulce y parte amarga,	
	porque no hay vida tan buena,	
	que algo no tenga de mala.	
Don Beltrán [Elvira].	Suspenso me habéis tenido,	
	don Lope, porque es estraña	2565
	y entretenida la historia	
	por lo que tiene de varia,	
	y aunque ha sido lastimosa,	
	os romperá las entrañas	
	la mía, que es mi desdicha	2570
	mayor, por ser mujer flaca,	
	que de una manera u otra	
	que sucedan las desgracias,	
	mujeres y más mujeres	
	han de andar siempre en la danza.	2575
Don Lope.	¿Que sois mujer?	
Don Beltrán [Elvira].	Mujer soy,	
	y porque el Marqués se alarga,	
	venid, que por el camino	
	os diré en breves palabras	
	quién me trae de aquesta suerte	2580
	afligida y desterrada,	
	porque me hagáis amistad,	
	si vos queréis que lo haga.	
Don Lope.	En vuestro favor tendréis	
	una voluntad hidalga.	2585
Don Beltrán [Elvira].	Y vos también, de mi tío,	
	voluntad y hacienda llana. *Vanse.*	Yy

Salen Don Diego *y* Un Tesorero.   Zz

Don Diego.	Con cuidado me tiene la tardanza	
	del Marqués, Tesorero, y dame pena	
	por ir tentado un poco de la gota.	2590
Tesorero.	Eso solo nos puede dar cuidado	
	que a lo demás no hay que tener recelo.	
Don Diego.	Esta noche le aguardo, que es la cuarta	

2571. fiaca [sic] CV.   Yy, Zz. Vanse, y salen ... MS.

2581. desforrada CV.

Tesorero.	que ha que salió de Orán.	
	Será cierto que no lleva la gente más mochila	2595
	que para cuatro días, y si han hecho	
	cabalgada en Tanira, ha sido hazaña	
	nueva en Orán, porque jamás se hizo	
	jornada tan adentro con tres leguas.	
Don Diego.	Tiene el Marqués un ánimo invencible.	2600
	Yo fío que traerá una rica presa.	

(Tocan una campana.) aA

Tesorero.	Una campana señala.	
Don Diego.	¿Si es la gente?	
Tesorero.	El Marqués es, sin duda,	
	que tocan cajas y clarines.	
Don Diego.	¡Qué bien suenan!	

Sale el Marqués, *con* Toda la Gente, *estandarte y guión, tocando cajas, y trompetas.* bB

Tesorero.	El Marqués entra.	
Don Diego.	¡Oh, señor!	
Marqués.	¡Don Diego!	2605
Don Diego.	¿Cómo viene vuecelencia?	
Marqués.	Algo cansado,	
	que ha sido la jornada trabajosa,	
	mas vengo consolado, gracias al Cielo,	
	con una cabalgada razonable.	
Don Diego.	¿Y qué esclavos vendrán?	
Marqués.	Ciento ocho.	2610
Don Diego.	¡Gentil presa!	
Marqués.	He sido venturoso,	
	que traigo a Brahén ben Boraz cautivo.	
Ayén.	Y cuando no trujeras más que a él solo	
	se podía tener esta jornada	
	por lo mejor.	
Marqués.	Así lo entiendo.	2615

bB. ... Gente, *con la misma forma que salió a la compañía, al son de cajas.* MS.

2610. Don Pedro. Ciento y ocho ochenta MS. CV

2605. Diego. ¡Señor MS. vueseñoría MS.

2613. Aun cuando MS.

	Enciérrense en el baño medio todos	
	los esclavos, y denles un refresco.	
	Y Brahén ben Boraz, mujeres y hijos	
	se queden esta noche en la Aduana,	
	y acudiréis a su regalo y gusto,	2620
	que es moro principal y lo merece.	
Tesorero.	Harélo como manda vuecelencia. *Vase.*	cC
Marqués.	A descansar, señores, que a lo mismo	
	me quiero recoger. Venid, don Diego. *Vanse.*	dD
Don Beltrán [Elvira].	Don Lope, aquesta noche en mi posada	2625
	os aguardo, que quiero demos corte	
	en nuestra guerra desigual y fría.	
Don Lope.	Yo tendré, doña Elvira, ese cuidado.	
Don Beltrán [Elvira].	¡Don Lope, pese a mí, hablad más bajo,	
	que está con tanto ojo don Leonardo!	2630
Don Lope.	Habéis hecho muy bien en advertirme.	
Mahagún.	Tener de aquesa esclava lástima,	
	acabar de parliar y andar a casa,	
	que estar cansado e triste la botilia,	
	que apenas dar sustancias aunque la estrujo.º	2635
Don Lope.	¿Todo ha de ser beber?	
Mahagún.	¡Hasta la morte!	
Don Beltrán [Elvira].	Idos.	

Vanse Mahagún *y* Don Lope. eE

Don Leonardo.	¿Qué es esto? ¿Todo el día, don	
	Beltrán, con don Lope?	
Don Beltrán [Elvira].	Hame contado	
	su destierro, que ha sido, por mi vida,	
	una sabrosa historia, aunque de trágica	2640

2616. Suplimos «todos» en lugar de la lectura, obviamente errónea, de *CV* y *MS*, «mediola».

2618. e hijos *MS*.

2622. como lo manda vueseñoría *MS*.

cC. Falta en *MS*.

2627. a nuestra *MS*.

2632. Tened *MS*.

2633. paliar [*sic*] *MS*.

2634. botilla *MS*.

2635. sustancia aunque la esprimo *MS*.

eE. *Vase. MS.* Falta en *CV*.

2638. cotado *CV*.

2640. aun que vajica *CV*. aun de vajica *MS*.

LOS SUCESOS EN ORÁN

	tuvo la mayor parte.	
Don Leonardo.	Son los fines siempre de nuestra vida miserables, que todos vienen en acabar con muerte, pero cuando queréis, sepa la causa de aquel rigor de vuestra airada prima.	2645
Don Beltrán [Elvira].	Mañana lo sabréis.	
Don Leonardo.	¿Dónde os aguardo?	
Don Beltrán [Elvira].	Yo os buscaré primero, don Leonardo.	

FIN DEL ACTO SEGUNDO*

ACTO TERCERO**

Descúbrense dos galeras en lo alto del tablado, y en ellas, Morato, Mamí, Alí y Otros Moros.   fF

Morato.	¡Iza, canalla cristiana! ¡Corten los remos las olas de la mar hinchada y cana, y estas costas españolas sientan la fuerza africana!	2650
Mamí.	¡Bogar apriesa!	
Morato.	¡El timón a Almarza carga, patrón, que la nave se adelanta!	2655
Mamí.	¡Los huesos, Alí, quebranta de esta enemiga nación mi famosa galeota!º ¡Valiente Morato, impida	

2643. vienen a cabar   *MS.*

* Falta en *CV, MS.*

** JORNADA TERCERA.   *CV, MS.*

2653. aprisa   *MS.*

2657. emiga [*sic*]   *MS.*

2659. Morata   *CV.*

fF. *...y Alí... CV. ...galeras, y en ellas vienen los Moros Mamí, Morato y Alí. MS.*

	su viaje y su derrota,°	2660
	que mi Patrona atrevida	
	apriesa la mar azota!	
MORATO.	¡Darle caza, ciar° apriesa!	
	¿De qué nación es?	
ALÍ.	Francesa.	
MAMÍ.	¡Que se alarga!	
MORATO.	¡Ea, canalla,	2665
	no tome puerto, alcanzalla!	
	¡Bogar, que se va la presa!	
	¡Amaina, que favorable	
	le fue el viento!	
MAMÍ.	El puerto toma.	
MORATO.	¡Esta desdicha notable	2670
	me ha de pagar, por Mahoma,	
	esta gente miserable!	
MAMÍ.	Deja el fiero pensamiento,	
	no les des, Arráez,° tormento,	
	que son bárbaros estremos,	2675
	que no hay que culpar los remos	
	si ha sido contrario al viento.	
MORATO.	Grande ocasión he perdido.	
ALÍ.	Morato Arráez, tu suerte	
	por la mejor he tenido.	2680
	Contento puedes volverte	
	con las siete que has rendido.	
MORATO.	En más estimara, Alí,	
	tomar esta gruesa nave	
	que las siete que rendí,	2685
	que fuera hazaña más grave	
	y más honor para mí,	
	que, estando Orán a los ojos,	
	con tan honrados despojos	
	diera pesadumbre a Orán,	2690
	terror a su capitán,	
	y a los cristianos, enojos.	

2664. Mam . Francesa *MS*.   2677. el *MS*.

2665. Morato. Que la ayarga. *MS*.   2679. su *MS*.

2666. alcarlla [*sic*] *MS*.   2680. mayor *MS*.

LOS SUCESOS EN ORÁN

     Pero de no me apartar
     de estas costas, Mamí, juro,
     sin las hundir y abrasar,   2695
     y ningún bajel seguro
     tiene de salir y entrar.
     ¡Iza las velas!
MAMÍ.   Patrón,
     ya iza, pues, la Capitana.
MORATO.   ¡La proa a Cabo Falcón!º   2700
     ¡Bogar, canalla cristiana,
     perezosa es la ocasión!
     ¡A hacer agua a Vergelete!
MAMÍ.   ¡Al tope sube, grumete!
     ¡Descubre el mar!
MORATO.   ¡Iza, iza!   2705
     ¡Siga la Patrona fija!
MAMÍ.   ¡Las proas a Vergelete!

Con mucho ruido se vayan entrando, y sale   gG
DON BELTRÁN [ELVIRA], y DON LOPE.

DON BELTRÁN [ELVIRA].   Ya habéis, don Lope, entendido
     de doña Clara el intento,
     y ella vuestro pensamiento   2710
     también tiene conocido.
     Mi deseo y voluntad
     con la de los dos se ajusta,
     que gusto lo que ella gusta,
     y estimo vuestra amistad,   2715
     y solo resta que habléis
     al Marqués porque a mi tío
     se lo pida, que yo fío
     que en él buen tercero halléis.
     Y yo os acompañaré,   2720
     le informaré de suerte
     que en conyugal lazo fuerte
     vivan tanto amor y fe.
DON LOPE.   Teniendo tan buen tercero,

2693. Pero no me he de apartar *MS*.   2699. se iza *MS*.

2697. ni entrar *MS*.   gG. *Vase entrando la nave mora con mucho estruendo, y salen . . . MS.*

	podré entretener la vida.	2725
	De mi esperanza florida,	
	el fruto coger espero.	
	Al Marqués pretendo hablar	
	y allanar este camino,	
	que con tan bello padrino,	2730
	¿qué no se podrá alcanzar?	
	Y pues hoy en mi remedio	
	has puesto tanto cuidado,	
	para el tuyo, ¿qué has dejado?	
	¿Qué traza tienes, qué medio?	2735
	Que hasta que satisfación	
	tomes de tu justa ira,	
	no ha de tener, doña Elvira,	
	descanso mi corazón,	
	que si don Leonardo, ingrato,	2740
	no quisiere por amor	
	satisfacer a tu honor	
	con hidalgo y noble trato,	
	haré que pague la ofensa	
	y que la palabra dada	2745
	te cumpla, que aquesta espada	
	ha de estar en tu defensa.	
Don Beltrán [Elvira].	Don Lope, si un pensamiento	
	me sale como imagino,	
	creo que ha dado camino	2750
	para salir con mi intento,	
	y cuando no dé lugar	
	mi corta suerte, mi honor,	
	por amor o por rigor,	
	don Lope, se ha de cobrar,	2755
	que una vez con él casada,	
	reparo mi antigua afrenta,	
	que aunque no viva contenta,	
	viviré siquiera honrada.	
Don Lope.	¿Y no sabré qué intención	2760
	es la tuya?	
Don Beltrán [Elvira].	¡Es excelente!	
	Sabréisla antes que la intente,	
	que es nueva imaginación.	

2725. entrener [sic] MS.　　　2754. o por honor MS.

LOS SUCESOS EN ORÁN

	Y advertid tener secreto,	
	don Lope, que soy mujer,	2765
	que nadie lo ha de saber	
	hasta ponerlo en efeto.	
Don Lope.	¿Ni tu prima?	
Don Beltrán [Elvira].	Si es posible,	
	porque entre amantes sé cierto	
	que no hay secreto encubierto,	2770
	que el amor es convenible.	
	Idos, y en el alcazaba	
	me esperad.	
Don Lope.	Allí espero. *Vase.*	
Don Beltrán [Elvira].	Trazar mi remedio quiero,	
	que la dilación me acaba,	2775
	que don Leonardo ha de ser	
	mío por un medio estraño	
	que es la cautela y engaño	
	natural de la mujer.	

Sale Doña Clara.

Doña Clara.	¡Don Beltrán!	
Don Beltrán [Elvira].	¡Prima!	
Doña Clara.	¿Ha venido	2780
	a hablarte don Lope?	
Don Beltrán [Elvira].	Sí,	
	agora se apartó de aquí,	
	de tu amor agradecido,	
	y en la alcazaba me espera	
	para que los dos hablemos	2785
	al Marqués y concertemos	
	la paz de tu guerra fiera.	
Doña Clara.	¡Ay, primo, ningún consuelo	
	puede aplicarme mejor	
	a mi amoroso dolor,	2790
	Tiempo, Amor, Fortuna y Cielo,	
	como verme con mi esposo,	

2764. tened *MS.*

2767. efecto *MS.*

2774. espero *MS.*

2780. Falta «Don» en *MS.*

2782. aora *CV.* ahora *MS.*

	que, alegre con tal marido,	
	gano el descanso perdido,	
	quietud, sosiego y reposo!	2795
	Entra Tapia.	jJ
Tapia.	Don Beltrán, aquí os espera	
	don Leonardo.	
Don Beltran [Elvira].	Aguarde un poco.	
Doña Clara.	¿Qué te quiere aqueste loco?	
Don Beltran [Elvira].	Verte.	
Doña Clara.	¿A mí?	
Don Beltran [Elvira].	Pues, ¿qué te altera?	
	Déjale entrar, por mi vida,	2800
	que importa tener sosiego.	
	Don Lope por él te ruega.º	
Doña Clara.	Por él lo haré, y por tu vida,	
	queº a más que aquesto me obligo.	
Don Beltran [Elvira].	Hazlo así por quien te quiere,	2805
	y a todo cuanto dijere	
	has de conceder conmigo.	
Doña Clara.	Harélo por darte gusto,	
	aunque de verle me pesa.	
	Entre.	
Don Beltran [Elvira].	El bien que se interesa	2810
	es grande, y el trato, justo.	
	Sale Don Leonardo.	kK
	verme con vos.	
Don Leonardo.	Disculpado	
	estáis conmigo.	
Don Beltran [Elvira].	Ocupado	
	doña Clara me ha tendido.	2815
Don Leonardo.	Quien como vos mereciera	
	tanto bien, que mi cuidado,	
	solo en servirle ocupado,	

	por descanso lo tuviera,	
	que, por ventura, obligando	2820
	fuera su hielo encendiendo,	
	y que alcanzara sirviendo	
	lo que no puedo penando.	
Doña Clara.	Ya te he dicho, don Leonardo,	
	otras veces lo que siento.	2825
Don Leonardo.	Y yo dos mil mi tormento,	
	y que en tu nieve me ardo,	
	y pues de tu boca hermosa	
	vertiendo un mayo de flores	
	recibí tantos favores	2830
	aquella noche dichosa,	
	alegra mi triste vida.	
	Pongan treguas con mi amor	
	el aspereza y rigor	
	con que se ve combatida,	2835
	merezca el descanso justo	
	con la pasión tanta pena,	
	y con don Beltrán ordena	
	lo que más fuere tu gusto.	

(*Apártase* Don Beltrán [Elvira] *con* Don Leonardo.)   lL

Don Beltran [Elvira].	Don Leonardo, con mi prima,	2840
	tengo de espacio° tratado	
	esta materia de estado.°	
	Ella os adora y estima,	
	y si rigor y aspereza	
	os mostró, de ella he sabido	2845
	cierta queja, y esta ha sido	
	apurar vuestra firmeza,	
	porque la noche pasada	
	que os habló, me dio a entender	
	que en Málaga otra mujer	2850
	teníades° engañada.	
Don Leonardo.	Mintiéronle, ¡vive Dios!,	
	que si verdad eso fuera,	
	¿quién en el mundo pudiera	

2824. os *MS.*   lL. *Apártase con él* CV. *Aparte* Los Dos. *MS.*

2827. entre nieve me abraso *MS.*

	saberlo mejor que vos?	2855
Don Beltrán [Elvira].	Y aun por saberlo también,	
	la desengañé, y segura,	
	trocó el rigor en blandura,	
	y en tierno amor el desdén.	
Don Leonardo.	¿Es posible, doña Clara,	2860
	que desengañada estás,	
	y que puedo desde hoy más°	
	ver sin capote tu cara,	
	que puedo llamarme tuyo,	
	que puedes llamarte mía,	2865
	y a la perdida alegría	
	a mi alma° restituyo,	
	que me quieres?	
Doña Clara.	(*Ap.*: ¿Qué es aquesto?	
	¿En qué estraña confusión	
	mi afligido corazón	2870
	por don Beltrán está puesto?)	
Don Beltrán [Elvira]. (*Ap.*: Mi prima está temerosa.)		
Don Leonardo. (*Ap.*: ¿Qué suspensión es aquesta?)		
Don Beltrán [Elvira]. (*Ap.*: Que ha de ser vergüenza honesta,		
	que no es posible otra cosa.)	2875
	Háblale, prima querida,	
	que aquí es verdad el mentir.	
Doña Clara.	¿Tanto te importa?	
Don Beltrán [Elvira].	El vivir	
	y alegrar mi triste vida.	
Doña Clara.	El respeto bien nacido,	2880
	don Leonardo, ha sido causa	
	de haber hecho el alma pausa,	
	y la lengua, enmudecido,	
	que, como te ha declarado	
	mi primo, mi amor tan presto	2885
	salió la vergüenza al gesto	
	y de corrida no he hablado.	
	Y no hay mayor evidencia	
	de que te quiero y estimo	
	que declararte mi primo	2890
	mi deseo en mi presencia.	

2872. Falta *Ap.* en *CV, MS.*   2874. Falta *Ap.* en *MS.*

2873. Falta *Ap.* en *MS.*   2880. respecto *MS.*

	Y así, don Leonardo, dejo	
	todo mi bien en su mano,	
	que a seguir siempre me allano	
	su parecer y consejo.	2895
Don Leonardo.	Y yo, en don Beltrán mi vida,	
	mi remedio y mi consuelo.	
Don Beltrán [Elvira].	Los dos le tendréis, si el Cielo	
	no atraviesa quien lo impida.	
(Ap.:	¡Qué bien mi prima lo ha hecho!	2900
	Con este engaño aseguro	
	el descanso que procuro	
	a mi temeroso pecho.)	

Sale Mahagún.

Mahagún.	¿Qué hacer, senior?°	
Doña Clara.	(Ap.: ¡Ay de mí!,	
	¿qué ha de decir este esclavo?)	2905
Mahagún.	¡Ah, Clara, mojer al cabo,	
	no hay más que esperar aquí!	
	Andar por ti mi senior,	
	toda la vida coitado,	
	e tú traerle enganiado	2910
	con decer «Téngole amor».	
Don Beltrán [Elvira].	¡Vete, moro, y no entres	
	en esta casa jamás!	
Mahagún.	¡Ah, caponcilio, de hoy más	
	te pesará que me encuentres,	2915
	que tú ser, y no me enganio,	
	un muy grande alcagotilio!°	
Don Leonardo.	¡Oh, perro!	
Mahagún.	¡Tener cochilio!°	

2894. segir *CV*.

2900. Falta *Ap.* en *CV*.

2904. Falta *Ap.* en *CV, MS*.

2906. morger [*sic*] *MS*.

2910. y tú traerle engañado *MS*.

2911. decir *MS*.

2914. caponcillo *MS*.

2916. engaño *MS*.

2917. Falta «un» en *MS*. alcaguetillo *MS*.

2918. ¡Ah, perro! Mahagun. ¡Tener cochillo! *MS*.

                    (*Saca una daga.*)   nN

Don Beltrán [Elvira]. ¿Qué hacéis?
Mahagún.   ¡Llegar por su danio!º
Don Leonardo.   ¡Vive Dios, que si te veo   2920
                       aquí otra vez, moro infame,
                       que tu sangre vil derrame
                       a palos como deseo!
Mahagún.   ¡Guay, guay, no ofenderº
                       el esclavo, que si toma   2925
                       un ladrillo, por Mahoma,
                       que se saber defender!
                          ¡Y tener en más al moro,
                       que ser don Lope Monroy
                       mi amo!
Doña Clara.   (*Ap.*: ¡Turbada estoy,   2930
                       que lo que temo le adoro!)
                          Vete, Mahagún.
Mahagún.   (*Ap.*: Todos tresº
                       jugar al mohíno a Clara.
                       No tener mais de una cara,
                       una aquí y otra al revés.   2935
                          ¡Abahalula, enganiar
                       a mi amo cada día,
                       no encubrir la portería,
                       vóyselo luego a parliar!   *Vase.*   oO
Doña Clara.   (*Ap.*: ¡Confusa tienen el alma   2940
                       aquestas cosas que veo!
                       Hablar a don Beltrán deseo,
                       por salir de aquesta calma.)
                          Don Beltrán, mira que es tarde.
                       Éntrate a comer.
Don Beltrán [Elvira].   ¿Es hora?   2945

nN. ... *la*... *MS*.   2932. Falta *Ap.* en *CV, MS.*   tries *MS.*

2919. Lliegar por su daño *MS.*   2934. mai de un *MS.*

2928. a el *MS.*   2935. e *MS.*

2929. Lopo Morrión *MS.*   2938. picardía *MS.*

2930. Falta *Ap.* en *MS.*   2941. estas cosas que yo veo *MS.*

Doña Clara.	Sí, primo.		
Don Beltrán [Elvira].	Muy en buen hora.		
Doña Clara.	Adiós, Leonardo.	*Vase.*	pP
Don Leonardo.	Él te guarde.		
Don Beltrán [Elvira].	Bien podéis ir descuidado,		
	don Leonardo, que los dos		
	daremos, si quiere Dios,		2950
	hoy fin a vuestro cuidado.		
Don Leonardo.	No tengo más voluntad		
	que vuestro gusto.	*Vase.*	qQ
Don Beltrán [Elvira].	Engañado		
	te ha de traer tu pecado,		
	a conocer la verdad.		2955
	Mi prima se fue confusa.		
	Quiero entrar a consolalla		
	y para desengañalla		
	descubrirme no se escusa.	*Vase.*	rR

Sale el Marqués, Ayén, *judío,* Gil Hernández, Don Lope *y* Don Pedro.   sS

Marqués.	¿Partió Macor contento, Ayén Cansino?	2960
Ayén.	Y con deseo de venderte presto	
	otro adüar, que lleva setecientas	
	y noventa doblas de esta cabalgada.	
Marqués.	¿Que tantas le cupieron?	
Gil.	Los esclavos	
	fueron ciento y ochenta, y contadas	2965
	cada cabeza a cuatro doblas, suman	
	setecientas y veinte.	
Marqués.	Si me vende	
	el moro otro adüar como el pasado,	
	otras tantas le ofrezco de mi casa.	
	¿Y Brahén ben Boraz no se resuelve	2970
	en este su rescate?	
Ayén.	No desea	
	otra cosa, señor.	

2947. Adiós, don Leonardo *MS.*

qQ. Falta en *CV, MS.*

2956. fue con confusa *CV.*

2957. consolarla *MS.*

2958. desengañarla *MS.*

2959. descubrime *CV.*

sS. *Salen...* Ayén, Gil, Don Lope... *MS.*

Marqués.	¿En qué repara?	
Gil.	En los plazos, que dice que son cortos.	
Marqués.	¿En seis años no puede, holgadamente, pagar once mil doblas?	
Ayén.	Ya se allana a pagarlas en ocho.	2975
Marqués.	¿Y qué rehenes me deja?	
Gil.	Seis personas: dos mujeres, dos hijos suyos y otros dos sobrinos, y en dátiles y plumas y ganado te ha de dar la mitad.	
Marqués.	¿Y qué más pide?	2980
Ayén.	Que seguro le des para cien tiendas, y otro para su hermano de sesenta.	
Marqués.	Todo cuanto pidiere le concedo. Efetúese luego su rescate, y váyase en buen hora, que en él gano al Rey un gran vasallo y aseguro la mayor parte de la Berbería.	2985
Ayén.	Aquesta tarde quedará tratado. *Vase.*	tT
Marqués.	¡Hola!	
Paje.	¡Señor!	
Marqués.	Sacad de mi recámara un baquero de grana guarnecido con pasamanos y almanares de oro,° y llévensele a Brahén.	2990
Don Lope.	Bien merece que honre vuecelencia su persona, que no he tratado más hidalgo moro.	
Marqués.	Es, don Lope, cortés, bien entendido y de buena razón, aunque es alarbe.	2995
Don Pedro.	Bien ha dado a entender que es caballero en los actos que ha hecho de hombre noble.	
Marqués.	Por tal, don Pedro, siempre le he tratado.	

Sale Un Paje.   uU

2979. y en plumas *MS.*

2984 efectúese *MS.*

2992. Brahem *MS.*

2993. vueseñoría *MS.*

2998. con los *MS.*

2999. le traído *CV.*

LOS SUCESOS EN ORÁN   169

PAJE.   El alcaide está aquí de la azugía.°   3000
MARQUÉS   Nuevas hay de la mar. Dile que entre.

                          Vase el PAJE.   vV

                   ¿Si ha entrado la fragata que de Málaga
                   esperábamos hoy?

                   Entra el ALCAIDE, y UN PATRÓN.   wW

MARQUÉS.   Patrón Antonio,
                   ¿cuándo fue la venida?
PATRÓN.   En este punto
                   tomó puerto en la playa mi fragata,   3005
                   que no pensé llegar a salvamento,°
                   que treinta millas me han venido dando
                   caza dos galeotas.
ALCAIDE.   Esto mismo
                   dice el patrón de aquella nave inglesa
                   que en Almarza° tomó ayer tarde puerto.   3010

                          Sale UN PAJE.   xX

PAJE.   De Almarza está, señor, aquí un soldado.
MARQUÉS.   Entre luego. Don Pedro, ¿qué sería,
                   si aquestas galeotas estuviesen
                   en parte donde con la infantería
                   les pudiésemos dar la norabuena?   3015
DON PEDRO.   Ya se ha visto rendir una fragata
                   a puros mosquetazos desde tierra,
                   mas si son de cañón las galeotas,
                   cualquier daño sería de importancia.

                          Entra UN SOLDADO.   yY

3000. de Azugía *MS.*   3010. Almanzo [*sic*] *MS.*

vV. *Sale. CV.*   xX. ... *y el* ... *MS.*   *Entra PAJE. CV.*

wW. *Sale* ... *MS.*   3019. importacia *CV.*

3003. Señor Antonio *MS.*   yY. *Sale* ... *MS.*   *Entra SOLDADO. CV.*

Marqués.	¿Qué tenemos, soldado?	
Soldado.	Por vecino,	3020
	con dos galeras de a veinte y seis bancos,	
	a Morato, el cosario más famoso	
	que ha conocido el mar.	
Marqués.	¿Morato Arráez	
	está en estas costas?	
Soldado.	Y él ha sido	
	el que dio caza a la fragata y nave.	3025
Marqués.	¿Cuándo se descubrieron?	
Soldado.	Ayer tarde,	
	y esta mañana, por reconocerlas,	
	Palma, el alférez, con sesenta hombres	
	salió de Almarza y en el Castillejo	
	se emboscó, y Morato, haciendo aguada,	3030
	se fue a las Alcuibas, que el alférez	
	no le quiso dar carga sin tu orden,	
	y así, señor, me envía a darte aviso,	
	porque las galeotas de estas costas	
	no se han de apartar sin hacer presa	3035
	en los navíos que vendrán de Málaga,	
	porque siempre a los últimos de otubre,	
	traen a estas plazas, como suele, vino.	
Marqués.	Yo les haré que se retiren presto,	
	que si Cabo Falcón y el Castillejo,	3040
	las Halavivas y las Alcosebas,	
	el Vergelete y Tabarrán, que sirven	
	de caletasº al pirata famoso,	
	yo se los armaré de tal manera	
	que huyan de su nombre, y aun del mío.	3045

Entra el Sargento Mayor.   zZ

Marqués.	¡Oh, Sargento Mayor, a qué buen tiempo	
	os habéis ofrecido!	
Sargento.	¿Qué me manda	
	vuecelencia?	

3024. aquestas... Soldado. El *MS.*   3038. esta plaza, como suelen *MS.*

3029. Almanza *MS.*   zZ. Sale... *MS.*

3037. octubre *MS.*   3048. vueseñoría *MS.*

MARQUÉS.	Que se alisten lüego de la gente mejor docientos hombres, todos con arcabuces y mosquetes, y dadles orden que la costa tomen desde Cabo Falcón al Castillejo, y desde Vergelete a Tabarrán, para que desde allí a dos galeotas que trae Morato Arráez, si se acercan o salen a hacer agua, les den carga. Y salga luego el capitán Merino por cabo de la gente, y la de Almarza con su alférez se junte en Castillejo, y ordenar y partirse al momento.	3050 3055 3060
SARGENTO.	Luego al punto saldrá.	
DON LOPE.	Con tu licencia, en aquesta ocasión he de servirte.	
MARQUÉS.	Al Rey, don Lope, haréis un gran servicio. Id en buen hora, que a saber primero vuestro deseo, fuérades por cabo.	3065
DON LOPE.	Por soldado, señor, parto contento.	
MARQUÉ.	Vamos, don Pedro, que he de ver el orden con que sale la gente.	
DON PEDRO.	Tu presencia ha de esforzar, señor, su diligencia.	

Vanse, y sale MAHAGÚN. AAA

MAHAGÚN.	Senior, esperar.º	
DON LOPE.	¿Qué quieres?	3070
MAHAGÚN.	Avisarte de tu danio, e saber que con enganio tratar todas las mojeres.º	
DON LOPE.	¿Qué dices, moro?	
MAHAGÚN.	Que Clara estar en conversación	3075

3049. docientos *MS.*

3051. dales *MS.*

3056. salen hacer *MS.*

3060. ordenarlo, y se parta *MS.*

3061. Mayor. Luego *MS.*

3063. A el *MS.*

3067. parto al contado *MS.*

3072. saber con *MS.*

	con Leonardo y afición	
	le mostrar ojos y cara.°	
Don Lope.	¿Cómo lo sabes?	
Mahagún.	Saberlo	
	porque venir de su casa	
	de buscarte, y lo que pasa	3080
	Mahagún con el ojo verlo.°	
Don Lope.	¿Estaban solos?	
Mahagún.	Con elios°	
	estar su primo, que era	
	de los dos la cobertera.	
	No te fiar, no creerlios,	3085
	que porque a buscarte entré	
	Leonardo sacó el cochilio	
	y el beliaco alcagotilio	
	también decir no sé qué,	
	y lo mais que aquí saber	3090
	que Clara reñir al moro.	
	¡Ah, senior!, ¿que hacerte toro	
	e no lo querer creer?	
Don Lope.	Calla, Mahagún, que el intento	
	no sabes de don Beltrán.	3095
Mahagún.	Sí saber. Venir a Orán	
	a ponerte el cornamento.	
	No te fiar de parientes,	
	que te quitar el descanso,	
	mas como te ver tan manso,	3100
	parecer que lo consentes.°	

        Sale Don Beltrán [*Elvira*].   BBB

    Verle venir ahí. ¡Hidepota,
    qué carilia que tener!

3078. Mahag n. Saber *MS*.   3088. biliaco alcogotillo *MS*.

3081. vello *MS*.   3091. sinior, que hacer el toro *MS*.

3082. ellos *MS*.   3100. mais *MS*.

3084. corbertiera [*sic*] *MS*.   3103. carilla *MS*.

3087. cochillo *MS*.

	¡A acertar a ser mojer,	
	cerca estaba de ser pota!º	3105
Don Beltrán [Elvira].	¿Qué ha sucedido en la mar,	
	don Lope, que apriesa envía	
	el Marqués la infantería?	
Don Lope.	Hale venido a avisar	
	que Morato en estas costas	3110
	se recoge y toma puerto.	
Don Beltrán [Elvira].	¿Si será el aviso cierto?	
Don Lope.	Así lo han dicho las postas,	
	y al Castillejo la gente	
	sale a armarle una emboscada	3115
	por si acaso a hacer aguada	
	llega el cosario valiente.	
Don Beltrán [Elvira].	¡Qué buena suerte sería	
	si antes que deje la costa	
	le diese ayuda de costaº	3120
	en plomo la infantería!	
Don Lope.	Si llega a tiempo Merino,	
	y él se acerca y le dan carga,	
	yo digo que en hora amarga	
	Morato a estas costas vino.	3125
Don Beltrán [Elvira].	Según apriesa marchaba,	
	ya estará en Almarza.	
Don Lope.	¡Vuela,	
	moro, ensilla a Valenzuela!º	
Mahagún.	¿Para qué ensiliar?	
Don Lope.	¡Acaba!	
Don Beltrán [Elvira].	¿Salís fuera?	
Don Lope.	No he podido	3130
	refrenar mi inclinación,	
	que hallarme en esta ocasión	
	tengo al Marqués ofrecido.	
	¿Qué esperas?	
Mahagún.	Yo iré a ensiliar. *Vase.*	CCC

3104. Falta «A» en *MS*.

3107. Falta «don Lope» en *MS*.   apriesa *MS*.

3114. las gentes *MS*.

3115. salen a armasrle *MS*.

3123. caza *MS*.

3126. aprisa *MS*.

3127. Almanza *MS*.

Don Lope.	Doña Elvira, de mal ojo	3135
	te mira Mahagún.	
Don Beltrán [Elvira].	Su enojo	
	es fácil de remediar.	
	¿Ha contado cómo halló	
	a don Leonardo en mi casa?	
Don Lope.	Ya sé todo lo que pasa.	3140
	Justamente se enojó.	
Don Beltrán [Elvira].	A saber de qué manera	
	está el descanso trazado	
	del mío y vuestro cuidado,	
	con más sosiego viniera,	3145
	y pésame de que hagáis,	
	don Lope, esta tarde ausencia,	
	porque con vuestra presencia	
	mis intentos esforzáis.	
	Pero, partid con contento,	3150
	que si volvéis con salud,	
	sosiego, paz y quietud	
	tendrá vuestro pensamiento.	
Don Lope.	Por tenerle y obligar	
	al Marqués, don Lope, parte,	3155
	que° quien sigue a Amor y Marte	
	todo ha de ser pelear.	
Don Beltrán [Elvira].	Poneos° a caballo luego,	
	que es tarde.	
Don Lope.	Bien sé la tierra. *Vase.*	DDD
Don Beltrán [Elvira].	Ruego a Dios que de esta guerra	3160
	salgáis como se lo ruego. *Vase.*	EEE

Salen el Capitán Merino y Palma, el Alférez,   FFF
Dos o Tres Soldados, con sus arcabuces.

Capitán.	Señor Palma, la ocasión	
	está en la mano. El consejo	
	se ha de asir de la razón.	
Palma.	Morato es cosario viejo,	3165

EEE. Falta en *MS*.   3156. sigue Amor   *CV, MS*.

FFF. ... *Merino, Palma, el Alférez y*   3162. Merino. *MS*.
Algunos Soldados, con arcabuces. *MS*.

	y ha de mudar de intención.	
Capitán.	Si en las Alcosebas dio	
	anoche fondo, esta tarde,	
	si a Tetuán no partió,	
	¿no es forzoso que le aguarde	3170
	adonde el Marqués mandó?	
	Aquí está bien la celada,	
	que en Vergelete yo fío	
	que no entre a hacer aguada,	
	y este parecer es mío,	3175
	si otra razón no hay fundada.	
Palma.	No hay más, Capitán, que hacer.	
	Resuelto a seguirte estoy,	
	aunque había que temer	
	que aguada no ha de hacer hoy	3180
	donde vi que lo hizo ayer.	
	Antes fuera lo más cierto	
	hacerla donde promete	
	un cosario tan experto,	
	por tener a Vergelete	3185
	más apartado del puerto,	
	pero en tu experiencia dejo	
	mi discurso, y la celada	
	está bien en Castillejo,	
	que a prima será acertada	3190
	tu prudencia y tu consejo.	
Capitán.	¿Las atalayas están	
	bien repartidas, Sargento?	
Sargento.	No hay que temer, Capitán,	
	que de cualquier movimiento	3195
	aviso cierto darán.	

Sale Don Lope, *y* Mahagún.   GGG

Don Lope.	¡Oh, Capitán!
Capitán.	¡Oh, señor!,
	¿qué venida es esta?

3167. Merino. *MS.* 3194. Soldados. *MS.*

3169. pasó *MS.* 3197. Capitán! Merino. *MS.*

3192. Merino. *MS.*

Don Lope.	Ha sido	
	querer, de vuestro valor,	
	llevar a España aprendido	3200
	de Vejecio lo mejor.	
	Vengo a ser vuestro soldado,	
	con orden de vuecelencia.	
Capitán.	Buen socorro me ha enviado,	
	porque con vuestra presencia	3205
	ánimo y valor me ha dado.	
Mahagún.	Senior Capitán, dejar	
	al moro también hacer	
	que sin alcaboz tirar	
	morrilio, que parecer	3210
	bala gruesa al disparar,	
	que al llegar el mojicón,	
	aquí traer mi machete.º	

(Saca una bota.)   HHH

Sale Un Soldado.   III

Capitán.	¿Qué tenemos, Salmerón?	
Soldado.	¡Que hoy el Cielo te promete	3215
	una gallarda ocasión!	
	Dos leguas viene a la mar	
	Morato. La vista tiende	
	y podráste asegurar.	
Don Lope.	La Capitana el mar hiende.	3220
Capitán.	Y la Patrona a la par.	
	Antes que anochezca llega	
	a aqueste puesto el pirata.	
	[............................]º	
Don Lope.	¡Qué bien por ondas de plata	3225

3203. su señoría *MS.*

3204. Merino. *MS.*

3207. diejar *MS.*

3208. hacier *MS.*

3209. alcabuz *MS.*

3210. morillo, que pariecer *MS.*

3211. dispariar *MS.*

HHH. ... *la* ... *MS.*

3214. Merino. ¿Qué tenemos, Solmerón? *MS.*

3221. Merino. *MS.*

LOS SUCESOS EN ORÁN 177

	la galeota navega!	
PALMA.	¡Fanal ha puesto!	
DON LOPE.	¡El trinquete° amaina!	
CAPITÁN.	¿Navega o vuela?	
DON LOPE.	¡Ya izan el borriquete!°	
CAPITÁN.	¡Qué bien navega sin vela!	3230
DON LOPE.	¡Ya dejan a Vergelete!	
PALMA.	¡Hacia nosotros han puesto aquestas las proas! ¡No pierdas la ocasión que hay!	
CAPITÁN.	¡Presto, enciendan todas sus cuerdas y esténse en este puesto!	3235

Descúbrense las galeras en lo alto, MORATO, MAMÍ y MOROS, con arcabuces.   JJJ

| MORATO. | ¡Ferros a la mar, Mamí, y tome una plancha! ¡Atierra! ¡Salga a hacer aguada Alí! | |
| MAMÍ. | ¡Planchas a la mar! ¡Tierra, a tierra la plancha, y aguada haga aquí! Primero que hacer aguada, salgan, Alí, a aquestas peñas. Se dé una carga pesada por si acaso entre esta breñas hubiera alguna emboscada, que la fragata que ayer dimos caza a Orán daría aviso, y es de creer que saldrá la infantería, por si nos pueden ofender. | 3240
3245
3250 |

3228. MERINO. *MS.*

3230. MERINO. *MS.*

3233. a mira, y proas *MS.*

3234. MERINO. *MS.*

3235. todos *CV.*

JJJ. . . . *galeras con* MORATO, MAMÍ *y* MOROS, *todos con alcabuces. MS.*

3240. Tierra, tierra *MS.*

3241. Falta en *MS.*

3243. salga *MS.*

                    (Disparan dos o tres arcabuces.)   KKK

Don Lope.   ¡Qué gentiles mosquetazos!
Capitán.   ¡Buena salva es esta!
Mahagún.   ¡Ah, perros,
                    disparar, que más baliazos
                    que hacéis vosotros los cerros,   3255
                    os harán nuestros ballazos!º
Morato.   No responden. ¡Tomar tierra,
                    Mamí, presto!
Capitán.   ¡Ea, soldados,
                    no tomen de balde tierra!
                    ¡Hagan todos como honrados!   3260
                    ¡Cargar presto! ¡España, cierra!

            (Tiren mosquetazos los Unos desde abajo, y los   LLL
            Moros desde arriba, tocando una caja al arma.)

Morato.   ¡Perdidos somos, Mamí!
                    ¡Recoge la gente! ¡Carga
                    con tus mosquetes, Alí!
Alí.   ¡Morato, a la mar te alarga!   3265
Morato.   ¡Picar, cabos! ¡Resistí!º
Alí.   ¡Dar a la bomba, que abierta
                    está la Patrona! ¡Herido
                    está Morato! ¡A cubierta!
                    ¡Acudid, moros, que ha sido   3270
                    nuestra desventura cierta!
Don Lope.   ¡Darles otra carga!
Morato.   ¡Cía,º
                    vil canalla, que Mahoma
                    nos es contrario este día!
Mamí.   ¡A las Alcosebas toma,   3275

3253. Merino. MS.

3254. porrazos MS.

3256. bailazos CV.

KKK. *Disparan algunos tiros.* MS.

3258. Merino. MS.

LLL. *Trábase una batalla de tiros, Unos desde arriba, que serán los Moros, y los Cristianos desde abajo, y mientras la pelea tocan al arma.* MS.

3266. Resistir CV, MS.

MMM. *Cúbrense . . .* MS.

	que se alargan!	
Alí.	¡Cía, cía!	

Encúbrense las galeras, y sale Un Forzado, *mojado y medio desnudo.* MMM

Don Lope.	¿Qué moro es este?	
Forzado.	No soy,	
	soldado, sino cristiano,	
	que el Cielo me ha dado hoy	
	la libertad de esa mano,	3280
	pues vivo y con ella estoy.	
	Herrado a un remo he vivido	
	diez años, y desherrado,	
	al mar me arrojé atrevido,°	
	y de Morato escapado,°	3285
	que va mortalmente herido.	
Capitán.	¿Que herido va?	
Forzado.	Un mosquetazo	
	le pasó el muslo derecho,	
	parte del cuello un balazo,	
	y de una astilla deshecho	3290
	lleva la mitad de un brazo.	
	El estrago que en su gente	
	ha hecho la infantería	
	podéis saber fácilmente.	
	Docientos turcos traía,	3295
	y no lleva vivos veinte.	
	El daño ha sido notable,	
	que sin los muertos y heridos,	
	que es un daño irremediable,	
	huyen los cabos perdidos	3300
	sin jarcia, antena ni cable.	
Capitán.	Señor don Lope, este ha sido	
	suceso maravilloso,	
	pues sale huyendo y vencido	
	el cosario más famoso	3305
	que este mar ha conocido.	

3278. soldados *MS.*	3299. Falta «que» en *MS.*
3284. a el *MS.*	3300. huye *CV.*
3298. si los *MS.*	3302. Merino. Señor don Lope, esto *MS.*

	Id a Orán, y este soldado	
	vaya con vos, y al Marqués	
	contaréis lo que ha pasado,	
	que digna la nueva es	3310
	de embajador tan honrado,	
	que yo con la infantería	
	poco a poco iré marchando.	
Don Lope.	Capitán, ventura es mía	
	porque estaba deseando	3315
	llevarla por vida mía.	
	Partiré luego. Conmigo	
	podéis venir, gentilhombre.	

Vase MERINO, y DON LOPE, tocando cajas.   NNN

Mahagún.	¡Tras mí vener!°	
Forzado.	Ya te sigo.	
Mahagún.	¿Haber tragado, bon hombre,	3320
	mucha agua?°	
Forzado.	Y salada, amigo.	
Mahagún.	Con la sal poder beber	
	de vino una vececilia.°	

(Saca una bota.)   OOO

Forzado.	¡Dios os lo pague!	
Mahagún.	Beber,	
	empinad más la botilia.	3325
	¡Ben lo tragar, sed tener!° *Vanse.*	PPP
Mamí, *dentro*.	¡Toma tierra! ¡Plancha al mar,	
	que desembarca Morato!	

Sacan a MORATO herido, teniéndole de los brazos MAMÍ y ALÍ.   QQQ

3318. hombre honrado *MS.*   OOO. . . . la . . . *MS.*

NNN. *Vase MERINO tocando cajas.* *CV.*   3325. botilia *CV.*

3319. venir *MS.*   PPP. Vase. *CV.*

3321. mucho *MS.*   3327. lancha *MS.*

3323. vececilla *MS.*

MORATO.	Aquí en Magaragua° un rato	
	podré, Mamí, descansar.	3330
	Y ayudadme, que no puedo	
	tenerme en pie, que la herida	
	del muslo tiene la vida	
	entre la esperanza y miedo.	
ALÍ.	¿La del cuello date pena?	3335
MORATO.	Esa es, Alí, la peor.	
MAMÍ.	Muestra, Morato, valor,	
	y de tu salud ordena.	
	Déjate curar.	
MORATO.	¿Qué cura	
	puede atajar tanto mal?	3340
	Estoy, amigos, mortal.°	
ALÍ.	¡Qué terrible desventura!	
MORATO.	¡Qué cierto salió, y° fiel,	
	lo que una griega me dijo,	
	pues que mi muerte predijo	3345
	antes que volviera a Argel!	
MAMÍ.	No des crédito a hechiceras,	
	que vivo verás su puerto.	
MORATO.	Muerto será lo más cierto,	
	Mamí, que es mi mal de veras.	3350
	¡Ah, Mahoma, qué engañado	
	de tu poder he vivido,	
	pues a Morán° han traído	
	a tan miserable estado!	
	Confiado en tu poder,	3355
	dejé el nombre de cristiano,	
	mas lo que puede tu mano	
	en mí lo he echado de ver,	
	pues que solos seis cristianos	
	en mí tal estrago han hecho,	3360
	que me han puesto en estrecho,	
	y a ti cortadas las manos.	
	¡Ah, Marqués de Ardales, fuerte,	
	famoso te hará esta hazaña,	

QQQ. ... *trayéndole* ... MS.   3358. hachado [*sic*] MS.

3341. *amigo* MS.   3361. *en el estrecho* MS.

3353. *Morato* MS.   3362. *y así* MS.

	que si muero, das a España	3365
	vida en mi temprana muerte,
	que tantos triunfos ganados,
	que tantas glorias altivas
	que tantas almas cautivas,
	que tantos mares surcados,	3370
	y al fin, tanta opinión
	que al Cielo pudo ensalzarme,
	hoy no ha podido escusarme
	de fatal perdición!
Mamí.	No te apasiones, y advierte	3375
	que te desangras.
Morato.	¿De sangre,
	qué cuerpo, Mamí, sin sangre,
	despojos son de la muerte?
	Y pues que de ella señales
	con turbados ojos veo,	3380
	antes que muero deseo
	que deis muestra de leales.
	Mi Capitana, Mamí,
	te dejo por tu valor.
	De la Patrona, señor	3385
	será, si muriere, Alí.
	Haced los dos juramento
	—alzad, alzad esas manos—
	de ser contra los cristianos
	rayo y cuchillo sangriento.	3390
Mamí.	Juro, Morato, por la ley bendita
	que en el santo Alcorán nuestro profeta
	por solo nuestro bien nos dejó escrita,
	y la guardamos como la ley perfeta,
	y por los huesos que en la Gran Mezquita	3395
	adora el Gran Señor, teme y respeta,
	que he de ser del cristiano azote duro.
Alí.	Lo mismo que Mamí, Morato, juro.
Morato.	Con eso, amigos, contento
	partiré a gozar de Alá.	3400
Alí.	Sin ningún calor está.

3382. muestras *MS*.   3394. perpefecta [*sic*] *MS*.

3391. Juro, Mamí *MS*.   3395. real mezquita *MS*.

3392. nuestro *MS*.   3396. respecta *MS*.

Morato.	Llevadme a mi alojamiento.
	Quizá cobraré en la mar
	lo que pierdo en Magaragua,
	porque el pez fuera del agua 3405
	no se puede conservar.
	Llevadme a mi galeota.
Alí.	Alza, Mamí, y en su lecho
	le pongamos.
Mamí.	Yo sospecho
	que ya acabó su derrota. *Vanse.* 3410/RRR

Sale Don Leonardo, *y* Don Beltrán [Elvira]. SSS

Don Leonardo.	¿Que hubo de estar ocupado
	hoy el Marqués?
Don Beltrán [Elvira].	¿Qué ha perdido?
Don Leonardo.	El quedar hoy conclüido
	y estar con menos cuidado.
Don Beltrán [Elvira].	Que no os dé pena. Mañana 3415
	lo podremos conclüir
Don Leonardo.	¿Quién ha de poder vivir
	esperando hasta mañana?
	A fuerte punto el pirata
	vino a estorbar mi sosiego. 3420
	De su venida reniego,
	pues que con ella me mata.
	¡A él, y a su galeota,°
	se tragara la mar fiera,
	una rémora° impidiera 3425
	su viaje y° su derrota,
	en algún escollo u roca
	topara por desventura,
	y de él fuera sepultura
	un tiburón o una foca, 3430
	primero que a estas riberas,
	a estas márgenes y rayas,

3401. color *MS.*

RRR, SSS. *Vanse, y sale* ... *MS.*

3412. Y qué *MS.*

3421. de mi fortuna *MS.*

3422. pues su venida *MS.*

3427. o roca *MS.*

3429. sepoltura *MS.*

	a estas costas, a estas playas,
	llegara con sus galeras!
	Don Beltrán, si mi tormento, 3435
	si mi pasión y fatiga,
	y si la amistad obliga
	a procurar mi contento
	para que yo tenga vida,
	antes que don Lope venga, 3440
	haced hoy como el sí tenga
	de vuestra querida prima.
Don Beltrán [Elvira].	Pues, ¿qué dudáis?
Don Leonardo.	Que el favor
	del Marqués su intento fuerza.
Don Beltrán [Elvira].	Por ser quien es, será fuerza 3445
	vivir con este temor,
	y el mismo que tenéis vos
	tiene mi prima, y así
	habéis de hallar en mí
	un grande amigo los dos, 3450
	que al Marqués yo os daré llano,°
	porque sé lo que° me estima,
	y delante de él mi prima
	os ha de dar hoy la mano.
	Y esperadme aquí un momento, 3455
	que con su manto, cubierta
	saldrá.
Don Leonardo.	Mi ventura es cierta,
Don Beltrán [Elvira]. (*Ap.:*	Más lo ha de ser su tormento.)
	Y en saliendo don Leonardo,
	sin deteneros ni hablarla, 3460
	al alcazaba llevarla.°
	Idos, porque allá os aguardo. *Vase.* TTT
Don Leonardo.	No espera que amanezca la mañana
	con tanto gusto enfermo, fatigado,
	que sin dormir un sueño, desvelado 3465
	le ha tenido la fiebre y la cuartana.
	Mira alegre el labrador que afana
	que al ocaso se ponga el sol dorado,
	para dejar la reja y el arado

3432. márgenes pasara *MS.*   3448. y a fe *CV, MS.*

3433. Costas y a *MS.*   3458. Más ha *MS.*

	con que la vida y el sustento gana,	3470
	ni abeja aguarda tan contenta el mayo	
	para en vasos de rubia y blanca cera	
	darnos en miel lo que cogió rocío,	
	cuanto alegre mi alma° el claro rayo,	
	con nuevo resplandor, que salga espera,	3475
	del sol de doña Clara, oriente mío.°	

Sale TAPIA. UUU

TAPIA. ¿Qué aguarda aquí, don Leonardo?
DON LEONARDO. ¡Tapia amigo!
TAPIA.   ¿Todavía
dura la melancolía?
En fin, sois mozo y gallardo, 3480
que no os cansa el desfavor
ni el desprecio de mi ama.
Mas dicen que quien bien ama
tarde olvida loco amor.
DON LEONARDO. ¿Tanto, Tapia, me aborrece? 3485
TAPIA. ¡Es tan áspid doña Clara!
Ni en vuestras quejas repara,
ni fe ni amor agradece.
Y sabe Dios que mil cosas
en vuestro favor he dicho, 3490
mas hanme puesto entredicho
sus razones temerosas.
Solo con don Lope ha sido
tratable como una cera.
DON LEONARDO. ¿Tanto priva?
TAPIA.   Es de manera 3495
que hoy ha de ser su marido,
y anda revuelta la casa,
porque es víspera de boda.
DON LEONARDO. (*Ap.*: Todo por mí se acomoda,
que bien sabe lo que pasa.) 3500
Vos venís mal informado,
Tapia, que yo sé otra cosa.
TAPIA. ¿Cómo otra cosa? Su esposa

3476. De acuerdo con el sentido y la rima del terceto, enmendamos «mío» en lugar de «nuevo», como consta en *CV* y *MS*.

3486. ¿Tan áspid es doña Clara? *MS*.

3487. Ni vuestras *MS*.

                    es, juro a Dios consagrado,
                        y es desmentirme en la cara   3505
                    decir que me engaño.

  Va saliendo, cubierta de un manto, Doña Elvira [Don Beltrán]. VVV

Don Beltrán [Elvira].   ¡Ce!
Don Leonardo. Adiós, Tapia.   *Vanse.* WWW
Tapia.   ¡Bien, a fe!,
                    ¿no es aquella doña Clara?
                        Ella es. No hay fuerte pecho
                    si el hombre sufre y porfía,   3510
                    que este decir cada día
                    «Quiérote bien» que no ha hecho.

     Sale Doña Clara.   XXX

Doña Clara. ¡Tapia!
Tapia.   ¡Señora! (*Ap.*: ¡Qué presto
                    la humana malicia infama
                    una recogida dama   3515
                    si ve un acto decompuesto!
                        ¡Y que sin rienda juzgué
                    a doña Clara loca,
                    decid, ojos, lengua y boca,
                    que mentí, que me engañé!)   3520
Doña Clara. ¿Qué discurrís entre vos?
Tapia.   Castigaba un pensamiento,
                    porque el arrepentimiento
                    luce en los ojos de Dios.
Doña Clara. ¿Ya dais en ser buen cristiano?   3525
Tapia.   Dios sabe quién es el bueno.
Doña Clara. ¿Y fue contra honor ajeno
                    el pensamiento liviano?
Tapia.   Contra ti.
Doña Clara.   ¡Jesús!
Tapia.   Confieso
                    que sospeché mal de ti.   3530

 VVV. *Sale* Don Beltrán *cubierto de un manto,* CV. 3519. diciendo lengua MS.

  3521. discurréis MS.

 WWW. Falta en *CV*.

Doña Clara.	¿Habéis visto, Tapia, en mí	
	algún desorden o exceso?	
	Decid luego lo que pasa.	
	Sabré en lo que estoy culpada.	
Tapia.	Vi salir, sola y tapada,	3535
	una mujer de tu casa,	
	y a don Leonardo que estaba	
	aguardándola en la puerta,	
	le dio la mano, y cubierta,	
	con él se fue a la alcazaba,	3540
	y tanto le parecía,	
	que di crédito a mis ojos.	
Doña Clara.	Fueron livianos antojos	
	de vuestra melancolía,	
	que no ha salido mujer	3545
	de esta casa. ¡Es desvarío!	
	(*Ap.:* ¡De su malicia me río!)	
Tapia.	Aqueso debe de ser.	
	Resuelta mi duda queda.	
Doña Clara.	(*Ap.:* El pensamiento me admira	3550
	de mi prima doña Elvira,	
	—Ruego a Dios bien le suceda—	
	que múdase traje y nombre,	
	buen ánimo y buen amar,	
	mas a que no dan lugar	3555
	las sinrazones de un hombre.)	

Sale Mahagún. YYY

Tapia.	¡Mahagún!	
Mahagún.	¡Albricias,° seniora!	
Doña Clara	¿Viene don Lope?	
Mahagún.	Ya viene	
Doña Clara.	¿Dónde está? ¿Quién le detiene?	
Mahagún.	No estar en Orán agora.°	3560
Doña Clara.	¿Viene bueno?	
Mahagún.	No traer	
	perna ni brazo cortado,	
	mas venir descaliabrado	

3554. amor *MS*. 3558. Ya vino *MS*.

3557. siniora *MS*.

188   *LUIS VÉLEZ DE GUEVARA*

	del amor que te tener,	
	y envïarme mi senior	3565
	para decirte un secreto.°	
Doña Clara.	Dilo, que Tapia es discreto.	
Mahagún.	A solas ser lo mejor.	
	Llegar la oreja.	
Tapia.	(*Ap.:* Este esclavo	
	parece un grande alcagüete.)°	3570
Doña Clara.	Di que sí lo haré. Anda, vete.	
Mahagún.	Entender.	
Doña Clara.	Ya estoy al cabo.°	
	Entra, Tapia, que voy fuera.	
Tapia.	¡Andar con esta tahona°	
	quien aqueste oficio abona!	3575
	¡Con él rabie, y con él muera! *Vanse.*	ZZZ

        Sale el Marqués *hablando con Un* Soldado,   aaa
        Don Pedro *y* Gil Hernández.

Marqués.	¿A qué hora decís se oyó, soldado,	
	el ruido en Santa Cruz?	
Soldado.	A prima noche.	
Marqués.	El suceso me tiene con cuidado.	
Don Pedro.	No tardará el aviso.	
Marqués.	Aunque trasnoche	3580
	y aguarde en pie que el sol del mar sacuda	
	los hermosos caballos de su coche,	
	he de salir, don Pedro, de esta duda,	
	que si carga les dio la infantería	
	que Morato la dio será sin duda.	3585
Gil.	Si a prima noche fue la batería,	
	vuecelencia repare, que la gente	
	ha de entrar en Orán salido el día.	
Marqués.	El cuidado que tengo no consiente	

3562. pierna *MS.*   3572. Entendier *MS.*

3568. solías es lo mijor *MS.*   3573. Entra *MS.*

3569. Liegar *MS.*   Falta *Ap.* en *MS.*   ZZZ, aaa. Vanse, y salen . . . con Un Es-
                                                                      cudero *o* Soldado, . . . *MS.*

3570. es *CV.*

                                                         3587. vueseñoría *MS.*

3571. Doña Clara. Sí *MS.*

LOS SUCESOS EN ORÁN

	sosiego, Capitán, que tiene el alma	3590
	muy desvelada la ocasión presente,	
	y aunque me tiene la tardanza en calma,	
	promete el buen suceso que deseo	
	la buena dicha de Merino y Palma.	

Sale Don Leonardo, *y de la mano traiga a* Don Beltrán [Elvira]. bbb

Don Leonardo.	¡Que tanto bien merezco, no lo creo!	3595
	Aquí está doña Clara, su excelencia,	
	[..]°	
Don Beltrán [Elvira].	Mi justicia asegura su presencia.	
Don Leonardo.	Seguro puedo llegar.	
Marqués.	¿Qué dama es está?	
Don Leonardo.	Señor,	3600
	yo y ella de tu favor	
	nos venimos a amparar.	
	Doña Clara Contador,	
	que es esta dama tapada,	
	de mi amor y fe obligada,	3605
	y yo, de su fe y amor,	
	queremos que en tu presencia	
	aqueste amor se confirme,	
	y para que esté más firme,	
	ha de ser con tu licencia.	3610
Marqués.	Don Leonardo, a doña Clara	
	estimo lo que es razón	
	tanto por su condición	
	como por su buena cara,	
	y su padre no le diera	3615
	de su mano tal marido	
	como le tiene escogido,	
	aunque mil años viviera,	
	y en una estrella los dos,	
	creo, debistes nacer,	3620
	pues vos halláis tal mujer,	
	y ella tal marido en vos.	
	Gozaos muy enhorabuena	
	de hoy más con el nuevo estado.	

3588. entrar Orán *CV.* saliendo *MS.* 3620. debisteis *MS.*

3596. su señoría *MS.*

Don Pedro.	No lleva poco cuidado,	3625
	poco mal ni poca pena.	
Gil.	Pues, ¿don Lope no tenía	
	más llana su voluntad?	
Don Pedro.	Decís, Capitán, verdad,	
	y aun más que esto se decía.	3630
Gil.	Si paso más adelante,	
	espántome que lo haga.	
Don Pedro.	Como esas cosas se traga	
	un hombre mozo y amante.	
Don Beltrán [Elvira].	A solas, señor, quisiera	3635
	hablarte,...	

(Llégase a él.)   ccc

Don Leonardo.	¡Qué gran señor	
	es el Marqués!	
Don Beltrán [Elvira].	...que a mi honor	
	importa.	
Marqués.	Sálganse fuera.	
Don Leonardo. (*Ap.:*	Sobre el día de la boda	
	querrá doña Clara hablarle.)	3640

Vanse Todos, *y quédanse el* Marqués *y* Doña Elvira.   ddd

Doña Elvira. (*Ap.:*	¡Qué bien que supe engañarle	
	y mi traza se acomoda!)	
Marqués.	Solos habemos quedado.	
	Bien os podéis descubrir,	
	que yo os tengo de servir	3645
	con mi persona y estado.	
Doña Elvira.	¿Conóceme vuecelencia?	
Marqués.	Voz y cara, sí, conozco,	

3626. y poca penas *MS.*

3630. Falta «y» en *MS.*

ccc. *Aparte al* Marqués. *MS.*

3636. Don Leonardo. Gran *MS.*

3639. Falta *Ap.* en *CV, MS.*

3640. abrarle [*sic*] *MS.*

ddd. *Vanse* Todos *menos el* Marqués *y* Doña Elvira. *MS.*

3641. Falta *Ap.* en *CV, MS.*

3642. acomodas *MS.*

3647. vueseñoría *MS.*

LOS SUCESOS EN ORÁN

    mas el traje desconozco,
    que me ha puesto en contingencia.°   3650
    ¿No sois don Beltrán?
DOÑA ELVIRA.   Señor,
    don Beltrán fui, y no te asombre
    que una mujer pierda el nombre
    que perdió su casto honor.
MARQUÉS.   Sacadme de este cuidado,   3655
    dama, y sepa quién ha sido
    el ingrato que ha podido
    traeros a aqueste estado.
DOÑA ELVIRA.   [........................]°
    No es justo que te suspendas   3660
    primero que de mí entiendas
    quién me ofende y quién yo soy.
     En Málaga, ciudad noble
    por su antigua fundación,
    famosa por su ribera   3665
    y honrada por su blasón,
    nací en rigurosa estrella,
    porque al nacer me miró
    con mal aspeto, que en esto
    no poco bien me faltó.   3670
    A Don Diego Ventimilla
    y a doña Inés Contador,
    el Cielo me dio por padres,
    y el Cielo me los quitó.
    Faltáronme al mejor tiempo,   3675
    que esta fue mi perdición,
    porque la mujer más noble
    y del natural mejor
    sin padres corre peligro,
    porque nuestra inclinación,   3680
    si no tiene quien la enfrene,
    es un caballo feroz.
    Dejaron sin mí, pequeño,
    un hijo solo, varón,
    que llamaron don Beltrán,   3685
    tres años menos que yo.

3658. traeros aquesto *MS.*   3669. aspecto *CV, MS.*

3662. soy yo *MS.*

En la pupilar edad
nos dieron un curador,
curador de su provecho
mas que no de nuestro honor, 3690
que hijos y hacienda en tutelas,
y hombres sin opinión,
ellos se distraen, y ella
no llega a tener valor.
Siendo, pues, moza y gallarda, 3695
más rubia y blanca que el sol,
aunque desdichas me han hecho
más negra que no el carbón,
puso los ojos en mí
—¡Ay, si cegara el traidor!—, 3700
don Leonardo de Padilla,
que es este astuto Sinón.º
Miréle y luego le amé,
que el fuego dulce de amor
quita la vista a los ojos, 3705
y el discurso a la razón.
Mostró su amor en sus galas,
sus conceptos en la voz,
porque me escribía y cantaba
como Apolo y Anfión.º 3710
Escribióme sus deseos,
tan bien escritos, que dio
crédito mi fe a su engaño,
y cubierta a su traición,
y una noche en mi jardín, 3715
con la fe que me negó
de ser mi esposo, ¡ay de mí!,
como suyo me gozó.
Entretúvome dos años,
y al cabo de ellos rompió 3720
como griegoº la palabra,
y la fe como bretón.º
Su padre casarle quiso
conmigo, que igual nos dio
el Cielo la calidad, 3725
pero la firmeza no,
no porque el padre supiese

3702. Simón *CV*.   3713. encanto *MS*.

lo que había entre los dos,
porque solos lo sabían
dos laureles, él y yo,   3730
y esta cédula, firmada
de su nombre, en quien dejó
firmada mi liviandad,
y confirmado mi error,
rehusó mi casamiento.   3735
Y en este tiempo arribó
una nave gruesa al puerto,
y en ella, al fin, se embarcó.
Partióse sin despedirse
el troyano burlador,°   3740
dejándome, como a Dido,
mil prendas de su afición.
Seis años ha que está ausente,
y en este tiempo un renglon
no he visto de este villano.°   3745
¡Qué ingratitud, qué rigor!
Supe después que aquí estaba
el Vireno engañador,°
y como Olimpa, ofendida,
pretendí satisfación.   3750
El nombre y traje tomé
de don Beltrán Contador,
mi hermano, que en años quince
aqueste San Juan entró,
y dando velas al viento,   3755
llevada de mi pasión,
arribé a Orán, combatida
de la esperanza y temor,
donde le hallé enamorado
de mi prima, en quien halló   3760
un pecho de mármol frío,
y de acero un corazón.
Y, engañado, a tu presencia
le he traído porque hoy
repares de doña Elvira   3765
su mal satisfecho honor,

3729. solo *MS*.   3754. en este *MS*.

3753. que años *CV*.   3759. don le *CV*.

	que casada el daño es menos,	
	y por casar es mayor,	
	que soy fábula del pueblo	
	y él ha sido la ocasión.	3770
	Castiga como jüez,	
	y manda como señor	
	que el honor me restituye,	
	si hay buena restitución,	
	que en hacerlo harás, Marqués,	3775
	un grande servicio a Dios,	
	bien a mi mal importuno,	
	beneficio a mi dolor	
	y limosna a quien la pide	
	con la pobreza que yo.	3780
Marqués.	Vuestro dolor y tormento,	
	dama hermosa, me ha dejado	
	tan tierno y tan lastimado,	
	que como propio lo siento,	
	que sinrazones y agravios	3785
	hechos, y más a mujer,	
	los deben reprehender	
	los príncipes y hombres sabios.	
	Yo haré que la fe jurada	
	cumpla como caballero,	3790
	que ha de tener juez severo	
	justicia tan bien fundada,	
	y cuando tanta firmeza	
	no hiciera impresión en él,	
	por ingrato y por crüel	3795
	le cortaré la cabeza	
Doña Elvira.	Vivo le quiero.	
Marqués.	(*Ap.*: Admirado	
	me tienen, y con razón,	
	de ella la mucha afición,	
	y de él el poco cuidado.)	3800
	Castigarle fuera justo.	
Doña Elvira.	Será quedar lastimada.	
Marqués.	Amor de mujer honrada	
	acudiré a vuestro gusto.	

3766. mal *MS*.

3771. Castiga, pues, como *MS*.

3804. acudiré como es justo *MS*.

Entra Don Lope, *y* Mahagún, *con* Ayén, Sargento Mayor,   eee
Don Pedro, Don Leonardo *y* Gil Hernández.

Marqués.	¡Hola!	
Don Pedro.	¡Señor!	
Don Lope.	¡Vuecelencia	3805
	me dé albricias!	
Marqués.	¡Estos brazos!	
Mahagún.	(*Ap.:* ¡Ben le pagar en abrazos	
	el trabajo y diligencia!	
	¡Mirar qué joya el contento	
	hacer que alargue en pago,	3810
	que a ser mejor, no tan malo,	
	que al fin haber tocamento!)º	
Marqués.	¿Venís cansado?	
Don Lope.	No ha sido	
	el trabajo demasiado.	
Marqués.	Sois, don Lope, un gran soldado.	3815
Don Lope.	El grande no he merecido.	
Marqués.	¿Qué tenemos de Morato?	
	¿Dejónos libre la costa?	
Don Lope.	Y aun la mar le hizo angosta.	
	Escucha, y sabráslo, un rato:	3820
	Llegó el capitán Merino	
	ayer tarde al Castillejo,	
	cuando el famoso pirata	
	amainaba vela y remos.	
	Dio fondo y a hacer aguada	3825
	cuarenta turcos salieron,	
	haciendo las galeotas	
	la salva a tomar el puerto,	
	que, hallando buena ocasión,	
	cargó Merino, y el cielo	3830
	pareció venirse abajo	
	con el ruido y el estruendo.	
	Sintió la burla Morato	
	y tanto le ocupó el miedo,	
	que desasirse no pudo	3835

---

eee. *Salen... con* Ayén, Sargento *... MS.*   3808. e *MS.*

3805. Parma. [*sic*] Señor. *CV.* Vueseñoría *MS.*

de nuestras manos tan presto.
Anduvo la infantería
tan bien, que por dar aliento
a las pobres galeotas
les metieron en el cuerpo 3840
dos mil y quinientas balas,
duro y pesado refresco,
porque en aquella batalla
hubo tirador tan diestro
que le metió treinta° balas 3845
en quince tiros diversos.
Diose la carga tan cerca,
que a quince pasos, y aun menos,
tiraba la infantería
como a blanco o a terrero. 3850
Hízose a la mar Morato
y a tira de piedra el perro
disparó su artillería
sin sazón y sin provecho.
Huyó dejando la costa 3855
tan a la suya, que muerto
habrá de llegar a Argel
si no lo salió del puerto,
que de su daño notable
este soldado que al remo 3860
traía en su galeota,
es testigo verdadero,
y de los que hacen agua
por su desdicha salieron.
Con el capitán Merino 3865
vienen treinta y cinco de ellos.
De nuestra gente no falta
un hombre solo, aunque fueron
terribles los mosquetazos,
y los flechazos, espesos, 3870
y yo vine a darte aviso
de este dichoso suceso,
y de él y de la vitoria
puedes dar gracias al Cielo.

MARQUÉS. ¡Suerte estremada!
DON PEDRO. ¡Notable! 3875

3873. victoria *MS.*

MARQUÉS.	Y dignísima en estremo
	que la celebre y pregone
	la fama de reino en reino,
	que, muerto aqueste cosario,
	a España, sin duda, he hecho 3880
	un gran servicio, y a Dios
	no poca gloria acreciento.
PACHECO.	Él va, señor, tan herido,
	que puedes tener por cierto
	el fin de Morato Arráez, 3885
	tan temido y tan soberbio.
MARQUÉS.	¿De donde sois?
PACHECO.	Andaluz.
	De tu vasallo me precio.
MARQUÉS.	¿De qué lugar?
PACHECO.	De La Algaba.º
MARQUÉS.	¿Cómo te llamas?
PACHECO.	Pacheco. 3890
MARQUÉS.	Ya conozco aquesa gente.
	¿Quién te trujo a cautiverio?
PACHECO.	El deseo de ver mundo.
MARQUÉS.	No tuviste mal deseo.
	¿Adónde ibas?
PACHECO.	A Melilla. 3895
MARQUÉS.	¿Qué te movió?
PACHECO.	Ver un deudo,
	y en el camino Morato
	pescó a la fragata el cuerpo.
MARQUÉS.	Estaráste en mi servicio,
	que de ti informarme quiero 3900
	de este suceso de espacio,º
	que al Rey he de escribir luego.
	Y porque me desocupen
	cuidados, y más, ajenos,
	será bien que don Leonardo 3905
	concluya su casamiento.

3883. FORZADO. *MS.*   3893. FORZADO. *MS.*

3887. FORZADO. *MS.*   3895. FORZADO. *MS.*

3888–89. Faltan en *MS.*   3896. FORZADO. *MS.*

3890. FORZADO. *MS.*

Don Leonardo.	Eso, señor, te suplico.	
Don Lope.	Y yo a vuecelencia ruego me favorezca el mío.	
Doña Elvira. (*Ap.*:	¡Aquí fue Troya,° Amor ciego!)	3910
Marqués.	¿También os casáis, don Lope?	
Don Lope.	Sí, señor.	
Marqués.	Saber deseo quién es la dama dichosa.	
Don Lope.	Doña Clara.	
Don Leonardo.	(*Ap.*: ¡Bien por cierto!	

	(*Aparte.*)	fff
Gil.	Tarde ha llegado don Lope.	3915
Don Pedro.	¡Qué lástima que le tengo!	
Don Leonardo.	Don Lope, ya doña Clara tiene legítimo dueño.° Ella es mi esposa. El Marqués aquesta merced me ha hecho.	3920
Don Lope.	No tiene imperio el Marqués, don Leonardo, en gusto ajeno. Ella es mi esposa. (*Ap.*: ¡Qué bien le ha traído el lazo estrecho doña Elvira, y qué engañado está él, y qué contento!)	3925

	(*Aparte.*)°	ggg
Don Leonardo.	¡Doña Clara, desengaña, por tu vida, aqueste necio!	

Sale Doña Clara, *cubierta, con* Tapia *de las manos.*   hhh

Don Lope.	Si es doña Clara esta dama, yo os la doy.	

3908. vueseñoría *MS*.

3910. Falta *Ap.* en *CV, MS*.

3911. Tambios [*sic*] *CV*.

3915. Trade *CV*.

3923. Falta *Ap.* en *MS*.

3924. traído a el *MS*.

ggg. Falta en *MS*.

hhh. ... *cubierta con su manto, a el brazo* ... *MS*.

MARQUÉS.	¡Gracioso pleito!	3930
DON LEONARDO.	Ella es.	
TAPIA.	Anda, señora.	
DOÑA CLARA.	No puedo más, porque vengo turbada.	
MAHAGÚN.	(*Ap.*: Acabar, Clara, a venir para anio nuevo, porque estar al pe del palo° mi senior.)	3935
DON LEONARDO.	¿Qué es lo que veo? ¿No es aquella doña Clara?	
DON PEDRO.	Señor Capitán, ¿qué es esto? ¿No es doña Clara?	
GIL.	Ella es.	
DON PEDRO.	¿Y esotra?	
GIL.	Algún estafermo.°	3940
DON LOPE.	Esta es, Marqués, doña Clara. Desposada de secreto está conmigo. No aguarda sino tu consentimiento. Quítate el manto, señora. Salga de tu hermoso cielo el sol, y dejen sus rayos estos nublados deshechos.	3945
	(*Aparte.*)	iii
DON LEONARDO.	¿Qué es esto, desdichas mías? ¿Qué demonio es este feo que engañado me ha traído?	3950
MARQUÉS.	Ángel es. No estéis suspenso. Y porque más claramente echéis de ver vuestro yerro, leed aquese papel, y vos, descubrid el gesto.	3955

3933. Falta *Ap.* en *CV, MS.* Falta «Clara» en *CV, MS.*

3934. año *MS.*

3946. Stlga [*sic*] *CV.* huya *MS.*

iii. Falta en *MS.*

3949. Qué esto *MS.*

3952. estés *MS.*

Dale la cédula y descúbrase DOÑA ELVIRA. jjj

SARGENTO.	¿No es don Beltrán?	
DON PEDRO.	¡Vive Dios,	
	que es él mismo!	
MAHAGÚN.	¿Beltranejo?	
	¿Que ser mojer? ¡Ah, Mahoma,	
	tarde venir a saberlo,	3960
	que si no, yo le quitar,	
	a fe de moro, el gregüesco	
	e tentar las maravilias	
	que encobrer la porta adentro!º	
MARQUÉS.	¿Reconocéis esta firma	3965
	y aqueste milagro bello	
	del amor y la hermosura	
	de vos adorada un tiempo?	
DON LEONARDO.	Sí, conozco y reconozco,	
	que desvanecido y ciego	3970
	el engaño me ha traído,	
	mas ya mi pecado veo.	
	Pequé contra ti, mi Elvira.	
	A tus pies humilde ofrezco	
	un alma desengañada,	3975
	y un desentrañado pecho	
	halle abrigo en tus entrañas.	
	Tuyo soy, y ser prometo,	
	si no respondes que tarde	
	llegó mi arrepentimiento.	3980
DOÑA ELVIRA.	Levántate, don Leonardo.	
	Todo cuanto decís creo,	
	porque para persuadirme	
	te dio Dios lengua y ingenio.	
MARQUÉS.	Habéis hecho, don Leonardo,	3985
	como honrado caballero.	

Salen AMBRÁN *y* FILAYLA. kkk

---

jjj. ... *descúbrese* ... MS.

3957. MAYOR. MS. Falta «¡Vive Dios!» en MS.

3962. gregeses [*sic*] CV.

3964. encobrir MS.

3966. Falta «y» en MS.

3978. y te prometo MS.

AMBRÁN.	¡Déjanos entrar, cristiano!
SOLDADO.	¡Espera, moro!
MARQUÉS.	¿Qué es esto?

¡Ambrán, hermosa Filayla!

AMBRÁN. Danos tus pies, señor nuestro,   3990
como a tus dignos esclavos.

MARQUÉS. Libres sois. Alzad del suelo,
y como amigos mis brazos
os doy, porque los estremos
de tu esposa y tu hidalguía   3995
me tienen cautivo y preso.
¿A qué venís?

AMBRÁN.   A pagar°
el rescate que te debo.
Recíbele, gran señor,
aunque es humilde y pequeño,   4000
seis halcones de La Caoba,°
bien enseñados y diestros,
te traigo que al cazador
se vienen sin el señuelo,
cuatro caballos alarbes   4005
tan veloces como el viento,
y cuatro alfanjes que cortan
el viento que pasan ellos,
cuatro adargas aceradas°
de Malïona que el hierro   4010
de las más robusta lanza
se embota en el ante tieso,
tachonados tahalíes°
para que traigas al cuello,
seis bolsones de arzón bordados   4015
para llevar tu refresco,
para que cubran tus salas
y pisen tus pies te ofrezco
catorce alfombras peludas,
doce tapetes turquescos,   4020
para que calces, señor,
cien tafiletes° diversos,
para tu mesa y regalo

3988. Esperad *MS*.   4020. tudescos *MS*.

4000. que aunque *MS*.

	de dátiles diez camellos,	
	para tu bonete, plumas,	4025
	mil doblas para tu esquero,°	
	y todo es poco conforme	
	mi voluntad y deseo,	
	que quisiera, por Alá,	
	tener el oro de Creso,	4030
	de Darío y Midas la plata,	
	[...................................]°	
	del Gran Señor° lo sumptuoso,	
	[...................................]°	
	para que echaras de ver	4035
	quién es Ambrán, mas no puedo	
	hacer más, noble Marqués,	
	si doy todo cuanto tengo.	
MARQUÉS.	Tu hidalguía, noble moro,	
	es tan grande, que confieso	4040
	que no conozco cristiano	
	de tan honrados respetos.	
	La voluntad y el regalo,	
	por ser de quien es, le aceto	
	pero no por tu rescate,	4045
	que es agravio manifiesto,	
	que tú eres libre y amigo,	
	y entre amigos es superfluo	
	el tratar con demasía	
	y con tanto cumplimiento.	4050
	Por mí, las doblas reciba	
	tu esposa, y de mi dinero,	
	dos mil más para el camino.	
	¡Hola! Haced se las den luego,	
	y de grana un capellar,°	4055
	y el caballo Cabos Negros	
	haced ensillar a Ambrán,	
	y con todo su aderezo.	
CRIADO.	Luego se dará.	

4024. cien *MS*.

4025. turbante *MS*.

4029. quisiere *MS*.

4033. suntuoso *MS*.

4042. respectos *MS*.

4044. acepto *MS*.

4059. PAJE. Luego *MS*.

FILAYLA.	Señor,	
	aquesto ha sido de nuevo	4060
	ganarnos por tus esclavos.	
MARQUÉS.	Y vos a mí por muy vuestro.	
	Y ved, hermosa Filayla,	
	si hay en Orán de provecho	
	alguna cosa. Pedid,	
	no seáis corta.	
FILAYLA.	Pedir quiero.	4065
	Cautivo tengo un hermano,	
	y su libertad deseo.	
MARQUÉS.	¿Quién le tiene, Ayén?	
AYÉN.	Señor,	
	mi esclavo es.	
MARQUÉS.	Yo me huelgo.	4070
	Entregádsele a Filayla,	
	que yo a pagarte me ofrezco	
	su rescate.	
AYÉN.	Por servirte,	
	se le daré.	
DON PEDRO.	¡Bien lo ha hecho	
	el Marqués!	
GIL.	¡Qué liberal!	4075
	encierra en su noble pecho	
	un corazón de Alejandro	
	y un ánimo de Pompeyo.	
DON LOPE.	Parte alcancemos, señor,	
	de estas grandezas.	
MARQUÉS.	Penetro	4080
	vuestros deseos, don Lope,	
	y el de doña Clara entiendo.	
	Vuestra es doña Clara, y doy	
	a los dos, del casamiento,	
	la norabuena.	
DOÑA ELVIRA.	Mi Clara,	4085
	con tu descanso me huelgo.	
DOÑA CLARA.	Yo, mi Elvira, con el tuyo,	
	y de verte con sosiego.	
DON LEONARDO.	Que seas nuestro padrino	
	te suplico.	

4071. entregársele *MS.*   4079. alcanzamos *MS.*

Marqués.	Yo lo aceto.	4090
Don Lope.	En un día han dado fin	
	mis amores y destierro.	
	Mahagún, ¿quieres ir a España.	
Mahagún.	¿Qué he de hacer si estar sojeto?º	
Don Lope.	Libertad tienes.	
Mahagún.	Si el moro	4095
	estar libre, partir luego	
	al punto contigo a España.º	
	[..................................]º	
Don Lope.	Ven enbuenhora, Mahagún,	
	que allí te bautizaremos.	4100
Mahagún.	¿Con qué bautizar?	
Don Lope.	¿Con qué?	
	[..................................]º	
	Con agua, ¿no lo has visto?	
Mahagún.	Bautizarme no estar bueno	
	con agua, senior. Con vino	4105
	no hacer tanto danio al cuerpo.	
	No ser bon cristiano aguado,	
	moro puro morir quiero.º	
Don Lope.	Vino puro hay en España,	
	Mahagún, no mires a eso.	4110
Mahagún.	Pues a España ir, senior.º	
	Partamos luego al momento.	
Marqués.	¡A recogerse, señores,	
	que es ya tarde! Y aquí fin demos	
	a las jornadas de Orán,	4115
	y sucesos verdaderos.	

FIN*

4090. acepto *MS*.

4094. sujeto *MS*.

4104. Mahagún. No *CV, MS*.

* Falta en *CV*.

NOTAS

* *alcaide:* aquí y más adelante (vv. 173, 191, 3000), «La persona que tiene a su cargo el guardar y defender por el Rey, o por otro señor alguna Villa, Ciudad, fortaleza, o castillo, que se le ha entregado para este fin debajo de juramento, y pleito homenaje» (*Aut*).

2. *el Alcazaba:* recinto fortificado, dentro de una población murada, para refugio de la guarnición, situado en el sector superior del casco antiguo, en lo que en la actualidad corresponde al Casbah. Ver *Oran,* 64 ss., de René Lespès, que detalla el plano de la plaza de Orán y, en particular, la Alcazaba, tal como se encontraban en 1732. Aquí y passim (vv. 31, 89, 771, 910, 954, 1087, 2772, 2834, 3461), *el* es la forma antigua del artículo femenino, de la forma latina *illa* > *ela* que se reducía a *el* ante cualquier vocal. En la lengua de los siglos XVI y XVII, *el* como femenino solo queda delante de palabras que empiezan por vocal *a*. Ver Keniston §18.123. Conviene notar, sin embargo, que la voz *alcazaba* se usa con ambos artículos, *el* y *la*, en la presente comedia. Véanse los vv. 559, 872, 2784, 3540.

3 y passim. *vueseñoría:* por síncopa, vuestra señoría.

5. *este día:* el conde de Alcaudete, don Francisco de Córdoba y Velasco, fue gobernador general de Orán y Malzaquivir del 20–V–1596 al 6–XII–1604, fecha en que el cargo pasó a don Juan Ramírez de Guzmán, marqués de Ardales, conde de Teba, quien sirvió hasta el 4 de julio de 1607.

8. *valor:* una de las voces predilectas de Vélez, de la que hay veintiún casos en la presente comedia. Cf. las cifras dadas al respecto por B. B. Ashcom: «[...] *El rey en su imaginación* offers 49, *El asombro de Turquía* 46, *Virtudes vencen señales* 45, and *El alba y el sol* 43» («Notes on the Comedia», 235).

9. *fuera:* aquí y passim (vv. 665, 691, 703, 704, 1041, 1042, 1045, 1106, 1252, 1634, 1736, 2035, 2092, 2093, 2149, 2336, 2348, 2411, 2508, 2522, 2583, 2683, 2686, 2690, 2816, 2819, 2821, 2822, 2854, 3145, 3182, 3424, 3425, 3428, 3429, 3434, 3615, 3635, 3801, 4029), el imperfecto de subjuntivo se usa con valor condicional, 'sería'. Ver Keniston §32.82.

10. *Cipión:* por aféresis, Escipión, el Africano, conquistador de Cartago y de Numancia.

31. *el alabanza:* véase v. 2 n.

39. *blasón:* «[D]ivisa que los nobles llevan en sus escudos y armas de vestir y de defensa' (*Aut*). Cf. v. 3666.

47 y passim. *aquesta:* los demostrativos y pronombres con el prefijo *aqu-* eran consideradas como anticuadas, pero todavía muy comunes en la primera mitad del siglo XVII.

En la presente comedia hay ochenta y dos casos en los que el demostrativo arcaico alterna con las formas normales.

64. Verso irregular de nueve sílabas.

66. *lición:* lección.

67. *maestro:* en el sistema ortoépico de Vélez el grupo *aé* es casi siempre bisilábico. En cambio, el grupo *áe* se pronuncia con sinéresis, aunque hay excepciones (*Arráez* vv. 2679, 3023, 3885, *distraen* v. 3693). Ver Wade 465, 467.

84. Sobrentiéndese 'si'.

97-98. *besar:* «Es [...] el beso señal de reverencia, reconocimiento, obediencia y servitud» (Cov). Más específicamente, «BESAR LA MANO. Locución expresiva del obsequio, atención, amistad, cariño, amor y afecto —[y desde luego, agradecimiento]— que a uno tiene: y esta demostración es en dos maneras: si es por escrito se especifica y declara con las palabras dichas, Beso las manos o la mano de V.m. V.E. &c. Y si es personalmente, el modo es extender uno su mano hacia el otro, y luego volverla para sí y besarla» (*Aut,* s. v. «besar»).

111. *real:* el grupo vocálico *ea* en posición tónica siempre es bisílabo, excepto en las voces *real,* aquí y más adelante (vv. 148, 326, 2279, 2287), y *reales* (v. 2294), y en *sea,* que en los vv. 1899, 2404 se pronuncia con sinéresis. Ver Wade 467-69.

121. *luego:* aquí y passim, sin dilación.

129. *alarbe:* «Vale tanto como hombre bárbaro, rudo, áspero, bestial, o sumamente ignorante. Dícese por comparación a la brutalidad y fiereza que se experimentó en los Árabes o Alárabes que posseyeron, a España, de suerte que Alarbe es una syncopa de Alárabe» (*Aut*).

134. *sustentar:* aquí, mantener y defender.

137. *campaña:* aquí, operaciones de guerra fuera del cuartel. Cf. v. 787.

142. *entregallas:* sobrentiéndese «llaves» (acot. C), por cuya razón colocamos la acotación antes de este verso, y no después del v. 149, donde figura en *CV* y *MS*. Aquí y passim, *-rl-* > *-ll-* por asimilación del pronombre enclítico al infinitivo. En total, hay dieciséis casos de la forma asimilada, y de la forma normal con *-rl-,* cuarenta y siete. Véase Fernando A. Lázaro Mora, «*RL-LL* en la lengua literaria».

152. *grande:* sobre el uso del adjetivo completo, sin apócope, delante del sustantivo aquí y más adelante (v. 875, 1031, 2678, 2917, 3570, 3776), véase Keniston §§25.2, 25.285.

155. *pecho:* aquí y passim (vv. 1288, 1405, 1447, 1636, 1979, 2082, 2903, 3510), «Metaphóricamente se toma por valor, esfuerzo, fortaleza y constancia» (*Aut*).

161. *tanta:* Vélez suele usar el calificativo en construcciones sinecdóquicas. Ver también vv. 430, 1626, 2630, 3371. Cf. *El Lucero de Castilla y Luna de Aragón,* vv. 50-54:

> Que es justo que un rey también
> tenga un amigo con quien
> de *tanto* reino y grandeza
> parta el peso, este gigante
> que a tantos la espalda humilla,

La romera de Santiago, vv. 39-50:

> vos tan bizarro
> anduvistes aquel día
> que nos dimos la batalla,
> que cuerpo a cuerpo le distes
> muerte y en fuga pusistes
> toda la alarbe canalla;
> y *tanta* africana luna
> metistes de esta ocasión
> arrastrado por León,
> que envidié vuestra fortuna
> más que de haber nacido
> rey[.]

Ibíd., vv. 814-21:

> RELOJ. Alabando estás de espacio
> los arroyos y los ríos,
> cuando nos está brindando
> Ribadavia, a quien venera
> *tanta* nación por el santo
> licor, que sobre un magosto
> de castañas hace raros
> milagros.

Opinión: aquí, honor, fama.

169. *tener de:* aquí y más adelante (vv. 1128, 1196, 1403, 2697, 3645), el verbo auxiliar expresa necesidad, compromiso o determinación. Ver Keniston §34.82.

172. *ocasión:* aquí, peligro o riesgo.

175-79. Entiéndese, 'Esta —i. e., llave— es de Rosalcázar, estas dos, de San Gregorio, que, al cielo opuesta Santa Cruz —es decir, bajo la atalaya de Santa Cruz—, humilla a Orán, y la Cilla, que hace fiesta a Mostagán'. *Rosalcázar* (v. 175), fortaleza construida en la Edad Media en una pequeña elevación en la orilla derecha del Oued-el-Rehin, o Río de los Molinos, que dividía a Orán, para atalayar y defender las vías de acceso desde la costa y desde el llano que se extiende al este de la ciudad. Primeramente llevaba la denominación Bord-el-Djedid, o Fortaleza Nueva, que es la que usaron también los franceses. *Rosalcázar* es la traducción española de *Ras el Qas'r,* que significa 'cabeza del castillo'. *San Gregorio* (v. 176), fortaleza construida en la punta occidental de la ensenada de Orán, cerca del antiguo muelle. *Cilla* (v. 176), «Cámara donde se recoge el trigo de las tercias y rentas de los diezmos» (Cov), es decir, el almacén principal de la plaza. *Santa Cruz* (v. 178), monte fortalecido por los españoles, que domina la ciudad de Orán por el oeste. *Mostagán* (v. 179), también *Mostaganen*, o *Mostagánem*, puerto situado a 80 km. al este de Orán. Ver vv. 1045-46 n.

180-81. *puertas de Tremecén y Canestel:* las dos principales de la plaza de Orán. La primera estaba en el punto meridional de la antigua muralla; la otra abría al este.

183. *legal y fiel:* aquí con valor de adverbios.

185-87. *traslado:* «Escrito sacado fielmente de otro, que sirve como de original» (*Aut*). Cf. v. 643. *En forma:* «Phrase adverbial, que significa bien y cumplidamente, con toda formalidad y cuidado: y assí se dice, que una cosa se ha hecho en forma o en toda forma, quando se ha executado con particular esmero y exacción» (ibíd., s. v. «forma»). *Signo:* «Significa [...] ciertas rayas, y señales, que al fin de la escritura, u otro instrumento ponen los Escribano y Notarios en medio del papel con una cruz arriba entre las palabras, que dicen en testimonino de la verdad, con lo que se le da más fé al testimonio, u escritura» (ibíd.).

201. Verso irregular de nueve sílabas.

222. *lo que:* aquí y más adelante (v. 1767), mientras.

223. Falta un verso para completar la quintilla.

226. *pedí:* por apócope, pedid.

243. *pintada:* aquí, experta, hábil. Cf. *el más pintado,* locución familiar, el más hábil, prudente o experimentado. Cf. vv. 297 n., 642 n., 1968 n.

262. *posada:* cf. «POSAR. Alojarse u hospedarse en alguna posada o casa particular» (*Aut*).

288. *flaco:* aquí y más adelante (vv. 292, 2447, 2571), débil. *Celebro:* por lambdalismo, cerebro.

293 ss. 'Esta tierra encierra en su falda y en su cima el león que pone grima, el jabalí bravo, etc.'

295. *grima:* desazón, disgusto, horror que causa una cosa.

297. *pintado:* aquí, naturalmente matizado de diversos colores. Cf. vv. 243 n., 642 n., 1968 n.

298. El octosílabo supone diéresis en «aullador».

320. *tener las manos cortas:* lo mismo que tener las manos mancas, ser poco dadivoso, esquivo.

322. *centillo:* cintillo.

325-28. Crítica, no muy solapada, de los acreedores e hipotecarios que abundaban en la corte española bajo Felipe III y IV.

334. *flete:* precio estipulado por el alquiler de la nave.

335. *ribete:* añadidura, aumento.

347. *espacio:* aquí y más adelante (vv. 2841, 3901), tardanza, lentitud, detenimiento.

349 y passim. *Leonardo:* el grupo *eo* en posición protónica se pronuncia sin excepción con sinéresis. Ver Wade 464.

354. *picada:* cf. picar, figuradamente, enojar y provocar a otro con palabras o acciones.

358. *un hora:* aquí y más adelante (vv. 1247, 1531, 1754, 2470). Véase Keniston §20.15. Cf. una hora en los vv. 425, 518.

378. *le:* el antecedente del pronombre es «día» (v. 377).

385. El octosílabo supone hiato en «Esta es».

386. *si no me engaño:* Vélez gustaba de este giro condicional y sus variantes. Cf. *La Serrana de la Vera:* «si no me engaña, / Gila, la maginación» (vv. 1822-23); «si no me engaño» (v. 2490); «si los ojos no me engañan» (v. 2536); «si el sentido no me engaña» (v. 2926).

392. Aquí y más adelante (vv. 1524, 1622), el octosílabo supone diéresis en «criado». Ver Wade 461.

394. *dar de ojos:* figurada y familiarmente, encontrarse con una persona, y también, caer de pechos en el suelo.

407-08. *Orán es Chipre de amor, / y vos su Venus:* la alusión mitológica, en el presente contexto, es claramente equívoca, evocando, de una parte, la belleza y fertilidad de Orán, y, de otra, la desenfadada licencia con que vivían los españoles desplegados en los fortines allí. En la Antigüedad el culto de Afrodita/Venus, la diosa de la belleza y del amor, era especialmente intenso en la isla de Chipre, pues, según la tradición, allí es donde nació y vivió aquella deidad, por lo cual el nombre de la isla pasó a ser sinónimo de la fertilidad y la lascivia. Cf. la escueta observación, por ejemplo, del historiador Lorenzo Van der Hammen: «Es Cipro [o Chipre según nuestros Antiquarios] isla en el postrer Mediterráneo de las mayores, y a ninguna menor en fertilidad; por eso llamada Bienaventurada de los Griegos, y consagrada a Venus por la lascivia de sus mujeres» (*Don Juan de Austria,* Madrid, Luis Sánchez, 1627, fol. 135b). El símil *Orán-Chipre* trazado aquí por don Beltrán, es decir, Elvira, resume la imagen expuesta anteriormente por el patrón de fragata (vv. 273-88).

422. *alfeñique:* cf. «Es como un alfeñique. Dícese metaphóricamente de qualquier cosa que se quiere ponderar de blanda, suave, blanca, y quebradiza» (*Aut,* s. v. «alfeñique»).

427. *cuidado:* aquí y passim (vv. 521, 647, 2588, 2591, 2951, 3144, 3414, 3578, 3589, 3625, 3655, 3904), recelo, sobresalto, temor.

429–32. 'La verdad digo, señor. Estaba alerto con mucho ojo, estoy cierto que no salió, porque te soy buen servidor'.

435–36. Aquí y más adelante (vv. 3085, 3093, 3249, 3955), la escansión métrica supone que el grupo *ee* en posición tónica sea bisilábico. Ver Wade 465–66. Cf. v. 1824, que es la única excepción.

435–38. 'Creo que así te lo avisase, pero creo que te mintió. Vela ahí, señora, que allí Clara está parlando'.

439. 'Tienes nuevo competidor'.

441–44. 'Señor don Lope, pegarle sería más sano, y ganarle por la mano, si no quieres que la tope'. *Sor:* aquí y más adelante (v. 2273), por síncopa, señor. *Pegar:* figuradamente, introducirse o agregarse uno a donde no es llamado, y también, figuradamente, aficionarse o inclinarse mucho a una cosa, de modo que sea muy difícil dejarla o separarse de ella. *Ganar por la mano:* anticiparse a otro en hacer alguna cosa. *Topar:* figuradamente, consistir o estribar una cosa en otra y causar embarazo.

447. *deudo:* pariente.

462–64. 'Clara es turbia, señor, y no te tiene amor, que ha mudado de intento'.

470. *a fe:* aquí y más adelante (vv. 1742, 3508), a fe mía, expresión que asegura la verdad de algo.

482. *do:* por apócope, donde.

485. *crüel:* en el sistema ortoépico de Vélez la voz es, con rara excepción, bisilábica. Cf. vv. 519, 752, 1289, 1585, 2522, 3795. Ver Wade 462.

486–88. 'Y a decirte la verdad, yo tengo lealtad, y Clara no es fiel'.

493. El octosílabo supone hiato en «hombre esa».

496. *obligar:* aquí y más adelante (vv. 2820, 3154, 3605), el sentido no es el de exigir, sino atraer la voluntad o benevolencia de otro con beneficios o agasajos. Cf. vv. 1497, 1536, 1699, 1767, 3437.

507. '¡Ah, mujer, reviéntate con él!'

509. *picar:* aquí, desazonar, inquietar.

513-14. 'Déjala al diablo, señor, y no te mates por ella'.

523. *pedir celos:* hacer cargo a la persona amada de haber propuesto su cariño en otra.

539 y passim. *agora:* con muy pocas excepciones Vélez solía usar el trisílabo, y no los bisílabos *ahora* o *aora*.

543. 'Y ese primo, ¿a qué viene?'

545. *ocasión:* aquí y más adelante (vv. 809, 1740, 1821, 3770), «Vale [...] causa o motivo porque se hace alguna cosa» (*Aut*).

557-58. '¿A dónde vamos, sin beber jarope?' *Jarope:* figurada y familiarmente, trago amargo o bebida desabrida y fastidiosa, y aquí, vino.

590. *caja:* aquí y passim (v. 920, acots. cc, pp, Ee, Ff, Jj, Ll, v. 2272, acot. Ww, v. 2604, acots. bB, LLL, NNN), «el atambor, especialmente entre los soldados» (*Aut*, s. v. «caxa»).

592. *bozo:* «El primer vello que apunta a los jóvenes sobre el labio superior» (*Aut*). «En la época era tópica la metonimia bozo por joven, como su opuesta canas por viejo» (Enrique Rodríguez Cepeda, ed., *La Serrana de la Vera*, 72, n. 44).

593. *atambor:* persona que toca el tambor.

597. *norabuena:* aquí y más adelante (vv. 3015, 4085), por aféresis, enhorabuena. Véase v. 1317 n.

602. Como *trae* es siempre monosilábico en el sistema ortoépico de Vélez —véase v. 67 n.—, el octosílabo supone hiato en «trae estas».

612. Falta un verso para completar la redondilla.

621. *cuando:* aquí y más adelante (vv. 1056, 2613, 3793), en sentido concesivo, aunque. Ver Keniston §§29.72-29.721.

623. *Argos:* «Esta voz es mui freqüente, y por metáfora se toma por la Persona que está sobre aviso, mui vigilante y lista» (*Aut*).

642. *pintado:* aquí, figuradamente, el de más valer. Cf. vv. 243 n., 297 n., 1968 n.

643. «TRASLADO. Se usa [...] por imitación propria de alguna cosa, por la qual se parece mucho a ella: y assí se dice, Es un traslado de su padre» (*Aut*). «Cf. vv. 185-87 n.

663. *estábades:* estabais. Las formas verbales esdrújulas en *-ades, -edes* fueron unos de los arcaísmos que subsistieron a lo largo del siglo XVII. «La larga resistencia de la /d/ en [las] desinencias átonas [...] tiene su explicación en la necesidad de distinguir las formas

correspondientes a la persona vos a la persona tú» (Rafael Lapesa, *Historia de la lengua española*, 394).

666-67. *besar la mano:* véase vv. 97-98 n.

738. Sobrentiéndese 'que'. Sobre el uso del pronombre *la* como objeto indirecto, ver Keniston §7.32.

677. *dejastes:* aquí y más adelante (*reconocistes* v. 679, *sentistes* v. 685, *hicistes* v. 688, *fuistes* v. 2457, *debistes* v. 3620,), en los siglos XVI y XVII no era vulgarismo, sino forma posible de la segunda persona, tanto en singular como en plural. Cf., en cambio, *elegisteis* (v. 764), *quisisteis* (v. 765), *salisteis* (v. 766).

741. *dejaldo:* aquí y más adelante (*Hacelda* v. 1844), la terminación *-dl-* del mandato plural con pronombre enclítico > *-ld-*, por metátesis. Cf. *decidla* (v. 569), *dadles* (v. 3051).

754. *alfanje:* especie de sable, corto y corvo, con filo solamente por un lado, y por los dos en la punta.

758. Sobrentiéndese 'que'.

763. *adüar:* pequeña población de beduinos, formada de tiendas, chozas o cabañas. Aquí y passim, la escansión métrica siempre supone diéresis. Cf. vv. 536, 995, 1001, 1012, 1025, 1066, 1116, 1118, 1151, 1179, 1375, 1925, 1972, 2006, 2022, 2105, 2962, 2968.

764 y passim. *jeque:* entre los musulmanes, el jefe que gobierna un territorio o provincia.

768. *Alá quivir:* Alá el Grande. Cf. *El diablo está en Cantillana*, vv. 576-78:
> Guadalquivir, africana
> dicción que quiere decir
> *quivir*, grande, y río, *guádal*,

Don Pedro Miago, vv. 554-59:
> ABDELM N.   Si *Alá quivir,* a quien postrado adoro,
> en aquesta ocasión me permitiera
> que pudiera perderte el real decoro,
> no pisaras con vida la ribera
> del gran Pisuerga, que por dueño agora
> los pies parece que besarte espera.

La niña de Gómez Arias, vv. 1189-90:
> ABENJAFAR.   ¡*Alá quivir*
> os guarde cristianos!

771. *el hacienda:* véase v. 2 n.

778. *efeto:* efecto. Ver nuestros Criterios de Edición, p. 52.

782. *morabito:* mahometano que profesa cierto estado religioso a su manera, muy parecido en su forma exterior al de los anacoretas o ermitaños cristianos. Véase *La mayor desgracia de Carlos Quinto*, vv. 1335 n., 1449-61 n.

787. *campaña:* aquí, campo de batalla. Cf. v. 137.

794. En el sistema ortoépico de Vélez el grupo *aho* en posición tónica es siempre bisílabo. Ver Wade 467.

804. *andar a las manos:* cf. «Venir a las manos. Es pelear, reñir y disputar con las armas: y también significa disputar, aguir y contender sobre algún punto o materia dudosa» (*Aut*, s. v. «manos»).

805. *Tanira:* transliteración de Tenira, pequeña ciudad a 10 kms. al sudeste de Sidi-bel-Abbès. Su situación geográfica está descrita más adelante, en los vv. 1138-47.

809. *ocasión:* véase 545 n.

838. *corrido:* aquí y más adelante (v. 1923), cf. «CORRERSE. Avergonzarse, tener empacho de alguna cosa que se ha dicho o hecho» (*Aut*).

849. Falta un verso para completar la quintilla.

872. *bestión:* bastión, baluarte.

900. *hacer plaza:* hacer lugar, despejar un sitio por violencia o por mandato.

907. *bonete:* aquí y más adelante (v. 4025), yelmo.

912. *alabarda:* arma ofensiva, que consta de un asta de madera como de dos metros de largo, y de una moharra con cuchilla transversal, aguda por un lado y de figura de media luna por el otro. Aquí, por extensión, alabarderos.

919. *piezas:* sobrentiéndese, de artillería.

953. *almogata:* almogataz, moro bautizado al servicio de España en los presidios de África.

968 y passim. *rodela:* escudo redondo y delgado que, embrazado en el brazo izquierdo, cubría el pecho al que se servía de él peleando con espada. «ADARGA. Cierto género de escudo compuesto de duplicados cueros, engrudados, y cosidos unos con otros, de figura quasi oval, y algunos de la de un corazón: por la parte interior tiene en el medio dos asas, la primera entra en el brazo izquierdo, y la segunda se empuña con la mano. Usábanlas antiguamente en la guerra contra los Moros los soldados de a caballo de lanza, y aun hasta poco tiempo a esta parte se conservaba esta milicia en Orán, Melilla, y Costa de Granada, y oy día se conserva en la plaza de Ceuta, aunque en menor número que antes» (*Aut*).

970. *cuchilla:* «En estilo elevado se suele tomar por la espada» (*Aut*), y más específicamente, la espada blanca. Cf. «Llamamos espadas blancas las aceradas con que nos defendemos, a diferencia de las de esgrima—i. e., las negras—, que son de solo hierro, sin lustre, sin corte y con botón en la punta» (Cov, s. v. «espada»).

980. *zagaya:* lanza arrojadiza o dardo pequeño.

993. *Maquerra:* aquí y más adelante (vv. 1144–45), transliteración de *Mekerra,* río que pasa por Sidi-bel-Abbès antes de desembocar cerca de Orán.

1034. *Muchas:* sobrentiéndese 'ocasiones', sugerido por «ocasión» (v. 1031).

1036. *benarajes y alagueses:* se refiere por antonomasia a las tribus berberiscas de Marruecos que intentaron expandir su dominio sobre el Magreb occidental, oponiéndose a los turcos en Tarudante y Tremecén, luego aliándose al imperio otomano. Los benarajes, eran una confederación bajo la dinastía saʿdiana. La denominación, bastante imprecisa, o deriva del nombre del rey marroquí, Ahmad al-Araj (m. 1555), o de Kalaa de los Beni Rached, llamado Alcalá de Beniarache por Diego de Haedo (*Topografía e historia general de Argel,* 1: 240), y Alcalde Benarrax por Prudencio de Sandoval (*Historia del emperador Carlos V,* BAE 80: 100b). Según Haedo, estaba situado a «diez leguas de Orán y cuatro de Mostagán». Asimismo, *alagueses* es la transliteración de ʿAbd al-Hakk (1465), el último soberano de la dinastía marinida de Fez.

1039–40. *cada día se ofrece la Ocasión por el copete:* cf. «Asir la ocasión por la melena, o por los cabellos. Phrase que vale usar a su tiempo de la oportunidad que se ofrece delante, para hacer o intentar alguna cosa, de que resulta provecho y utilidad, y de la omisión mucho daño» (*Aut,* s. v. «ocasión»).

1045–46. *que:* aquí en sentido causal. Como Mostagán estaba situada cerca de tierras planas, solía sufrir epidemias de tifus y cólera durante los meses de verano. De ahí la alusión a que está apestada.

1066. *cafina:* cáfila, conjunto o multitud de gentes, animales o cosas, especialmente las que están en movimiento y van unas tras otras. O sea, caravanas.

1071. *Amayán, Jasa:* transliteración castellana de 'Amya', tierra en donde no se puede encontrar el camino correcto, o sea, donde confluyen un número de senderos o arroyos, y de 'Hasa', guijarros, pedregal. En árabe la mayoría de los topónimos son términos que describen la topografía del local. No hemos logrado identificar estos pueblos específicos en los alrededores de Orán. Podrían referirse a poblados ahora incorporados al casco urbano, pero que en un tiempo estaban a cierta distancia de la antigua Orán. O podrían ser términos genéricos de que se sirve el poeta.

1075. *lengua:* aunque en el *Tesoro* (1611) Covarrubias registra la acepción, «El intérprete que declara una lengua con otra, interviniendo dos de diferentes lenguages», y está usado en este mismo sentido en la Década 3, lib. 7, cap. 6 de la *Historia general de los hechos de los castellanos en las Islas i Tierra Firme del Mar Océano* (1601), de Antonio Herrera y Tordesillas—(documentado por las *Aut*, s. v.)—, parece que el sentido de la voz todavía no estaba lo suficiente establecido en los 1620 para que no hubiera la necesidad de parafrasearla aquí. Como ocurre en una secuencia de endecasílabos sueltos, la aposición parafrástica claramente no se trata de ningún ripio métrico.

1078. 'Estoy muerto por las narices'.

1080. '¡Me callo!' *Humazo:* «El humo que sale del papel doblado y retorcido, chupándole y recibiendo el humo en la boca, y también el que se da por las narices con lana encendida. [...] lo usan los muchachos pages, echando al que está dormido el humo de papel en las narices, para que despierte. [...] HUMAZO DE NARICES. Desaire o pesadumbre que molesta y dessazona» (*Aut*).

1082-89. 'Señor Sultán, yo estaba doliente y dormido, esperando a mi señor aquí. Llegaron dos diablos y me metieron por aquí, mi señor, dos canutillos, y por las bocas me soplaron adentro y me matan, y el ánima está ahumada, señor castellano, y estornudando, no puedo remediarlo'.

1088. *so:* señor.

1090. 'Tengo los pies quemados también'.

1095. '¿A qué salgo? ¿Quieres perder tu esclavo?'

1101-02. 'Este es un diablo infernal, mas él me lo pagará, a fe de moro'.

1113. *Ahara:* Ahará, también Aharak, región de *ergs* (dunas que cubren grandes espacios de terreno) y *krebs* (lechos) en el Sahara argelino.

1132. *temor en un judío:*

1134. *mahala:* aquí y más adelante (v. 1168), tropel, muchedumbre. Cf. *majal*, hebraísmo, cuerpo de voluntarios del extranjero que lucharon en el ejército israelita.

1143. *garrama:* cierta contribución que pagan los mahometanos a sus príncipes.

1144-45. *Melge:* transliteración de *Melrir*, afluyente izquierdo del Oued, o río, Taria, que desemboca en el Golfo de Arzew, entre Arzew y Mostáganem. *Maquerra:* véase v. 993 n.

1149-50. *Zahara, tierra fértil de dátiles y plumas:* Zara, población beréber, a 28 kms. al suroeste de Tlemecén, conocido por sus prósperos cultivos de frutas y hortalizas, y sus magníficos olivares.

1167. *plazas:* plazas de armas.

1179. *dentro el adüar:* dentro del aduar. Ver Keniston §41.32, p. 648.

1191. *despintar:* «Salir en vano la suerte de lo que se esperaa» (Cov).

1198-1201. 'A mí no, porque estoy muy cansado para rondar. Dormir, señor, sería más sano, porque tengo calentura'.

1204-06. 'Pues luego puede darme sepultura, porque, después de Alá, esta botella me da vida'.

1211-14. 'Esto con el tocino, don Lope, es buena comida, que sabe mejor que alcuzcuz y manteca'.

1223-26. 'Estáte alerto; mejor así, que empinado. Pierdo el temor algún tanto, aunque quedo con fatiga'. *Empinado:* juego polisémico, cf. «EMPINAR. Subir en alto, levantar en alto [...] Vale también beber trastornando el jarro o la bota hacia el gaznate, poniéndolo en alto, y boca abajo» (*Aut*).

1229. Sobrentiéndese 'que'.

1239-42. 'Yo guardo la puerta, y me hago el dormido, porque este es, por Clara, enemigo con mi señor'.

1244. 'Me callo y seré buen testigo'.

1257-60. '¡Ah, mujer, puta sois! Don Lope ha de saber que no podéis ser honrada y mostrar amor a dos'.

1279-86. 'Lo sabrá bien presto, que ya te está esperando. Clara no me contenta; ha parlado con don Leonardo, que estando yo allí echado, todo lo escuché, que aquel primo suyo ha hecho esta alcahuetería'.

1288. *constanza:* constancia.

1290-92. *Circe:* hechicera de la mitología clásica, cantada por Homero (*Odisea,* X, 210 ss.), Virgilio (*Eneida,* lib. VII) y Ovidio (*Metamorfosis,* XIV, 320). Fue hija del Sol y hermana de Medea, ambas hechiceras. Según Virgilio, tenía un palacio en el que «se perciben rugidos de leones que luchan contra las cadenas en medio de la noche, y gruñidos de jabalíes, bramidos de osos, y aullidos de lobos enormes a los cuales Circe, cruel diosa, con sus hierbas transformó de hombres en fieras». *Calipso:* ninfa mitológica, hija de Atlas, que, como cuenta Homero (*Odisea,* IV, V), hizo prisionero a Ulises en la isla Ogigia por siete años. *Alcina:* maga de *Orlando furioso,* de Ariosto, que, como Circe y Calipso, aprisionaba a náufragos. En VI, 35 ss. de dicho libro se deja seducir por Astolfo, antes de convertirlo en mirto. Luego, Rugero cae víctima a su belleza, pero el héroe por fin logra escaparse de ella (VII, 9-80).

1299. El octosílabo supone diéresis en «cruel» o en «fiera». Optamos por el primero, de acuerdo con el principio ortoépico señalado por Wade 462.

1304-05. 'No hay que hablarle. Allí está Clara, señor'.

1316. *desvelar:* «Impedir el sueño, no dexar dormir: lo que regularmente suele causar algún cuidado, que ocupa la imaginación, o alguna indisposición en la salud» (*Aut*).

1317. *enhorabuena:* aquí y más adelante (v. 3623), adverbio que expresa aprobación, acquiescencia o conformidad.

1332-34. 'De lo que no hay disculpa. Eres ruin mujer, y quieres a don Leonardo'.

1341-42. Cf. «QUARTOS. Se llaman también las tres partes en que se divide la noche para las centinelas: que la primera, se llama Quarto de prima, la segunda Quarto de la modorra, y la tercera Quarto del alba» (*Aut,* s. v. «quarto»).

1343. Falta un verso para completar la redondilla.

1346. *San Pedro:* cf. vv. 1076-77.

z. Véase vv. 97-98 n. Aquí y más adelante (v. 1444, 2151, 2157, 3990), «BESAR LOS PIES. Phrase común introducida por la urbanidad y cortesía en obsequio de las Damas, que quando es por escrito en carta, o billete no excede de las palabras dichas Besar los pies; pero si la ceremonia se hace personalmente, se reduce a decir las mismas palabras acompañadas de profunda reverencia. Suele también usarse de esta locución con los superiores principalmente Eclesiásticos de alta esphera, y aun con los que no lo son» (*Aut,* s. v. «besar»).

1377. *derrocar:* figuradamente, derribar, arrojar a uno del estado o fortuna que tiene.

1399-1403. Quintilla irregular, ya que «Ayén» y «Filayla» no consuenan.

1404-05. *has hecho experiencia*: has tenido noticia.

1427. *treinta:* aquí y más adelante (vv. 3007, 3845, 3866), Vélez emplea el número para expresar una cantidad grande e indeterminada. Cf. *La niña de Gómez Arias,* vv. 368-72:
>[E]n su mano mesma
>darás por señas; que ha sido,
>a más de *treinta* o cuarenta,
>el primer papel que escribo
>obligada a mil finezas.

El capitán prodigioso, vv. 733-38:
>Tú que a las tristes y mortales quejas
>de *treinta* hermanos de inculpable muerte
>negaste de piedad puertas y orejas,
>escucha atento tu infelice suerte,
>que ya al Cielo llegó en corriente flujo
>de la inocente sangre que hoy se vierte

El Águila del Agua, vv. 174-77:
>¡Tú eres la grosera, y luego
>tu galán y tus amigos

y todo tu parentesco,
y mientes por *treinta* mantos!

1429. *Marzaquivir:* también *Malzaquivir,* o Mers-el-Kebir, importante puerto al oeste de Orán, cuyo nombre quiere decir, en árabe, puerto grande. Cf. v. 3010.

1432. *bagaje:* equipaje militar de un ejército en marcha.

1440-41. La concordancia irregular se explica por la proximidad de «cargar» y «escusado». Véase Keniston §26.92.

1446. En el sistema ortoépico de Vélez, según Wade (467-69), la exclamación *¡Ea!* es siempre bisilábica.

1457. *aguardar:* aquí, guardar, custodiar.

1505-06. Sobrentiéndese, 'en Orán [no] se encierra hombre más cuerdo y capaz para gobernar la tierra'. Sobre el uso de frases adverbiales como esta que expresan un sentido negativo sin la partícula *no,* véase Keniston §40.71. En los ejemplos citados allí, dichas frases están circunstanciadas por algún elemento negativo o por alguna noción absoluta, como *en el mundo, en (mi) vida, en todos los días de su vida.* En el presente contexto, en Orán expresaría semejante noción, aunque no hay ninguna nota circunstancial que exprese negatividad relacionada con el enunciado de don Diego. Es de suponer que la frase implicara algún gesto por el actor que aclarase el sentido.

1514. *vuecelencia:* aquí y passim (vv. 834, 840, 2883), por síncope, vuestra excelencia.

1595. *alegrón:* alegría intensa y repentina.

1600-03. '¡Aparta! ¡No te llegues a mí, no, que quien al esclavo engañó, el esclavo ha de engañar!'

1606-11. 'Trato con término honrado, y soy, Clara, buen amigo. ¿Piensas que yo no sepa todas vuestras parlerías?, ¿que no afrentes al decir bellaquerías?'

1612-19. '¡Ah, Mahoma!, ¿cómo no te traga la tierra?, porque eres tan perra, que tienes menester a Roma, que sé que don Leonardo estaba hablando contigo toda la noche, y que don Lope pasó la noche conmigo'. *Haber menester:* necesitar. Cf. v. 1890. *Haber:* aquí en sentido transitivo, tener, poseer. Cf. Juan de Valdés, *Diálogo de la lengua:* «Aya y ayas por tenga y tengas se dezía antiguamente, y aun lo dizen agora algunos, pero en muy pocas partes quadra» (105). Ver Eva Seifert, «"Haber" y "tener" como expresiones de la posesión en español».

1622. El octosílabo supone hiato en «trae, y». Cf. vv. 67 n., 602 n.

1626-31. 'No he visto, pero te escuché bien; y aquel primillo, sospecho que es un bellaco picaño que hace daño a don Lope y da provecho al otro'. *Picaño:* pícaro, holgazán, andrajoso y de poca vergüenza.

1633. '¿Que no fuiste tú?'

1648-56. 'No llores, Clara cuitada. ¡Por Alá, mucho pueden lágrimas de una mujer que está toda alborotada. ¡Ah, Mahoma, paciencia con esta tentación! Alégrate el corazón, señora, y esté contenta, porque don Lope está escuchando'.

1657. 'Vele venir'.

1657-63. '¡Ah, señor, acude presto, porque Clara está sollozando! Llegas a buenas lagrimillas; no estés mohíno! A ser de vino, ¿quién pudiera beberse dos escudillas!'

1673. El octosílabo supone hiato en «experiencia has».

1714-19. 'Que es el amor como cabeza; no tiene ley, fe ni voluntad con las mujeres; después de haberla roto, gimen, que cuando dicen verdad, mienten más'.

1740. *ocasión:* véase v. 545 n.

1741-43. '¡Oh, qué poquillo sabes! ¡A fe, que no la perderías si tuvieras mi condición!'

1767. *lo que:* véase v. 222 n.

1821. *ocasión:* véase v. 545 n.

1824. Véase vv. 435-36 n.

1839. *leal:* véase v. 111 n.

1853-55. *infante:* «En la milicia llaman infantes los soldados que pelean a pie» (Cov). El verbo auxiliar es singular porque infante y escudero se entienden como sujeto complejo.

1857. *campo:* aquí, «el exército formado, que está en descubierto» (*Aut*). Cf. 2002 n.

1883. *vení:* por apócope, venid. Es el único caso en la comedia del mandato apocopado.

1890. *ser menester:* ser necesario.

1899. *sea:* véase v. 111 n.

1902. *alfaquí:* entre los musulmanes, doctor o sabio de la ley.

1918. El octosílabo supone que Ea sea bisílabo. Cf. v. 111 n.

1923. *corrido:* véase v. 838 n.

1928. Aquí y más adelante (vv. 2280, 3623), la escansión métrica supone sinéresis en el grupo *ao* en posición tónica. Cf. Wade 465.

1968. *pintada:* aquí, muy a propósito. Cf. vv. 243 n., 297 n., 642 n.

2002. *campo:* aquí, ejército. Cf. 1858 n.

2014. Como la exclamación «¡Ea!» pronunciada como bisílabo, y la voz «Santïago» pronunciada con diéresis son principios casi absolutos de la ortoepía de Velez—cf., por ejemplo, vv. 1446, 1918, 2009, 2014, 2216, 2253, 2379, 2665, 3258, 2012, 2025, 2398—, es de suponer que la irregularidad métrica de nueve sílabas sea intencionada para acentuar la exhortación del Marqués. Ver Wade 463, 465–67.

2024. Falta un verso para completar la quintilla.

2066–70. '¡No ladren tanto, perrillos, callen y no me enojen! ¡Coman de estos higuillos, y anden comiendo y callando, porque están cerca los gozquillos!' *Gozque:* perro pequeño muy sentido y ladrador.

2071–2179. La historia de Ambrán y Filayla halla su origen en la tradición de cautiverios costeros entre moros y cristianos y, más concretamente, en un cuento incluido por Battista Fregoso en los *Factorum dictorumque memorabilium libri IX,* lib. IV, cap. 6, recogido por Pedro Mexía en su *Silva de varia lección:* «Entre estos exemplos antiguos, bien meresce ser contado el de un labrador natural del reyno de Nápoles, por ser muy notable, el qual Baptista Fulgosio escrive. Fue que, andando un pobre cerca de la mar en su labor, acaso andava su muger algo apartada dél y, de una fusta de moros que andava a hazer salto, fue tomada y metida en la mar. Desde a poco, como el labrador no halló a su muger do la avía dexado y vido la fusta allí carca, luego fue conocido y visto por él que su muger era captiva. Pues, queriendo antes ser captivo con su muger que bivir libre sin ella, se echó a nado a la mar, dando boces al capitán de la fusta, diziendo que lo tomassen a él, pues llevavan a su muger; y assí fue rescebido en la galera con grande admiración de todos y con lágrimas de su muger. Y, como después fue el rey de compassión de marido, que tanto quiso a su muger que aventuró la vida y libertad por sólo serle compañero en la desventura sin tener fin a otro remedio alguno, les hizo dar la libertad a ambos y los embió libres a su tierra» (p. 629). Véanse Dámaso Alonso, «Una fuente de *Los baños de Argel»;* ídem, *«Los baños de Argel* y *La comedia del degollado»;* ídem, «Maraña de hilos (Un tema de cautiverio entre Fulgosio, Pero Mexía, Bandello, Juan de la Cueva y Cervantes».

2088. *la mayor:* sobrentiéndese 'desdicha', sugerido por «desdichado» (v. 2085).

2105. *trujo:* aquí y más adelante (vv. 2613, 3892), arcaísmo por 'trajo', habitual todavía en los siglos XVI y XVII. Véase Ramón Menéndez Pidal, *Manual de gramática histórica,* 316.

2113–14. *guerra de Marte:* las belicosidades del dios de la guerra se contrastan implícitamente con las del Amor, y por consiguiente, con la paz de Venus, la diosa del amor. Cf. vv. 3156–57.

2190. Falta un verso para completar el romance.

2197. *despojo:* aquí y más adelante (vv. 2689, 3378), «lo que se trae tomado del enemigo, por otro nombre presa» (Cov).

2272. Verso irregular de diez sílabas.

2273. *sor:* véase vv. 441-44 n.

2276. *galima:* el endecasílabo requiere que se desplazca el acento tónico de *gálima:* «Hurto pequeño y frecuente» (*Marginalismo*).

2278. *pescar:* en la germanía, «Coger cualquier cosa y frecuentemente robar» (*Marginalismo*).

2280. *pintillas:* pintas, juego de naipes, especie del que se llama del parar. Juégase volviendo a la cara toda la baraja junta, y la primera carta que se decubre es del contrario, y la segunda del que tiene la baraja, y estas dos se llaman pintas. Vanse sacando cartas hasta encontrar una de número igual al de cualquiera de las dos que salieron al principio, y gana aquel que encuentra con la suya tantos puntos cuantas cartas puede contar desde ella hasta dar con azar, que son tres, el cuatro, el cinco y el seis, si no es cuando son pintas, o cuando hace encaje al tiempo de ir contando; como será si la cuarta carta es un cuatro que, entonces, no es azar, sino encaje. El que lleva el naipe ha de querer los envites que le hace el contrario, o dejar el naipe.

2282. *tortugas:* se referirá graciosamente a los soldados armados que están de guardia.

2283. *cocinero:* en la germanía, el que da las cartas.

2285. *vuacé:* forma asincopada de vuestra merced. Véase José Pla Cárceles, «El tratamiento de 'Vuestra Merced'», 252-62. *Cotorra:* sota, según consta en el verso que sigue. Esta expresión jergal se explicará por la figura de la sota. Cf. *cotorra,* ave americana de pluma, alas y cola largas y puntiagudas y colores varios, en que domina el verde.

2287. El endecasílabo supone sinéresis en «real» (cf. v. 111 n.) e hiato en la exclamación «Qué azar».

2288. '¡A buen punto llego!'

2290. 'Lo que tengo, no más'.

2291-93. 'Calla, liebre, que mis ochavillos son tan buenos como los tuyos'. *Ochavillo:* ochavo, moneda de cobre con peso de un octavo de onza y valor de dos maravedís.

2293. *so:* véase vv. 1082-89 n.

2295. 'Un cuartillo paro'. *Cuarto:* moneda de cobre cuyo valor era de cuatro maravedís.

2299-2300. '¡Con un cuartillo topo con todo el mundo, y pare luego!'

2311. *peregrino:* aquí, figuradamente, raro, especial, pocas veces visto.

2358. *flaqueza:* aquí, debilidad.

2376-77. '¡Sargento, eso sí, pese a Mahoma!'

2381. *pesia tal:* interjección de desenfado. «Lo mismo que Pésete, y también se usa algunas veces por modo de interjección, para demostrar la estrañeza u dissonancia que hace alguna cosa» (*Aut*). Cf. «PÉSETE. Especie de juramento maldición o execración, llamada assí por explicarse con esta voz el deseo de que suceda algo mal» (ibíd.).

2404. *sea:* véase v. 111 n.

2470. *cuartago:* caballo de mediano cuerpo.

2483. *al temor pintan con alas:* en los *Emblemas morales* (Madrid, 1610), I, 46, Sebastián de Covarrubias pinta a un ciervo con inmensas alas para ilustrar el dicho antiguo acuñado por Virgilio en el lib. VIII de la *Eneida: Pedibus timor addidit alas*.

2502-03. *preceptos de Pacheco ni Carranza:* alusión a los notorios maestros de esgrima Luis Pacheco de Narváez y Jerónimo Carranza. El manual de este, *De la filosofía de las armas, de su destreza y de la agresión y defensión cristiana* (Sanlúcar de Barrameda, 1582), mereció calurosos elogios de Cervantes y el divino Herrera, entre otros, mientras los manuales del primero fueron objeto de feroces sátiras, por Quevedo principalmente, Lope, Tirso y Vélez, entre otros. Cf., por ejemplo, *El Verdugo de Málaga*, vv. 245-53:

  BONETE. ¡Cuerpo de Dios, con mi abuelo
        vaya Satanás a vella!
        ¿Yo, visión, mora encantada?
        ¡Descántela su abuela!
        ¿Soy digromántico acaso?
        ¿Soy astrólogo o poeta?
        ¿Soy acaso esgrimidor
        que círculos forma y muestra?
        ¡Vaya Judas!

La jornada del Rey don Sebastián en África, vv. 969-90:

  MAESTRO.   Póngase en línea recta, como he dicho,
        Vuestra Real Majestad, y tenga cuenta
        con su circunferencia.
  REY.   Ya parece
        que esto se ha reducido a ciencia.
  MAESTRO.   Y tanto,
        que no se da compás que no esté puesto
        en arte y en razón de la aritmética;
        que esta es dotrina nueva de Carranza,
        un caballero sevillano, maestro

	de espada y daga, en prática retórica,
	a quien siguen los que procuraron
	acertar en Italia y en España.
	Si el contrario quisiere hacer herida,
	de primera intención ir al atajo
	por la circunferencia, y esto habiendo
	tomado con presteza y advertencia,
	medio de proporción, el cuerpo firme
	de cuadrado.
REY.	¿Quién puede esperar tanto,
	siendo español? ¿Hay más de entrar tirando
	estocadas con ánimo y presteza,
	sin dejarle poner los pies en tierra
	ni advertir proporción, ángulo o línea
	de esta suerte, maestro?

2537. Sobre la omisión de la conjunción *que,* ver Keniston §15.99.

2602–11. La métrica se hace muy irregular en estos versos en *CV* así como en *MS*. Constan respectivamente de 12 sílabas, 7, 13, 11 (suponiendo hiato en «entra. MARQUÉS. ¡Oh»), 12, 11, 12, 11, 11 (suponiendo hiato en «qué esclavos» y en «Ciento ocho»), y 11 (suponiendo hiato en «presa! MARQUÉS. He»).

2617. *refresco:* aquí y más adelante (v. 4016), «Alimento moderado» (*Aut*).

2632–35. 'Ten lástima de esa esclava, acaba de parlar y vete a tu casa, porque está cansada y triste la botella, que apenas da su sustancia aunque la estrujo'.

2658. El octosílabo supone que el grupo vocálico *eo* de galeota se pronuncie como bisílabo.

2660. *derrota:* rumbo o dirección que llevan en su navegación las embarcaciones.

2663. *ciar:* remar hacia atrás.

2674. *Arráez:* caudillo o jefe árabe. Aquí y más adelante (v. 3055), el grupo *áe* se pronuncia con sinéresis. En cambio, es bisílabo en los vv. 2679, 3023, 3885. Véase v. 67 n.

2700. *Cabo Falcón:* marca el término poniente del Golfo de Orán.

2800–03. Redondilla irregular, ya que los versos interiores no consuenan.

2804. *que:* aquí en sentido causal.

2834. *el aspereza:* véase v. 2 n.

2841. *espacio:* véase v. 347 n.

2842. *estado:* aquí, matrimonio. Cf. «Mudar o tomar *estado*. Es passar de un género de vida a otro: como de soltero a casado» (*Aut*, s. v. «estado»).

2851. *teníades:* teníais.

2862. *desde hoy más:* desde hoy en adelante.

2867. El octosílabo supone hiato en «mi alma». También en el v. 3474.

2904. '¿Qué haces, señor?'

2914–17. '¡Ah, caponcillo, de hoy en adelante te pesará que me encuentres, porque eres, yo no me engaño, un muy grande alcahuetillo!'

2918. '¡Tente el cuchillo!'

2919. '¡Que llegue por su daño!'

2924–30. '¡Guay, guay, no me ofendas, que si tomo un ladrillo, por Mahoma, que me sé defender!'

2932–39. 'Todo tres juegan al mohíno a Clara; no tiene más de una cara, una aquí y otra al revés. ¡Abahalula, engaña a mi amo cada día, no encubre su putería; vóyselo luego a decir!'

2990–91. *baquero:* sayo baquero, vestido exterior que cubre todo el cuerpo y se ataca por una abertura que tiene atrás en lo que sirve de jubón. *Grana:* paño fino usado para trajes de fiesta. Cf. «GRANA. Paño mui fino de color purpúreo» (*Aut*), y por extensión, cualquier paño fino, del color que sea. Ver Noël Salomon, *Lo villano en el teatro del Siglo de Oro*, 408–09. *Pasamanos:* galones o trencillas, cordones, borlas, flecos y demás adornos de oro, plata, seda, algodón o lana, que se hace y sirve para guarnecer los vestidos y otras cosas. *Almanares:* almanacas, que son, manillas o pulseras, brazaletes.

3000. *azugía:* transliteración de la voz árabe, *seguia,* canal.

3006. *salvamento:* lugar o paraje en que en que uno se asegura de un peligro, como el puerto, que se asegura de los riesgos del mar.

3010. *Almarza:* lo mismo que Malzaquivir. Véase v. 1429 n.

3043. *caleta:* «Trecho pequeño y angosto de mar, a modo de puertecillo, formando una ensenadilla, donde se pueden desembarcar los navegantes y esconderse las embarcaciones» (*Aut*).

3065. *fuérades:* fuérais.

3070. 'Señor, espera'.

3071-73. 'Avisarte de tu daño, y hacerte saber que todas las mujeres tratan con engaño'.

3074-77. 'Que Clara estaba en conversación con Leonardo, y que afición le mostraban ojos y cara'.

3078-81. 'Lo sé porque vengo de su casa a buscarte, y lo que pasó con el ojo lo vi'.

3082-93. 'Su primo estaba con ellos, que era la cobertura de los dos; no te fíes, no los creas, porque Leonardo sacó el cuchillo porque entré a buscarte, y el bellaco alcahuetillo también dijo no sé qué; y lo más que sé aquí es que Clara me riñió. ¡Ah, señor!, ¿que te hacen toro, y no lo quieres creer?'

3096-3101. 'Yo sí sé; vienen a Orán a ponerte el cornamento. No te fíes de parientes, porque te quitan el descanso, mas como te ven tan manso, parece que lo consientes'.

3103-05. 'Vele venir ahí el hideputa! ¡Qué carilla que tiene para acertar a ser mujer, cerca está de ser puta'.

3120. *ayuda de costa:* emolumento que se suele dar, además del sueldo, al que ejerce algún empleo o cargo.

3128. *Valenzuela:* aquí se trata del nombre del caballo, pero el nombre Valenzuela por antonomasia significaba rocín de raza andaluza, de gran calidad. Cf. Luis de Bañuelos y de la Cerda, *Libro de la jineta y descendencia de los caballos Guzmanes*, 9, 11: «Los cauallos Guzmanes, que oy se llaman Valençuelas, con muy gran raçon, porque ningunos ay que merezcan el nombre de cauallos sino son ellos por las calidades y particularidades que tienen más que los otros: en lo que es talle, lindeça de cuello, pechos, cara, ojos, caderas y cauello son aventajadísimos a los demás. [...] Oyle decir muchas veces al Conde de Medellin, que no podia andar hombre onrrado en cauallo que no fuese Valençuela».

3156. *que:* aquí en sentido causal, porque.

3158. *Poneos:* el octosílabo supone sinéresis. Ver Wade 465.

3204. *socorro:* aquí, tropa que acude en auxilio de otra.

3207-13. 'Señor Capitán, déjame también hacer sin arcabuz, que tire morrillos, que parecen balas gruesas cuando yo los disparo, y cuando llegue el mojicón, aquí traigo mi machete'. *Morrillo:* «Diminutivo de Morro. El que es pequeño. Dícese regularmente de la piedra o guijarro redondo» (*Aut*). *Mojicón:* juego dilógico que se refiere, por un parte, a una especie de bollo fino que se usa para tomar chocolate, y por otra, al golpe que se da en la cara con el puño.

3224. Falta un verso para completar la quintilla.

3227. *trinquete:* vela que se larga en la verga mayor que se cruza sobre el palo de proa.

3229. *borriquete:* vela que se pone sobre el trinquete para servirse de ella en caso de rifarse este.

3253-56. '¡Ah, perros, disparen; que cuantos más balazos hacéis a los cerros, os harán buena salva nuestros balazos!' En el v. 3256 sobrentiéndese «buena salva» (v. 3253).

3266. *resistí:* aunque los testimonios traen «resistir», homófono del mandato 'resistid', transcribimos la forma apocopada del mandato para restaurar la rima de la quintilla.

3272. *ciar:* véase v. 2663 n.

3284. *atrevido:* aquí con valor de adverbio.

3285. Sobrentiéndese «he» (v. 3282).

3319. 'Veníos tras mí'.

3320-21. 'Buen hombre, ¿habéis tragado mucha agua?'

3322-23. 'Con la sal, podéis beber un poquito de vino una vez'.

3324-26. 'Bebed, empinad la botella más! ¡Bien lo tragáis, tenéis sed!'

3329. *Magaragua:* transliteración de la voz árabe *magurawa*, confederación de zanatas, o tribus beréberes, que Vélez convierte aquí en topónimo.

3341. *estar mortal:* estar muy cercano a la muerte.

3343. El octosílabo supone hiato en «salió, y».

3353. *Morán:* Orán.

3370. *sulcados:* por lambdalismo, surcados.

3390. *rayo:* una de las voces predilectas de Vélez de Guevara. «Las imágenes a base de *rayo* son uno de los ornamentos más frecuentes de la poesía del siglo XVII. [...] La preferencia mostrada por Vélez y otros hacia este símbolo de la gloria y de la destrucción violenta es una manifestación típica del espíritu del barroco» (Arnold G. Reichenberger, ed., *El embuste acreditado*, 296). En la presente comedia hay solamente tres casos del vocablo; dos de ellos son literales (vv. 3474, 3948), y el presente, que expresa metafóricamente una cosa que tiene gran fuerza o eficacia en su acción, o como estrago, infortunio o castigo imprevisto.

3391, 3194. *ley:* aquí, religión.

3395-96. *huesos... en la Gran Mezquita:* alusión al zancarrón y a la antigua leyenda del féretro suspendido de Mahoma en la Gran Mezquita de Meca, generalmente conocida desde la Edad Media. Cf. «Vimos el sepulchro de su perro de Mahoma que estaua en una quadra, y estaua colgada en el aire entre seis piedras imanes, que ninguna de todas ellas es mayor ni menor la una que la otra, y cada piedra cada una tira para si» (*La historia del Infante don Pedro de Portugal el qual anduvo las siete partidas del mundo*, en *Los pliegos sueltos de Thomas Croft*, 124). Cf. también Lope de Vega, *Los esclavos libres*, Ac.N., 5: 431b:

PAJE 2.º   ¿De qué suerte,
                   Guzmán, en Meca está el pernil
                   del señor don Mahoma?
PAJE 3.º   Enamorado
                   dicen que andaba este bestial Profeta
                   de una judía, y el marido y padres
                   cogiéronle entre puertas como a perro
                   y diéronle paliza temeraria;
                   viéndole muerto, hiciéronle pedazos,
                   reservando una pierna y la cadera,
                   rogando a la judía que dijese
                   que una noche, gozándola, se había
                   subido al Cielo, y que ella, por tenerle,
                   le asió de aquella pierna, que en reliquias
                   le dejó, y se llevó lo más del cuerpo;
                   creyéronlo los moros, y escapáronse
                   de ellos, con este engaño, los judíos:
                   tomaron, pues, la pierna, y allá en Meca,
                   entre piedras imanes la pusieron,
                   cuya virtud la tiene y la sustenta,
                   aunque ellos piensan que es un milagro.

Ver A. Eckhardt, «Le ceruil flottant de Mahomet». *Gran Señor*: aquí y más adelante (v. 4033), «El Gran Señor, que así se llama el emperador de los turcos» (Quevedo, *La Fortuna con seso*, apud *Aut*, s. v. «visi»).

3423. El octosílabo supone hiato en «A él» y que «galeota» sea cuadrisilábica.

3425. *rémora:* «Es un pez pequeño, está cubierto de espinas y de conchas; dicho así *a remorando*, porque si se opone al curso de la galera o de otro bajel le detiene, sin que sean bastantes remos ni vientos a moverle» (Cov), y por extensión, cualquier obstáculo.

3426. El octosílabo supone hiato en «viaje y».

3451. *llano:* es decir, campo llano, o acceso fácil.

3452. *lo que:* cuánto.

3461. *llevarla:* llevadla. El mandato está transformado para regularizar la consonancia de la redondilla. Consta así en *CV* y *MS*.

3471-76. Tercetos irregulares, ya que «rocío» y «nuevo» no se consuenan.

3474. El endecasílabo supone hiato en «mi alma». Véase v. 2867.

3560. 'No está en Orán ahora'.

3557. *albricias:* aquí y más adelante (v. 3806), «Las dádivas, regalo, u dones que se hacen pidiéndose, o sin pedirse, por alguna buena nueva, o feliz sucesso a la persona que lleva u da la primera noticia al interesado» (*Aut*).

3561-66. 'No trae ni pierna ni brazo cortado, mas viene descalabrado del amor que tiene por ti; y mi señor me envía para decirte un secreto'.

3569-70. 'A solas será mejor. Llega la oreja'.

3572. *estar al cabo:* haber entendido bien una cosa y compendido todas sus circunstacias.

3574. *tahona:* literalmente, molino de harina cuya rueda se mueve con caballería.

3597. Falta un verso para completar la serie de tercetos. Vélez solía terminar sus tercetos con dos pareados.

3643. *habemos:* forma etimológica derivada de *habemus* que alterna con *hemos*.

3650. *en contingencia:* aquí, en duda.

3659. Falta un verso para completar la redondilla.

3666. *blasón:* aquí, «Significa [...] por methonimia lo mismo que honor y gloria, tomando la causa por el efecto: pues como los blasones, o escudos de armas ilustran y dan estimación a las personas que los trahen: assí por blasón se entiende el mismo honor y gloria con que fueron adquiridos» (*Aut*). Cf. v. 39.

3690. *mas que:* pero, aunque. Ver Keniston §42.21.

3700. Cf. «Antes ciegues que tal veas. Frase con que se suele contestar a la persona que nos desea o vaticina alguna desgracia o mal suceso» (Sbarbi 80b).

3702. *astuto Sinón:* griego que convenció a los troyanos para introducir en la ciudad el caballo de Troya lleno de enemigos. En Vélez la expresión es casi un sintagma. Cf., por ejemplo, «Y diciendo y haciendo, tomó en la mano una rima de vueltas de cartas viejas cuyo bulto se encaminaba más a pleito de tenuta que a comedia, y arqueando las cejas y deshollinándose los bigotes, dijo, leyendo el título, de esta suerte:
«—Tragedia Troyana, Astucias de Sinón, Caballo griego, Amantes adúlteros y Reyes endemoniados» (*EDC* 129-30).

3710. *Apolo:* la referencia aquí realza el papel de Apolo como dios de la música y patrón de la poesía. Anfión: príncipe tebano y arpista cuya música era tan bella que hizo edificar las murallas de Tebas atrayendo las piedras al son de su lira.

3721. *griego:* en la germanía, «Tahur, fullero» (*Marginalismo*), o bien, traidor. Cf.

«es este astuto Sinón» (v. 3702).

3722. *bretón:* en la germanía, «Ladrón; acaso rufián» (*Marginalismo*).

3740. *troyano burlador:* refiérese, desde luego, a Eneas.

3745. *villano:* ruin.

3747-48. Otra alusión a los personajes de *Orlando furioso* de Ariosto. Cf. *La Serrana de la Vera*, vv. 2096-2113:

[GILA.]	Como imaginé que estaba
	tan cercano el casamiento,
	le di esta noche en mis brazos
	ocasión para ofenderos.
	¡Mal haya, padre, quien fía
	de sus mismos pensamientos,
	de palabras de los hombres,
	de regalos y requiebros!,
	que estas galas enemigas
	dicen, tremolando al viento:
	«Aquí se alojan agravios
	a costa del propio dueño.»
	Echaldo de ver, pues marcha
	ese capitán Vireno,
	haciéndome Olimpia a mí,
	y roca su ingrato pecho.
	¡Ay, furia! ¡Ay, rabia! ¡Ay, cielos,
	que se me abrasa el alma! ¡Huego, huego!

El amor en vizcaíno, los celos en francés y torneos de Navarra, vv. 1725-40:

CARLOS.	En gozando me abochorno,
	que en llegando a la experiencia,
	todo el amor trueco a bascas,
	y a mareos las finezas.
	Porque mi genio conozco,
	te apercibí que estuvieras
	en este puesto a estas horas
	con los caballos.
VILHÁN.	Ya esperan
	esotros tres en los suyos.
CARLOS.	Dame el Tigre. No amanezca
	y nos encuentre aquí el día,
	que doña Dominga queda
	dormida.
VILHÁN.	Esta virenada
	con la de Olimpa francesa
	juntará la vizcaína.
CARLOS.	Vamos.

3770. *ocasión:* véase v. 545 n.

3807-12. '¡Bien le paga en abrazos el trabajo y diligencia! ¡Mira qué joya el contento hace que, en pago, alargue!; que fuera mejor, no tan malo; que al fin hubo tocamiento'.

3845. *treinta:* se solía emplear el número treinta para expresar una gran cantidad indeterminada. Cf. *La niña de Gómez Arias,* vv. 368-72:

>en su mano mesma
>darás por señas; que ha sido,
>a más de *treinta* o cuarenta,
>el primer papel que escribo
>obligada a mil finezas.

El capitán prodigioso, vv. 733-38:

>Tú que a las tristes y mortales quejas
>de *treinta* hermanos de inculpable muerte
>negaste de piedad puertas y orejas,
>escucha atento tu infelice suerte,
>que ya al cielo llegó en corriente flujo
>de la inocente sangre que hoy se vierte

El Águila del Agua, vv. 174-77:

>ALMENDRUCA. ¡Tú eres la grosera, y luego
>tu galán, y tus amigos
>y todo tu parentesco,
>y mientes por *treinta* mantos!

3889. *La Algaba:* pueblo de Sevilla, que desde el siglo XIV pertenecía a los Guzmanes. Véase Pascual Madoz, *Diccionario geográfico,* 1: 550.

3901 *de espacio:* largamente, con recreo. Véase v. 347 n.

3910. *Aquí fue Troya:* «Con esta frase damos a entender que solo han quedado en ruinas y señales de alguna población o edificio; o bien que ha ocurrido algún acontecimiento infausto o ruidoso, ya sea con relación a un hecho pasado o presente» (Sbarbi 970b).

3918. *dueño:* en sus *Apuntaciones* (§176) Rufino José Cuervo da numerosos ejemplos en que dueño tiene implicación femenina. Cf. *El rey en su imaginación,* vv. 380-89:

>ALBANO. No son esas
>obligaciones precisas
>de cualquier vasallo fuera
>de que ésas le corren más
>a quien las mías hereda.
>Dueño sois de nuestras vidas,
>y está obligado cualquiera
>a dar en vuestro servicio
>la suya.
>DIANA. Que os lo agradezca
>es justo.

Calderón de la Barca, *Casa con dos puertas mala es de guardar,* vv. 1399-1402:

    LAURA.   [...] Y si me ve,
                  quedara desengañado,
                  de que Marcela no ha sido,
                  el dueño de aquesta casa.

Ídem, *El médico de su honra,* vv. 213-15:

    DON ENRIQUE.   Muy como señora habláis,
                            Mencía. ¿Sois vos el dueño
                            desta casa?

Ruiz de Alarcón, *La industria y la suerte,* vv. 1721-26, 1756-61:

    ARNESTO: Temblando voy
                    a abrirlo [i. e., un papel], que cierto estoy
                  que es de aquella ingrata fiera.
                  (Abre el papel.)
    SANCHO: Esta es letra de mujer.
    ARNESTO: Sin firma, por más secreto.
    SANCHO: Será su dueño discreto.
                [...]
                No te entregues al dolor:
                vuelve en ti, cobra quietud;
                que importa más tu salud
                que doña Blanca y su amor.
                Y por dicha no sería
                ella el dueño del papel.

    ggg. Sobrentiéndese que don Leonardo dirige sus palabras aparte a doña Clara, quien está esperando al paño.

    3933-35. 'Acaba, Clara, que avienes a año nuevo, porque mi señor está a la pe del palo'. Cf. *«Año nuevo nueva vida.* Refrán que se suele emplear indicando el propósito de cambiar de género de vida desde el año entrante» (Sbarbi 82b). *A la pe del palo:* a comienzo de nueva suerte. Cf. *dar palo,* salir o suceder una especie al contrario de cómo se esperaba o se deseaba.

    3940. *estafermo:* «Por metáphora se dice el que sin servir de cosa alguna, presume hacer papel: y también el que se está o queda parado esperando» (*Aut*).

    3958-64. '¿Beltranejo? ¿Que es mujer? ¡Ah, Mahoma, tarde vengo a saberlo, que si no, yo le quitara, a fe de moro, el gregüesco y tentara las maravillas que la puerta encubre adentro!'

    3970. *desvanecido:* vanidoso.

    3993-94. *dar los brazos:* «Phrase mui común y familiar, que vale admitir y recibir a uno con afecto y cariño: y assí para manifestar el gozo y estimación con que a un amigo, o conocido, que viene de fuera se le recibe, o se le aplaude alguna buena acción, u dicho, se dice dadme los brazos« (*Aut,* s. v. «brazo»).

3997-4038. Cf. *Don Pedro Miago,* vv. 1820-39:

Galván.	Zoraide y yo las vidas os ofrecemos.
Pedro.	No habléis más. Yo tengo de serviros,
	sin que penséis que son ofrecimientos,
	aunque no era razón de esto advertiros,
	pues que sabéis quién soy. Aquí y ausente,
	siempre que me mandéis he de serviros.
	Yo sé que jugáis cañas y, al presente,
	que de caballos falto estáis, y quiero,
	para serviros, que os sirváis de veinte
	tan resueltos y airosos que yo espero
	que no los tiene el Rey, Galván, mejores,
	ni en León ni en Castilla caballero;
	y otros tantos jaeces de colores
	diversos melioneses, de pinceles
	estrellados de perlas y rubíes,
	que sirven de jazmines y claveles,
	entre turcos bajaes y alelíes
	ganados por mis manos de infieles.
Galván.	A la merced, cristiano, que me haces
	me prometo salir el más lucido.

4001. *halcones de La Caoba:* las aves de cetrería eran una comodidad muy preciada en la corte de Felipe III y de Felipe IV, especialmente las africanas. Por ejemplo, una entrada de las cuentas de Francisco Díaz de Losada, pagador de la Casa de Castilla de Su Majestad, del 23-II-1636, estipuló un pago de 26.250 maravedís por el precio de dos gerifaltes mudados, a razón de cada uno de a treinta y cinco ducados (AGS, CMC, EP3, Leg. 2502, Núm. 7, fol. 4 extraordinario). Una entrada de 1633, fechada el 23-VIII, documenta un bono de 18.700 maravedís, con los cuales el Rey le gratificó el esfuerzo de un tal Miguel Noreño, soldado de Orán, en llevar a la Corte los halcones que envió presentados a Su Majestad el Vizconde de Santa Clara (AGS, CMC, EP3, Leg. 2502, Núm. 1, fol. 32). *La Caoba:* transliteración castellana de *Caadoua,* pueblo marroquí, localizado en los cerros costeños de la falda del Rif, en el distrito de Al-Hoceima.

4009-10. *adargas aceradas de Maliona:* véase v. 968 y passim n. Las adargas de Meliona eran especialmente preciadas por su dureza, pues estaban reforzadas con acero. El octosílabo supone diéresis en «Maliona».

4013. *tahalí:* tira de cuero, ante, lienzo u otra materia, que cruza desde el hombro derecho por el lado izquierdo hasta la cintura, donde se juntan los dos cabos y se pone la espada.

4016. *refresco:* véase 2617.

4022. *tafilete:* calzado de cuero bruñido y lustroso, mucho más delgado que el cordobán.

4025. *bonete:* véase v. 907 n.

4026. *esquero:* bolsa de cuero que servía para llevar la yesca y el pedernal, el dinero u otras cosas.

4032. Falta un verso para completar el romance.

4033. *Gran Señor:* véase v. 3396 n.

4034. Falta un verso para completar el romance.

4055. *grana:* véase vv. 2990-91 n. Capellar: especie de manto a la morisca que se usó en España.

4094. '¿Qué he de hacer, si estoy sujeto?'

4095-97. 'Si estoy libre, parto contigo luego al punto para España'.

4098. Falta un verso para completar el romance.

4101. '¿Con qué bautizan?'

4102. Falta un verso para completar el romance.

4104-08. 'No será bueno bautizarme con agua, señor. Con vino, no hace tanto daño al cuerpo. No seré buen cristiano aguado; quiero morir puro moro en España'. Juegos polisémicos. *Aguado:* echado a agua, y también, abstemio. *Moro:* mahometano, y también, aplícase al vino que no está aguado, en contraposición del cristiano, o aguado.

4111. 'Pues, vamos a España, señor'.

ÍNDICE DE VOCES COMENTADAS

a espacio   347
a la pe del palo   3933–35
adargas aceradas de Malïona   4008–09
adüar   763
aguado   4104–08
Ahará   1113
al temor pintan con alas   2483
alabarda   912
alagueses   1036
Alá quivir   768
alarbe   129
albricias   3557
Alcazaba, el   2
Alcina   1290–92
alegrón   1595
alfanje   754
alfaquí
alfeñique   422
almanares   2990–91
Almarza   3010
almogata   953
Amayán   1071
andar a las manos   804
Anfión   3710
año nuevo   3933–35
Apolo   3710
aquesta   47 y passim
Aquí fue Troya   3910
Argos   623
aspereza, el   2834
atambor   593
atrevido   3284
aullador   298
ayuda de costa   3120
azugía   3000

bagaje   1432
baquero   2990–91
benarajes   1036
bestión   872
borriquete   3229

caleta   3043
Calipso   1290–92
Caoba, halcones de La   4001
capellar   4055
Carranza, preceptos de Pacheco ni   2502–03
celebro   288
centillo   322
Chipre   407–08
ciar   2663, 3272
Cilla   175–79
Cipión   10
Circe   1290–92
cocinero   2283
contingencia, en   3650
cortas, tener la manos   320
costa, ayuda de   3120
cotorra   2285
crüel   485
cuartago   2470
cuartillo   2295
cuarto   1341
Cruz, Santa   175–79

dar de ojos   394
de espacio   3901
derrocar   1377
derrota   2660
desde hoy más   2862
despintar   1191

el alcazaba   2
el aspereza   2834
el hacienda   771
empinado   1223–26
en contingencia   3650
en forma   185–87
espacio, a   347
espacio, de   2841, 3901
esquero   4026
estábades   663
estado   2842

ÍNDICE DE VOCES COMENTADAS

estafermo   3940
estar al cabo   3572
estar mortal   3341
este día   5
experiencia, hacer   1404–05

fiel, legal y   183
flete   334
forma, en   185–87

galima   2276
ganar por la mano   441–44
garrama   1143
gozque   2066–70
Gran Señor   3396
grana   2990–91, 4055
Gregorio, San   175–79
griego   3721
grima   295

hacer experiencia   1404–05
hacer plaza   900
hacienda, el   771
halcones de La Caoba   4000
hoy más, desde   2862
humazo   1080

Jasa   1071
jarope   557–58
jeque   764
judío, temor de un   1132

La Algaba   3889
La Caoba, halcones de   4000
legal y fiel   183
lengua   1075
Leonardo   349
lición   66
-ll- < -rl-   142
llano   3451
lo que   3452

Magaragua   3329
mahala   1134, 1168
Malïona, adargas aceradas de   4008–09
mano, ganar por la   441–44
manos, andar a las   804

manos cortas, tener las   320
Maquerra   993, 1144–45
Marzaquivir   1429
más que   3690
Melge   1144–45
mojicón   3207–13
morabito   782
Morán   3353
moro   4104–08
mortal, estar   3341
morrillo   3207–13
Mostagán   175–79, 1045–46

nuevo, año   3932–34
ocasión   172
ochavillo   2291–93
ojos, dar de   394
Olimpa   3747–48
Orán es Chipre de amor, y vos su Venus   407–08
Pacheco ni Carranza, preceptos de   2502–03
palo, a la pe del palo   3933–35
pasamanos   2990–91
pe del palo, a la   3933–35
pegar   441–44
pescar   2278
picada   354
picaño   1626–31
picar   509
pintado   243, 297, 643, 1968
pintillas   2280
plazas   1167
plaza, hacer   900
preceptos de Pacheco ni Carranza   2502–03
puertas de Tremecén y Canestel   185

que   1045–46, 2804, 3156
quivir, Alá   768

real   111
rémora   3425
resistí   3266
ribete   335
-rl- > -ll-   142
Rosalcázar   175–79

salvamento   3006

San Gregorio 175-79
San Pedro 1346
Santa Cruz 175-79
Señor, Gran 4033
signo 185-87
so 1082-89, 2293
sor 441-44, 2273
sulcados 3370

tafilete 4022
tahalí 4013
tahona 3574
Tanira 805
temor pintan con alas, al 2483
temor de un judío 1132
tener las manos cortas 320
teníades 2851

topar 441-44
tortugas 2282
trance 2536
traslado 185-87
trinquete 3227
Troya, Aquí fue 3910
troyano burlador 3740

Valenzuela 3128
Venus 407-08
villano 3745
Vireno 3747-48
vuacé 2285
vueseñoría 3

zagaya 980
Zahara 1149-50

Printed in the United States
80302LV00004B/28